GISELA FRIEDRICHSEN

Der Prozess

Der Staat gegen Beate Zschäpe
u. a.

 PENGUIN VERLAG

Reinhard Birkenstock postum gewidmet

Inhalt

Vorwort

Ende des Jahres 2011 enttarnte sich der »Nationalsozialistische Untergrund« (NSU) selbst. Wenige Tage nach dem mutmaßlichen Doppelselbstmord von Uwe Böhnhardt und Uwe Mundlos in Eisenach tauchten an den verschiedensten Orten in Deutschland Videos auf, in denen sich der NSU zu einer rassistisch motivierten Mordserie an Menschen nichtdeutscher Herkunft, zum Mord an einer Polizistin und Sprengstoffanschlägen bekannte. Über ein Jahrzehnt lang hatte die Terrorzelle, bestehend aus den beiden Männern und Beate Zschäpe, gewütet, ohne einen Hinweis auf ihr Motiv zu geben. Sie töteten in Hamburg, in München, in Kassel, in Dortmund, in Nürnberg und einmal auch in Rostock. Sie töteten mit perfider Raffinesse Menschen, die sie nicht näher kannten und die nichts miteinander zu tun hatten. Dies stellte die Ermittler lange Zeit vor Rätsel. Profiler verglichen die Taten unter anderem mit den Verbrechen der RAF, stellten aber keine typischen Gemeinsamkeiten fest. Rechter Terror? Obwohl die Neonaziszene bis ins nächste Umfeld des NSU von V-Leuten des Verfassungsschutzes durchsetzt war, hielt niemand das Vorhaben dreier berufs- und arbeitsloser Verlierer aus Thüringen für möglich. Ausgerechnet sie sollten beabsichtigt haben, »die Welt zu retten«, was selbst einer ihrer Unterstützer, Holger G., ihnen kopfschüttelnd vorwarf? Durch das willkürliche Erschießen von Blumen- und Gemüsehändlern etwa?

Die Ermittler, die damals noch nicht länderübergreifend arbeiteten, erkannten nicht den rassistischen Hintergrund der Taten und dass sie von ein und denselben Tätern verübt wurden, denn es gab kein Bekennerschreiben. Stattdessen wurde im Osten halbherzig nach Bankräubern gefahndet, die in regelmäßigen Abständen vor allem Post- und Sparkassenfilialen überfielen. Auf die Idee, dass diese Überfälle mit den Tötungsdelikten im Westen Deutschlands zusammenhingen und dazu dienten, drei Ausländerhassern aus Jena den Lebensunterhalt zu sichern und das Morden zu ermöglichen, kam lange Zeit niemand.

Dann stellte sich Beate Zschäpe der Polizei. Plötzlich wurde klar, woran vorher niemand gedacht hatte. Ein Jahr später, am 5. November 2012, erhob der Generalbundesanwalt Anklage. Der Prozess sollte vor dem Oberlandesgericht München stattfinden.

Die Erwartungen waren übergroß. Es sollte ein historischer Prozess werden, einer von außergewöhnlicher Dimension, ein Mahnmal. Denn erstmals seit dem Ende des NS-Regimes standen wieder Nazis vor Gericht unter dem Vorwurf, allein aus rassistischen Gründen gemordet zu haben oder in solche Mordtaten verwickelt gewesen zu sein. Die Abgründe und das Ausmaß der modernen Hitlerei sollten nun endlich ans Licht der Öffentlichkeit kommen.

Auch ein politischer Prozess wurde beschworen, weil der Generalbundesanwalt staatliche Interessen verfolge, nämlich den Schutz seiner Dienste, denen bei der Aufklärung der Verbrechen verheerende Fehler unterlaufen waren. Angebliche Versuche des obersten Anklägers, diese Pannen und Irrtümer zu kaschieren, sollten im NSU-Prozess aufgedeckt werden. Vor allem für die Opferangehörigen galt es, viele Ungereimtheiten zu klären und Fragen beantwortet zu bekommen, die die Ermittler in ihrer Ignoranz und Voreingenommenheit absichtlich oder weisungsgemäß übergangen hätten.

Fünf Personen, vorweg Beate Zschäpe, wurden angeklagt. Für die gerichtlichen Feststellungen allerdings, ob und wie sich die Angeklagten schuldig gemacht hatten, spielten die Fragen der Angehörigen keine entscheidende Rolle. Trotzdem wurden sie wieder und wieder gestellt: Wieso musste ausgerechnet mein Vater, mein Bruder, mein Sohn sterben? Wer außer den verstorbenen Komplizen Zschäpes, Uwe Mundlos und Uwe Böhnhardt, hat noch gemordet? Es gab doch sicher viele Mittäter und Mitwisser! Wie viele? Gibt es sie noch immer? Warum wurden jahrelang die Opfer und ihre Angehörigen verdächtigt und nicht jene zwei Radfahrer, die von mehreren Zeugen an Tatorten beobachtet worden waren? Weil diese so deutsch aussahen? Oder weil Terroristen nicht mit dem Fahrrad zum Tatort fahren? Warum kam man nicht eher auf Rechtsterrorismus?

Die Antworten schienen so einfach zu sein. Man glaubte zu wissen – und wusste in Wahrheit nichts. Am Ende blieb erwartungsgemäß vieles offen, sehr zum Unmut der Opfer, die auf eine Ausleuchtung der rechten Szene bis in den letzten Winkel gehofft hatten. Immer wieder zitierten sie den Satz von Angela Merkel vom 23. Februar 2012, als die Kanzlerin versicherte: »Als Bundeskanzlerin der Bundesrepublik Deutschland verspreche ich Ihnen: Wir tun alles, um die Morde aufzuklären und die Helfershelfer und Hintermänner aufzudecken und alle Täter ihrer gerechten Strafe zuzuführen. Daran arbeiten alle zuständigen Behörden in Bund und Ländern mit Hochdruck.« Es war eine politische Aussage zur Beruhigung der verunsicherten Menschen. Die Opfer entnahmen ihr, dass es noch weit mehr Helfer und Hintermänner geben müsse als nur Ralf Wohlleben, André E., Carsten Sch. und Holger G., die neben Zschäpe auf der Anklagebank saßen.

Vielen Hinterbliebenen und Verletzten schien nicht klar gewesen zu sein, dass in einem Strafprozess weder das Vergangene eins zu eins rekonstruiert, noch so etwas wie die reine, eherne Wahrheit herausgefunden werden kann. Es ist immer nur der Versuch möglich, Eindrücke, Gefühle wiederzugeben und Zusammenhänge neu herzustellen, um das Maß an Wirklichkeit sichtbar zu machen, über das sich die Beteiligten als gemeinsame Wahrheit verständigen können. Nur in diesem Rahmen kann Schuld benannt und Strafe verhängt werden. Wer andere Ziele verfolgt und andere Versprechungen durchsetzen will, wird enttäuscht werden.

Das Ziel eines Strafprozesses, nämlich der versöhnende Rechtsfrieden, trat daher mit dem Urteil des 6. Strafsenats des Oberlandesgerichts München nicht ein. Neue Erwartungen wurden geschürt. Es dürfe nun keinesfalls ein Schlussstrich gezogen werden, hieß es, die Suche nach den wahren Tätern und Hintermännern beginne erst. Die Chance auf umfassende Aufklärung sei vom Gericht vertan worden. Die Richter hätten die Opfer abgespeist mit dürren juristischen Bewertungen der einzelnen Anklagepunkte und seien mit keinem Wort auf die Belange der Nebenklage, die Auswirkungen der Verbrechensserie auf die Gesellschaft und die Bedeutung des Strafverfahrens eingegangen.

Dessen ungeachtet zeigt sich jetzt in einigem Abstand, dass der NSU-Prozess in Wahrheit ein bedeutendes Stück deutscher Justizgeschichte darstellt. Einzelne Beobachter setzen ihn sogar mit den Frankfurter Auschwitz-Prozessen in den sechziger Jahren gleich. Doch da ging es um millionenfachen Mord an Juden und anderen von den Nationalsozialisten verfolgten Bevölkerungsgruppen. Es ging um eine in der Menschheitsgeschichte einmalige, weil industriell perfektionierte Menschenvernichtung, die zu ahnden eigentlich einer speziellen Rechtsanwendung bedurft hätte (wie sie Jahrzehnte später erst im Münchner Demjanjuk-Verfahren vollzogen wurde). Die NSU-Täter hingegen erschossen zehn Personen, brachten viele in Lebensgefahr und begingen 15 Raubüberfälle. Um die Angeklagten abzuurteilen, bedurfte es keiner neuen Interpretation des Gesetzes. Das Verfahren gegen Beate Zschäpe und ihre Helfer und Unterstützer folgte den üblichen Regeln der Strafprozessordnung, und der Senat hielt sich peinlich genau daran. Er befragte an den 374 Tagen Beweisaufnahme mehr als 600 Zeugen und Sachverständige, beschied 264 Beweisanträge, überstand 43 Befangenheitsanträge gegen den Vorsitzenden und seine Mitrichter, hörte sich an 51 Tagen die Schlussvorträge der Prozessbeteiligten an – zwischen den Plädoyers der Bundesanwaltschaft und dem Urteil verging ein ganzes Jahr – und legte bei alledem keine anderen Maßstäbe an als in anderen Mordprozessen auch.

Selbst wenn einzelne Hinterbliebene und Geschädigte enttäuscht auf den NSU-Prozess zurückblicken, da sie vom Gericht etwas anderes erwartet hatten als dessen Pflichterfüllung: Es war nicht Aufgabe des Senats, sich mit der Flut von Verschwörungstheorien, den Fiktionen von Thrillerautoren oder den Überzeugungen von Bloggern auseinanderzusetzen. Er hatte sich an Recht und Gesetz zu halten und sich mit der Anklage – und nicht mit Spekulationen und Fantasiegespinsten – gewissenhaft auseinanderzusetzen. Verjährungsfristen waren zu berücksichtigen, das Schweigerecht von Angeklagten und gegebenenfalls auch von Zeugen war zu beachten. Verschiedentlich wurde dem Vorsitzenden Manfred Götzl vorgeworfen, er habe Zeugen aus dem rechten Milieu nicht harsch genug angegangen und zur Wahrheit gezwungen. Haben diese Kritiker bedacht, dass der Vorsitzende dann umgehend von der Verteidigung wegen Befangenheit abgelehnt worden wäre? Und zwar erfolgreich.

Die beiden Haupttäter sind tot, die mit ihrer Komplizin 13 Jahre lang in der Illegalität gelebt hatten. Sie standen als unmittelbare Auskunftspersonen nicht mehr zur Verfügung. Beate Zschäpe und die Mitangeklagten schwiegen zu vielen Themen. Durch die Brandlegung in Zschäpes letzter Wohnung in Zwickau wurden überdies viele Beweismittel vernichtet. Der Senat drehte und wendete jedes verkohlte Fetzchen Papier aus dem Brandschutt, um in mühsamster Kleinarbeit Beweise für die mörderischen Absichten des NSU zusammenzutragen. Weitere Beweismittel gingen möglicherweise verloren durch das fatale Schreddern von Akten, durch Dummheit und/oder das Bestreben von Ermittlern, eigenes Fehlverhalten zu vertuschen. Aussagefreudige Informanten aus jener Zeit gab es nicht in großer Zahl. Sie wussten entweder tatsächlich nicht viel oder beriefen sich auf ihr Recht zu schweigen, um sich nicht selbst zu belasten. Es blieben also Fragen offen, was in so gut wie jedem Strafprozess vorkommt.

Aber sein Zweck, und dies war keineswegs nur ein Minimalziel, über die Angeklagten ein Urteil zu fällen, wurde erfüllt. Dass dies gelungen ist, trotz des langen Tatzeitraumes, trotz vieler verloren gegangener Beweismittel, trotz des langen Schweigens der Hauptangeklagten und ihrer dann zum Teil höchst unzulänglichen und wenig glaubhaften Angaben, trotz einer zunächst planlosen, schließlich chaotischen Verteidigung sowie untereinander uneinigen, bisweilen auch unseriös agierenden Nebenklagevertretern – es verdient allen Respekt. Auch trotz einer anfangs keineswegs in allen Punkten überzeugenden Anklageschrift, die nur durch ihren Umfang von 488 Seiten beeindruckte.

Der Vorsitzende bemühte sich an 438 Verhandlungstagen, nennenswerte Fehler zu vermeiden. Jahrelange Versuche, den Prozess oder das Gericht in Misskredit zu bringen, scheiterten über kurz oder lang. Vor allem hielt Manfred Götzl der immensen Belastung durch die ungewöhnlich hohe Zahl von 60 Nebenklageanwälten stand, die sich als dritte Prozesspartei verstanden und die Kontroverse nicht nur mit der Verteidigung, sondern fast mehr noch mit den Vertretern der Anklage und dem Gericht suchten. Sogar seine schärfsten Kritiker erkennen mittlerweile die enorme Leistung dieses Senats an.

Es gab unzählige Redundanzen während der mehr als fünf Jahre langen Verhandlung. Es kam so manches Mal zu überflüssigem, unwürdigem Gezeter, was der Vorsitzende souverän unterband. Er ließ vor allem den 95 Nebenklägern viel Raum, weit mehr als üblich ist. Er ließ zu, dass manche Opferfamilien bis zu neun Anwälte beschäftigten, denen jeweils ein Frage- und Antragsrecht zustand. Auch das trug zu fünf Jahren Verhandlungsdauer bei.

Ungewöhnlich war auch, dass die Ziele der vielen Nebenkläger keineswegs deckungsgleich waren. Die einen sehnten ein baldiges Ende herbei, um mit dem Tod ihres Angehörigen abschließen oder eigene Verletzungen überwinden zu können. Anderen lag vor allem an Entschädigungszahlungen für erlittene Verluste. Aber auch einzelne Opferanwälte verstanden die eigene Rolle anders als so mancher Kollege. Jede Schattierung – von reiner Interessenwahrnehmung der Mandanten bis hin zu reflexhaften Affekten gegen die Bundesanwaltschaft oder dem Bestreben, aus der Opfervertretung eine möglichst einträgliche Arbeitsbeschaffungsmaßnahme durch Anwalts-Hopping zu machen – war vertreten.

Das Gericht musste mühsam Stein um Stein aneinanderfügen, bis sich langsam ein Bild ergab. Der Vorsitzende brachte Verstockte und Ängstliche zum Reden, er verlor nie die Kontrolle über die widerstreitenden Interessen der vielen Beteiligten. Er ließ sich nicht hinreißen von ungerechten Anwürfen und brachte einigen Anwälten, denen der Strafprozess fremd war und die in nagelneuen Roben erschienen, die sie sich offenbar eigens für den Prozess zugelegt hatten, mehr oder minder geduldig bei, wie man gemäß der Strafprozessordnung verhandelt und Anträge oder Fragen an Zeugen richtig formuliert. Der NSU-Prozess war für so manchen der Ort, an dem zu lernen war, wie Strafjustiz in Deutschland funktioniert.

In einer Erklärung zum Prozessauftakt hatten einzelne Anwälte der Nebenklage vorgebracht, die Familien der Getöteten und Verletzten treibe die Frage um, ob nicht ein Großteil oder sogar alle Taten hätten verhindert werden können, wenn die Ermittler und die V-Leute der Nachrichtendienste bereits von Beginn der Aktivitäten des NSU angemessen gehandelt, die Gefahr rechtsextremer Gruppierungen ernst genommen und entsprechend verfolgt hätten. Das ist eine Einschätzung ex post. 1998 suchte man Uwe Böhnhardt, der sich vor dem Antritt einer Haftstrafe drückte und stattdessen mit zwei Freunden, nämlich Uwe Mundlos und Beate Zschäpe, untertauchte. Fünf Jahre später, 2003, war die Sache schon verjährt. Gegen Zschäpe lag so gut wie nichts vor. Und von Mundlos wusste man zwar, dass er ein irrer, hochfahrender Typ war. Doch dass von ihm und seinen Kumpanen eine tödliche Gefahr für Menschen nichtdeutscher Herkunft in Westdeutschland ausgehen sollte, überstieg die Vorstellungskraft der Ermittler. Auch die V-Leute in der Umgebung von Mundlos, Böhnhardt und Zschäpe rechneten offenbar nicht damit. Innerhalb der rechten Szene galten die drei als elitäre, sich von den anderen abgrenzende und daher geheimnisumwitterte Kleinstgruppe, die sich ihren Lebensunterhalt anscheinend durch Überfälle sicherte. Dass sie nicht nur rechtsradikale Ansichten hatten und sich auf offensichtlich dubiose Weise Geld beschafften, sondern ganz konkret zu perfiden Mordtaten entschlossen waren – wer hielt das damals für möglich?

Die Anwälte der Nebenklage widersprachen in ihrer Erklärung mit der Überschrift »Minimalanklage« der Verteidigung und dem Generalbundesanwalt, dass es sich um eine »maximale Anklage« handle. Denn: »Die Vorstellung, der NSU habe aus nur drei besonders gefährlichen Rechtsextremisten bestanden«, sei nur schwer nachvollziehbar. »Bundeskriminalamt und Bundesanwaltschaft ermitteln gegen eine Vielzahl weiterer Personen, die dem Unterstützernetzwerk zugerechnet werden. Es gibt Hinweise darauf, dass der NSU an den Tatorten lokale Helfer gehabt hat«, hieß es in der Erklärung. Hinweise war wohl zu viel gesagt. Es gab mehr Spekulationen, Unterstellungen und Behauptungen als konkrete Anhaltspunkte dafür.

Im Lauf des Verfahrens trat eine Fülle von Zeugen auf, die mit den dreien vor deren Untertauchen im Jahr 1998 Kontakt oder zumindest von ihnen gehört hatten. Mancher hat auch seine Wohnung oder einen Ausweis den Kameraden kurzzeitig zur Verfügung gestellt, hinter denen die Polizei her war, oder andere Hilfsdienste geleistet oder angeboten. Das alles wurde ermittelt und abgeklärt. Vieles davon war jedoch zu Prozessbeginn schon verjährt und nicht mehr justiziabel. Wen oder was hätte man da noch anklagen sollen? Aber von Mitwissern oder gar Mittätern beim Töten – keine Spur. Jeder Mitwisser hätte das Entdeckungsrisiko außerdem um ein Vielfaches erhöht.

Ähnliches gilt für die folgende Spekulation mancher Opferanwälte: »Schließlich ist nicht auszuschließen, dass weitere Anschläge, die bisher nicht Gegenstand der Anklage sind, durch den NSU begangen worden sind.« Die Behauptung der Bundesanwaltschaft, sie habe sämtliche ungeklärten Fälle darauf überprüft, ob sie mit dem NSU in irgendeinem Zusammenhang stünden, ist nicht widerlegt worden. Ein vom Mitangeklagten Carsten Sch. gestandener Anschlagsversuch in Nürnberg mittels einer Taschenrohrbombe, die keinen großen Schaden anrichtete, rechneten die Ermittler fälschlicherweise nicht dem NSU zu. Mag sein, dass Böhnhardt und Mundlos auf ihren unzähligen Ausspähfahrten den einen oder anderen Versuch eines Anschlags unternahmen, davon aber wegen irgendwelcher Komplikationen schließlich absahen. Aber konkrete Hinweise auf weitere Taten gibt es bis heute nicht.

Wie wurden Tatorte und Opfer ausgewählt? Warum mussten Enver Şimşek und die anderen Männer sterben? Warum Michèle Kiesewetter? Es sind Fragen, die vor allem die Hinterbliebenen und die Geschädigten plagen. Beate Zschäpe könnte sie wahrscheinlich beantworten. Doch sie nahm ihr Recht in Anspruch, dies nicht zu tun, wohl auch deshalb, weil sie damit nicht nur sich selbst, sondern auch andere Personen in eine hochnotpeinliche Situation hätte bringen können. Waren die Morde Zufallstaten, weil die Gelegenheit gerade günstig war? Oder waren alle oder einzelne ausgekundschaftet und planvoll ausgeführt worden? Für die letzte Tat in Heilbronn, die

Attacke gegen zwei Polizisten, kann es keinen Plan gegeben haben, folgt man den Angaben des schwerverletzten Überlebenden Martin A., der sich an jenen Tag bis zum Moment der Schussabgabe genau erinnert. Demnach hatten die junge Polizistin Kiesewetter und ihr Kollege die fatale Entscheidung, wo sie ihre Mittagspause verbringen wollten, spontan getroffen. Böhnhardt und Mundlos mögen zwar beabsichtigt haben, auch Repräsentanten des Staates zu terrorisieren. Vielleicht war auch der Besitz von Polizeiwaffen besonders reizvoll für sie. Irgendwelche belastbaren Anhaltspunkte jedoch für einen konkreten Plan, ausgerechnet Kiesewetter und ihren Kollegen zu überfallen, wurden nicht gefunden.

Der Prozess beruhte zunächst nur auf den Aussagen der geständigen Angeklagten Carsten Sch. und Holger G., die das Gericht mit unsicheren Erinnerungen konfrontierten. Während Sch. sich schon 2001 von der rechten Szene abgewandt hatte und also über das folgende Jahrzehnt nichts mehr sagen konnte, blieb G. dieser Szene durch seine Freundschaft zu Böhnhardt, Mundlos und Zschäpe fast bis zum Schluss verbunden. Doch es war eine nur lockere Verbindung.

In diesen schwankenden Boden schlug das Gericht aber bald Pflöcke ein und errichtete starke Säulen, die am Ende das Fundament stabilisierten und das gesamte Prozessgebäude trugen. An Füllmaterial war in den langen Jahren zwischen 1998 und 2011, als der NSU aufflog, ohnehin einiges zusammengekommen. Lücken, die sich nicht hatten schließen lassen, bieten bis heute Raum für Spekulationen, dass alles vielleicht auch ganz anders hätte gewesen sein können. Nur: Solange es dafür keine belastbaren Beweise gibt, handelt es sich tatsächlich nur um »Fliegengesumme«, wie sich Bundesanwalt Herbert Diemer ausdrückte.

Das Gerüst eines Strafprozesses ist stets dasselbe: Anklage, Vernehmung der Angeklagten, Beweisaufnahme, Schlussvorträge, Urteil. Doch die sichtbare Architektur eines Urteilsgebäudes variiert von Fall zu Fall. Da der NSU-Senat den geständigen Angaben des Angeklagten Carsten Sch. Glauben schenkte, ergaben sich daraus Hinweise auf die Rolle von Ralf Wohlleben. Hatte der den Auftrag zum Erwerb der Ceska 83 gegeben, die wie eine Signaturwaffe bei neun von zehn Morden eingesetzt worden war, folgten daraus Anhaltspunkte für die dahinterstehende Ideologie, die Zschäpe als Dritte im Bunde mitgetragen haben muss, zumal der Mitangeklagte Holger G. dazu Angaben machte.

In diesem Buch soll diese Architektur beschrieben werden. Es soll gezeigt werden, anhand welcher Indizien und Aussagen das Gericht zu der Überzeugung gelangte, der Kern des NSU habe aus nicht mehr als drei Personen bestanden, die, zwar nicht ohne Mithilfe, aber doch ohne konkretes Mitwissen anderer, die Verbrechen begingen. In mehr als fünf Jahren Hauptverhandlung schossen zwar Spekulationen von Journalisten, Politikern, Filmschaffenden, Autoren und am Fortbestehen ihres Mandats interessierten Anwälten sowie fantasiebegabten Internetforisten ins Kraut, die das Gegenteil propagierten. Einen Beweis dafür blieben sie alle schuldig.

Vor Prozessbeginn
Kritik von allen Seiten

Der Start geht erst einmal daneben. Am 17. April 2013 hätte die Hauptverhandlung beginnen sollen. Vier Tage zuvor demonstrieren Tausende in München »gegen Naziterror, staatlichen und alltäglichen Rassismus«, wozu ein Bündnis mehrerer Dutzend linksgerichteter Gruppen aufgerufen hatte. Einen Tag vor dem geplanten Prozessbeginn verteilen Neonazis am Justizgebäude Flugblätter, auf denen die Freilassung des Angeklagten Ralf Wohlleben gefordert und das Verfahren als »Schauprozess« verunglimpft wird. Verantwortlich zeichnet dafür das sogenannte Freie Netz Süd.

Es dauert dann drei Wochen, bis der Prozess am 6. Mai 2013 tatsächlich eröffnet werden kann. Fünf Personen sind angeklagt, vier Männer und Beate Zschäpe, gegen die sich der schwerste Vorwurf – Mittäterschaft bei zehn Morden – richtet. Zwei Angeklagten wird Beihilfe zu neun Morden vorgeworfen, zwei weiteren die Unterstützung einer terroristischen Vereinigung.

Vorausgegangen war ein Debakel mit der Akkreditierung von Journalisten, das zu der Verzögerung geführt hatte. Ausgerechnet mehrere türkische Medien hatten die Anmeldefrist verstreichen lassen und beklagten sich dann, als alle Plätze vergeben waren, über angebliche Diskriminierung. Ein Versuch, das Verfahren bereits vor Eröffnung der Hauptverhandlung in Misskredit zu bringen? Dieser Verdacht wurde nie ausgeräumt. Eine Erklärung für ihre späte Anmeldung boten die türkischen Medien nicht an.

Neben den großen deutschen und internationalen Medien hatten sich Frauenzeitschriften, aber auch lokale Blätter und der Münchner Sender »Radio Arabella«, akkreditiert, nicht aber die größte türkische Zeitung in Deutschland *Hürriyet.* Auf den Protest der türkischen Medien hin gab das Bundesverfassungsgericht dem Münchner Senat auf, eine »angemessene Zahl von Sitzplätzen an Vertreter ausländischer Medien mit besonderem Bezug zu den Opfern der angeklagten Straftaten zu vergeben«.

Zwischen den Zeilen las sich das Papier so, als wäre von dem Senat schon zu erwarten gewesen, die türkischen Medien besonders im Blick zu haben. Aber war damit zu rechnen, dass ausgerechnet sie den Beginn der Anmeldefrist nicht beachten würden? Die Karlsruher sparten nicht mit Vorschlägen, »ein Zusatzkontingent von nicht weniger als drei Plätzen« für ausländische Medien zu eröffnen. Oder »die Akkreditierung insgesamt nach anderen Regeln« zu gestalten, was dem Senatsvorsitzenden »unbenommen« sei.

Das Windhundverfahren, wonach all jene einen Platz bekommen, die sich schnell genug anmelden, gilt seit langem als bewährte Methode der Akkreditierung von Journalisten in spektakulären Fällen. Dem Vorsitzenden Götzl blieb nun nichts anderes übrig als das Los. Denn wohin mit weiteren Stühlen? Die Karlsruher Richter hatten keine Ahnung, wie eng es auf der Münchner Zuschauertribüne zuging.

Also fing alles wieder von vorn an, und wer sich von den Journalisten schon sicher wähnte, einen Sitzplatz ergattert zu haben, stand von neuem mit leeren Händen da. Beim Windhundverfahren hatte jedermann die Chance auf einen Sitzplatz, hielt er sich nur an die Regel einer möglichst frühen Anmeldung. Gegen das Los aber war man machtlos. Wieder gab es Unzufriedene. Die Situation war schließlich so verfahren, dass das Gericht, welche Regelung es auch traf, dafür gescholten wurde. Die Münchner Justiz schien sturmreif geschossen, noch ehe der Prozess begann. Der Vorsitzende stand da wie ein überforderter bayerischer Provinzrichter. Welch ein Irrtum.

Kritik kam von allen Seiten: das Akkreditierungsverfahren unkorrekt, die Öffentlichkeit unzulässig beschränkt bei gleichzeitig maximaler öffentlicher Aufmerksamkeit. Die Pressearbeit dilettantisch, der Saal zu klein, der Platz der Verteidiger zu eng und vor allem zu nahe an der Richterbank. Zu unbequem für die 95 Nebenkläger und deren 60 Anwälte. Die Arbeitsbedingungen für Journalisten nicht auszuhalten. Die Sicht von der Zuschauertribüne aus auf jenen Teil des Saales, in dem sich die Anwälte der Opfer und die Geschädigten aufhielten, unmöglich.

Doch größer ließ sich der Gerichtssaal mit seinen 250 Sitzen nicht machen. Den Mindestanforderungen an die Kapazität genügte er. Die 49 für die Presse reservierten Plätze auf der Tribüne reichten nach dem Gerichtsverfassungsgesetz aus, um dem Öffentlichkeitsprinzip zu genügen. Vorschläge, den Prozess in einen Konzertsaal oder eine Sporthalle zu verlegen, kamen wegen der Sicherheitsmaßnahmen, die grundsätzlich für Terrorverfahren zu treffen sind, nicht in Frage. Auch war die Dauer des Verfahrens nicht abzusehen.

In München gibt es keine andere Räumlichkeit, die für ein solches Strafverfahren auf unabsehbare Zeit hätte freigehalten werden können, als den fensterlosen, künstlich beleuchteten und schlecht belüfteten Sitzungssaal A 101 im Betonbunker des Strafjustizgebäudes an der Nymphenburger Straße. Mit seinen gelbgrünlichen Wänden und der in Betonblöcke aufgefächerten Decke, die sich kuppelartig über das Zentrum des Saales wölbt, ist er ein unwirklich anmutender Raum, von der Außenwelt abschottet wie eine Isolierstation, in der sich die Koryphäen ihres Fachs über Delinquenten beugen, die zumeist für lange Zeit ihre Freiheit verwirkt haben.

Hätte der Prozess nicht vor dem Staatsschutzsenat eines anderen Oberlandesgerichts stattfinden können? Warum ausgerechnet München? Weil fünf der zehn Mordanschläge des NSU in Bayern verübt wurden? Das Münchner Oberlandesgericht, in dem mehrere Staatsschutzsenate tätig sind, galt in Karlsruhe als geeignet, den Prozess um die Mordserie des »Nationalsozialistischen Untergrundes« zu führen. Geeignet wohl auch deshalb, weil das Verfahren beim 6. Strafsenat landen würde. Bei dessen Vorsitzendem Manfred Götzl.

Karl Huber, dem damaligen Präsidenten des Münchner Oberlandesgerichts, unterlief im Vorfeld des Verfahrens eine vieldeutige Bemerkung: »Ich habe das Thema zur Chefsache gemacht, meine besten, erfahrensten Richter dafür abgestellt …«, sagte er am 2. Februar 2013 in einem Interview gegenüber der *Süddeutschen Zeitung*. Die besten Richter abgestellt? Wo bleibt da der nach dem Gesetz zuständige Richter? Aber vielleicht war es ja nur ein Versprecher.

Die Verteidigung beantragte eine Tonbandaufzeichnung mit Verweis auf die Frankfurter Auschwitz-Prozesse und die Strafverfahren gegen die Mitglieder der RAF in Stuttgart-Stammheim, schon aus historischem Interesse. Aber in den sechziger und siebziger Jahren gab es noch nicht das Internet und eine Paralleljustiz in den sozialen Medien, wie sie heute üblich geworden sind. Jede Art von Aufzeichnung würde heute sogleich den Weg aus dem Gerichtssaal hinaus auf den Marktplatz der Meinungen finden. Der Senat lehnte den Antrag, wie nicht anders zu erwarten, ab.

Auch einer Übertragung der Hauptverhandlung in einen Nebenraum, wie sie vereinzelt gewünscht wurde, verweigerte sich der Senat. Sie wäre bereits daran gescheitert, dass nicht jeder Nebenkläger oder Zeuge sein Einverständnis dazu gegeben hätte. Jeder von ihnen hätte auf den Schutz seiner Persönlichkeitsrechte pochen können. Ähnliches galt für eine audiovisuelle Aufzeichnung der Hauptverhandlung, selbst wenn sie nur als Gedächtnishilfe für das Gericht gedacht gewesen wäre. Denn jeder Prozessbeteiligte hätte sie auch für sich – und damit für die Öffentlichkeit – beanspruchen können.

Es war die übliche Erregung vor einem vielbeachteten Strafprozess. Sie sollte sich bald legen.

Die ersten Verhandlungstage
Das Terrain wird sondiert

6. Mai 2013. Ein Morgen, der wettermäßig einen durchwachsenen Tag erwarten lässt. Manche Zuschauer hatten sich schon um vier Uhr früh vor dem Gerichtsgebäude eingefunden. Kamerateams warten auf Prozessbeteiligte, um einen O-Ton zu erhaschen. Journalisten sammeln sich unter einem Zeltdach. Ein paar Transparente, türkische Fahnen, auch eine bayerische. Einer ruft:»Wir sind doch Deutsche!« Sonst ist es ruhig. Wenigstens hatte die Verwaltung dieses Mal auf ein Schild à la»Sammelstelle Demjanjuk«verzichtet, das vor Jahren zu Unmut unter den Nebenklägern geführt hatte, deren Angehörige im Vernichtungslager Sobibor von den Nazis umgebracht worden waren. Siebzig Jahre später gibt es wieder Nazis. Neonazis.

Die Atmosphäre im Saal ist gespannt. Um 8.45 Uhr erscheinen die Vertreter des Generalbundesanwalts in ihren roten Roben. Sie harren in geschlossener Front der Angeklagten: Herbert Diemer, als Bundesanwalt der Ranghöchste, hinter ihm Oberstaatsanwältin Anette Greger, die Zschäpe-Spezialistin. Dann Oberstaatsanwalt Jochen Weingarten, der scharfzüngige Intellektuelle unter den Anklägern, und Staatsanwalt Stefan Schmidt, der Jüngste, der sich später allzu sehr anmerken ließ, was er gerade dachte.

In der ersten Reihe der Nebenkläger die Eltern Yozgat, deren Sohn im Alter von 21 Jahren in seinem Internetcafé in Kassel erschossen wurde. Er starb in den Armen seines Vaters, dem das Leid noch immer im Gesicht geschrieben steht.

Der Angeklagte André E. wird von Beamten in den Saal gebracht. Er grinst hinauf Richtung Zuschauertribüne zu ein paar Gesinnungsgenossen. Es folgen Holger G., der sich hinter einem Aktendeckel verbirgt, und Carsten Sch. unter einer tief ins Gesicht gezogenen Kapuze. Ralf Wohlleben wird von seiner Anwältin Nicole Schneiders umarmt.

9.30 Uhr. Eine Tapetentür links vorn öffnet sich. Zwei Wachtmeister treten beiseite. Beate Zschäpe. Schwarzer Hosenanzug, weiße Bluse, die Arme vor dem Körper verschränkt. Einen Moment lang stockt sie irritiert, sucht mit den Augen ihren Platz. Sie ist 38 Jahre alt und schmaler, als nach den unvorteilhaften Polizeifotos zu vermuten war. Die langen schwarzen Haare trägt sie offen, »gestylt«, mokieren sich Zuschauer. Ein paar Schritte, dann dreht sie sich auf dem Absatz, wirft das Haar nach hinten und wendet den Fotografen demonstrativ den Rücken zu.

Eine Weile steht sie so da. Wo sind ihre Anwälte? Wo sind Anja Sturm, Wolfgang Stahl und Wolfgang Heer? Einer der Sicherheitsbeamten auf der Zuschauertribüne sagt:»Die geben draußen Interviews.« Doch das stimmt offenbar nicht. Sie seien anderweitig beschäftigt gewesen, behaupten die Anwälte später. Sie wehren sich gegen die »Unterstellung«, Interviews gegeben zu haben, mit einer vielseitigen Gegendarstellung, deren Sinn sich nicht erschließt. Denn heutzutage gehört es sehr wohl zu den Aufgaben von Verteidigern, sich zu Beginn eines großen Prozesses öffentlich zu äußern, zumal wenn man über »Vorverurteilung« der Mandantin klagt. Jedenfalls sind sie nicht an der Seite der Angeklagten.

Beate Zschäpe kommt aus der Enge und Einsamkeit einer fensterlosen Vorführzelle. Und nun holt sich die internationale Presse ihr Opfer. Blitzlichter, Gedränge, Geschiebe vor der Anklagebank. Jeder Wimpernschlag dieser Frau wird eingefangen, die so ganz anders aussieht als erwartet. Bis auf die Geräuschkulisse der Medien, ihr Klicken und Surren, ist es totenstill.

Zschäpe setzt sich nicht. Es gibt kein Foto, das sie an diesem Tag auf der Anklagebank sitzend zeigt. Einzelne Opferanwälte zücken ihre Handys und fotografieren. Mutter Yozgat hält sich die Hand vor den Mund.

Man führt Zschäpe nicht gefesselt vor wie Angeklagte sonst in Mordprozessen – mit Handschellen und bisweilen sogar mit aneinandergeketteten Füßen, sodass normale Schritte kaum möglich sind. Zschäpe darf sich frei bewegen, was sie Verteidiger Stahl zu verdanken hat, der »eine maximal stigmatisierende Wirkung« ins Feld geführt und auf die Gefahr der Suggestion einer besonderen Gefährlichkeit Zschäpes hingewiesen hatte.

Ihre Anwälte, endlich. Stahl im dunklen Anzug. Sturm, mit ihrem hellblonden Kurzhaar der zweite Blickfang neben der Angeklagten. Heer, der sehr jung wirkt, trotz seiner markanten Brille. Sie umringen die Angeklagte, umschließen sie wie ein Kokon. Alles starrt auf diese Frau in der Mitte, die eine Terroristin sein soll, angeblich eine »Nazibraut«. Die Fotografen lauern auf das eine, das außergewöhnliche Motiv, jenes Bild, das sich als Ausdruck von Schuld oder Unschuld interpretieren ließe. Beate Zschäpes Botschaft an sie ist unfreundlich: Hier, meine Kehrseite. Mehr bekommt ihr nicht.

Bisher gab sie den Verbrechen, die dem NSU angelastet werden, ein Gesicht – das eines etwas verstockt wirkenden jungen Mädchens. Hier aber steht eine erwachsene Frau. Sie bietet eine

Projektionsfläche für jedermann. In den Augen eines Teils der Öffentlichkeit verkörpert sie nicht nur die Grausamkeit, das Böse, Abgefeimte rechtsterroristischer Ideologie, sondern sie steht auch für das Versagen staatlicher Institutionen und der Gesellschaft in der Wahrnehmung und Abwehr rechtsextremen Gedankenguts. Andere halten sie für das Bauernopfer, das in Ermangelung der eigentlichen Täter dargebracht wird. Sie zöge wohl weniger Blicke auf sich, säßen Böhnhardt und Mundlos als Haupttäter neben ihr auf der Anklagebank. Aber nun ist sie die einzige Frau unter diesem Haufen tätowierter Männer, und dazu eine, die so gar nicht dem Bild einer Nazifrau oder einer Terroristin entspricht. Ist sie der Sündenbock, der die Schuld anderer auf sich nimmt?

Zschäpe ist die einzige Überlebende des NSU, folgt man der Argumentation des Generalbundesanwalts. Sie gibt Rätsel auf. Warum tritt sie so selbstbewusst auf, als habe sie sich nichts vorzuwerfen? Auf Rat ihrer Anwälte oder aus eigenem Entschluss? Gegen ihren Willen wohl kaum. Wer ist sie? Die Geliebte zweier Männer gleichzeitig? Die Drahtzieherin der Verbrechen? Oder ist sie vielleicht doch das abhängige Hausmütterchen, das zu Unrecht wegen Mittäterschaft an zehn Morden angeklagt ist, stellvertretend für die wahren Täter? Sollte sie Mittäterin gewesen sein, müsste sie die Taten als eigene gewollt haben. Entscheidend wird sein, ob der Nachweis gelingt, dass erst durch das Zusammenwirken von Böhnhardt, Mundlos und Zschäpe die Verbrechen geschehen konnten. Ist ihr das klar? Vielleicht schauspielert sie nur. Die Frage ist, wie lange sie die in wenigen Augenblicken sichtbar gewordene Rolle der Undurchdringlichen durchhält.

Der Senat zieht ein. Manfred Götzl, der Vorsitzende, ein drahtiger Franke, Urgestein der Münchner Justiz. In München hat er als junger Staatsanwalt gelernt, später wurde er Schwurgerichtsvorsitzender. Seit 2010 ist er Senatsvorsitzender am Oberlandesgericht München. So viel Erfahrung wie er hat kaum ein anderer Münchner Richter aufzubieten. Wie offen wird er an den Prozess herangehen? Die Erwartungen im In- und Ausland an ihn und seine Mitrichter sind enorm. Ist ihm dieser Druck bewusst und wird er sich ihm entziehen können? Wie wird er mit den Opfern und deren Anwälten umgehen? Verständnisvoll oder rational? Wird es ihm und seinen Mitrichtern am Ende des Verfahrens gelingen, ein von Vor-Entscheidungen unabhängiges, gegebenenfalls auch unpopuläres Urteil zu fällen? Immerhin hat sich dieses Gericht bereits durch den Eröffnungsbeschluss entschieden, dass die Angeklagten der ihnen vorgeworfenen Straftaten hinreichend verdächtig seien. Wird Götzl Widerspruch dulden im Senat? Wer ihn kennt, sagt, er sei durchdrungen von dem Bestreben, alles richtig zu machen. Er wolle aufklären, gerade in diesem Prozess.

Künftig werden die Richter an jedem Sitzungstag in gleicher Reihenfolge in den Saal kommen: Renate Fischer, Michaela Odersky, dann Peter Lang und Konstantin Kuchenbauer, die beide als Berichterstatter eine herausgehobene Funktion haben. Nach ihnen drei Ergänzungsrichter: Gabriele Feistkorn, Aksel Kramer und Peter Prechsl. Im Lauf des Verfahrens werden zwei Richterinnen aus dem Senat ausscheiden, die eine in Richtung Bundesgerichtshof, die andere in den Ruhestand.

Götzl dann als Letzter, unter dem linken Arm Akten. Mit der Rechten schließt er das Sitzungszimmer. Jeder Handgriff sitzt. Vom ersten bis zum letzten Verhandlungstag, fünf Jahre lang, schließt er mit derselben Hand die Tür. Und stets wird er mit den gleichen Worten die Sitzung eröffnen: fünfmal

»Guten Morgen« in die Richtung der verschiedenen Prozessbeteiligten. Dann:»Erschienen sind die Angeklagten mit ihren Verteidigern, die Bundesanwaltschaft in gleicher Besetzung und die Vertreter der Nebenklage. Herr Rechtsanwalt Alkan, Frau Rechtsanwältin Başay, Herr Rechtsanwalt …« Es folgen Namen über Namen, denn die Anwälte der Opfer und Verletzten füllen den gesamten hinteren Teil des Saales. Abweichungen von diesem wie in Stein gemeißelten Ritual gestattet sich Götzl nur, wenn ein Verteidiger fehlt, wenn Nebenkläger oder Sachverständige erschienen sind oder einer der Vertreter der Anklage ausnahmsweise nicht erschienen ist. Das vermerkt er dann außer der Reihe.

Fortan wird er allein die Verhandlung bestreiten, seine Senatskollegen arbeiten ihm nur im Hintergrund zu. Er vernimmt die Zeugen. Er befragt die Sachverständigen. Er setzt sich mit den Prozessbeteiligten auseinander. Jedes seiner Worte wird künftig mit der Goldwaage gewogen werden. Er hat alles im Blick. Und er geht jeder Situation aus dem Weg, in der es zu einem persönlichen Wort kommen könnte. Nicht einmal mit den Vertretern des Generalbundesanwalts tauscht er sich aus, und sei es über ein völlig unverfängliches Thema. Das hat den Vorteil, dass Differenzen jeglicher Art allein mit ihm ausgefochten werden. Verbale Fauxpas anderer Senatsmitglieder sind nicht zu befürchten.

In einem Prozess wie dem NSU-Verfahren, dessen Dimension zu Beginn noch nicht annähernd abschätzbar war, sondern allenfalls mit einer diffusen Ahnung einherging, sich auf ein Abenteuer, wenn nicht sogar auf ein Himmelfahrtskommando eingelassen zu haben, dienen die ersten Tage den Beteiligten der Orientierung. Man beschnuppert sich. Das Terrain, auf dem um das Recht gekämpft werden wird, ist noch nicht abgesteckt. Die Bundesanwaltschaft hat die Anklage vorgelegt, sie muss jetzt nicht mehr angreifen, sondern kann sich gegen Angriffe wappnen. Die Verteidigung hingegen hat die Anklage abzuwehren. Wie wird sie agieren? Was ist von der ungewöhnlich umfangreichen Nebenklage zu erwarten? 63 Ankläger gegen zunächst elf, später 14 Verteidiger? Welchen Ton wird der Vorsitzende anschlagen? Dazu der Wettstreit um die öffentliche Darstellung. Den Protagonisten wird kurzzeitig höchste Aufmerksamkeit zuteil in einer Situation, die völlig offen ist.

Die Verhandlung beginnt zäh. Wie zäh und kleinteilig und bisweilen auch durchsetzt von Animositäten der Prozess tatsächlich werden wird, darauf geben exemplarisch die ersten Tage einen Vorgeschmack.

Verteidiger Heer meldet sich gleich in jenem Ton zu Wort, den er bis zum Schluss gegenüber dem Vorsitzenden beibehalten wird: wenig verbindlich, bisweilen forsch, manchmal rechthaberisch oder schmollend, immer aber unterschwellig aggressiv.

»Frau Zschäpe hatte Sie wegen Besorgnis der Befangenheit abgelehnt. Die Verteidigung interessiert, wie Sie mit diesem Antrag umzugehen gedenken.«

Götzl: »Was heißt das?«

»Wollen Sie fortsetzen? Was ist mit den dienstlichen Stellungnahmen?«

Götzl ironisch: »Wollen Sie den Antrag nicht erst einmal durch Verlesung einführen, um ihn auch anderen Beteiligten zur Kenntnis zu geben?« Das war die erste Lektion, die er den Anwälten erteilte. Denn daran hätten sie selbst denken müssen.

Es ist der erste Befangenheitsantrag. Es geht darin um die Anordnung des Vorsitzenden, dass sich die Anwälte einer Zugangskontrolle durch Abtasten zu unterziehen hätten, nicht aber die Mitglieder des Gerichts, nicht die Vertreter der Bundesanwaltschaft, die Protokollführer, die Justizbediensteten oder auch nicht die Amtshilfe leistende Polizei, ja nicht einmal die Reinigungsfrauen. Ein heikles Thema, das Unmut erregt, weil sich Anwälte diskriminiert oder der Kumpanei mit den Angeklagten oder auch als erpressbar verdächtigt fühlen. Doch erpresst werden kann auch der Justizbeamte oder der Staatsanwalt, ja selbst der Richter. Aber wenn Götzl etwas anordnet, bleibt es dabei. Gegenvorstellungen können erhoben werden, ändern aber nichts an der Anordnung.

Verteidiger, denen laut Bundesverfassungsgericht der Status als Organ der Rechtspflege zugebilligt werde, argumentiert Mitverteidiger Wolfgang Stahl, genössen bis zum Beweis des Gegenteils einen Vertrauensvorschuss. Es bedürfe eines sachlichen Grundes, wenn davon abgewichen werde.

Sofort blafft ihn einer der Nebenklageanwälte an:»Sie beklagen nicht Ihre eigene Beeinträchtigung, sondern dass nicht auch andere Prozessbeteiligte beeinträchtigt werden!«

Stahl rechtfertigt sich mit dem Hinweis, dass die Verteidigung versucht habe, sich mit dem Vorsitzenden zu verständigen. Doch ihre Argumente seien»weggewischt« worden, was von einer Voreingenommenheit gegen die Verteidigung und damit gegen die Angeklagte zeuge.

Der nächste Nebenklageanwalt fällt ihm ins Wort:»Die Opfer werden gequält mit solchen Anträgen! Das ist sachwidrig!« Der Antrag sei abzulehnen. Zschäpe-Verteidigerin Anja Sturm springt Stahl bei:»Mitnichten wird von uns das Leid der Opfer nicht gesehen. Aber ich erinnere daran, dass Frau

Zschäpe hier mit einer Maximalanklage auf der Anklagebank sitzt, sogar Sicherungsverwahrung wird gefordert! Die Rechte der Nebenklage wurden gestärkt. Dass wir emotional gezwungen werden sollen, auf unsere Rechte zu verzichten, widerspricht einem sachlichen Umgang miteinander!« Die Front, die sich hier auftut, war zu erwarten.

Wer an diesem ersten Sitzungstag auf den Beginn der Beweisaufnahme oder zumindest auf ereignisreiche Momente gehofft hatte, wird enttäuscht. Nach der Mittagspause fragt Götzl, ob noch jemand einen »unaufschiebbaren«, also einen Ablehnungsantrag zu stellen beabsichtige. Er ist zu sehr alter Hase, als dass er nicht mit Befangenheitsanträgen gerechnet hätte, mit denen sich Verteidiger gern in Szene setzen. Nur unaufschiebbare Anträge muss er auf der Stelle entgegennehmen, andere können warten.

»Keine? Dann wird der Prozess am 14. Mai um 9.30 Uhr fortgesetzt. Die Termine in dieser Woche am 7. und 8. Mai entfallen.«

Das zahlreich erschienene Publikum verlässt teils unzufrieden, teils verständnislos den Saal. Das soll der Beginn der Aufklärung dieser unheimlichen Mordserie gewesen sein?

Vor den Kameras außerhalb des Gerichtsgebäudes wird Götzls Entscheidung von einigen Nebenklageanwälten als »unzumutbare Belastung der Opfer« bezeichnet, als ein weiterer Schlag ins Gesicht der Betroffenen. Sie hätten erwartet, dass das Gericht zügig zur Sache komme und nicht jetzt schon Sitzungstage ausfielen. Die von der Bundesregierung bestellte Ombudsfrau Barbara John, die von der Tribüne aus das Geschehen beobachtet hatte, nennt den ersten Prozesstag »abschreckend«. Denn viele Opfer hätten das Gefühl gehabt, »als Nebenkläger nicht ernst genommen zu werden«. Sie hätten sich auf drei Verhandlungstage eingerichtet, Urlaub genommen, die häuslichen Pflichten delegiert und Spartickets gekauft. Und dann: Anträge, Rangeleien unter den Anwälten, Diskussionen, wer durchsucht werde und wer nicht. Nicht einmal die Anklage sei verlesen worden.

Der zweite Verhandlungstag. Das Zuschauerinteresse hat schon merklich nachgelassen. Auch zahlreiche Angehörige von NSU-Opfern sind wieder nach Hause gereist. Nur neun sind noch anwesend. Die Zahl der Nebenkläger hat sich inzwischen auf 86 erhöht. Für sie sitzen an diesem Tag 62 Anwälte im Saal.

Thomas Bliwier, Anwalt der Familie Yozgat, will einen Antrag stellen.

Verteidiger Heer meldet sich sofort und erinnert daran, dass er am ersten Sitzungstag als Erster ums Wort gebeten habe. Er beantrage, dass ihm nun auch als Erstem das Wort erteilt werde.

Bliwier geht nicht darauf ein, sondern bittet den Vorsitzenden, dieser möge anordnen, dass die Personalien der Angeklagten und dann die Anklage verlesen werden, wie es zu Beginn eines Strafprozesses üblich ist. Anträge von Verteidigern könnten danach gestellt werden. »Sie müssen Ihre Sitzungsleitung ausüben!«, fordert er Götzl streng auf.

Das war sichtlich der falsche Ton. Auf Ratschläge oder Belehrungen von Anwälten reagiert Götzl erfahrungsgemäß allergisch. Doch er verzieht keine Miene. Früher wäre ihm dies kaum gelungen. Aber nun ist er ja Senatsvorsitzender. Er erkundigt sich, worum es gehe.

»Ich beabsichtige nicht«, antwortet Heer in schnippischem Tonfall, »meine Anträge vorher zu erläutern.«

Götzl ungerührt: »Das werden Sie müssen.«

Heer: »Tu ich nicht. Da bin ich anderer Auffassung. Ich erinnere Sie an meinen eben gestellten Antrag«, ihm als Erstem das Wort zu erteilen.

Götzl lauter: »Ich habe die Sitzungsgewalt.«

Heer: »Ich will einen Antrag stellen, der inhaltlich vor allen anderen vorzubringen ist.«

Götzl: »Sie müssen schon erläutern, worum es geht. Ist es ein Ablehnungsantrag?«

Heer: »Nein. Aus unserer Sicht kann in diesem Saal nicht weiterverhandelt werden.«

Verteidigerkollege Stahl versucht, die Wogen zu glätten. Heer, unerbittlich an seinem Vorhaben festhaltend: »Ich hatte den Antrag gestellt, Herrn Bliwier nicht das Wort zu erteilen. Ich bitte, künftig die Reihenfolge zu beachten. Und ich bitte jetzt ums Wort!«

Bundesanwalt Herbert Diemer schaltet sich ein: »Wir haben den Beschleunigungsgrundsatz zu beachten, schließlich sitzen zwei Angeklagte in Untersuchungshaft.« Auf dieses Prinzip, dass Verfahren dann möglichst zügig zu verhandeln sind, wird er in den kommenden Jahren noch unzählige Male hinweisen.

Götzl, den Wortwechsel abrupt beendend: »Zehn Minuten Unterbrechung.« Mehrere Zuschauer verlassen den Saal. Das gehe ja zu wie im Kindergarten, murmelt einer.

Die Szene ist typisch für den Verlauf des gesamten Prozesses. Zeitraubende Diskussionen und Streitereien, die nichts mit dem Kern der Anklage zu tun haben, wird es noch viele geben. Die Fronten verlaufen dabei nicht immer an gewohnter Stelle. Mal opponiert die Verteidigung gegen die Bundesanwaltschaft, mal die Nebenklage gegen die Verteidigung. Aber die Nebenkläger greifen auch ihre natürliche Verbündete, die

Staatsanwaltschaft, an. Oder Verteidigung und Nebenklage tun sich gegen das Gericht zusammen. Götzl aber bleibt bis zum Ende der unbestrittene Chef.

Das Hickhack geht weiter. Selbst nach der Mittagspause droht es fortgesetzt zu werden. Götzl unterbindet es schließlich kurzerhand:»Nun zu den persönlichen Verhältnissen. Erst zu Ihnen, Frau Zschäpe.«

Heer:»Die Mandantin wird keine Angaben machen.«

Götzl:»Auch nicht zu den Personalien? Dann nehmen wir diese aus der Anklageschrift.«

Er verliest Namen, Geburtsdatum und -ort und Familienstand, wann sie festgenommen wurde und seit wann sie in Untersuchungshaft sitzt.

Der Angeklagte André E. nickt die verlesenen Daten ab. Zu mehr will auch er sich nicht äußern.

Der Angeklagte Holger G. bestätigt:»Ja, ja, ja.«

Auch Carsten Sch. stimmt zu:»Ja, richtig.«

Götzl:»Dann kommen wir zur Verlesung des Anklagesatzes. Herr Dr. Diemer, ich darf Sie bitten.«

Es war ein Meisterstück des Vorsitzenden angesichts der Störfeuer, die die Verteidiger zu zünden sich offenbar für den Prozessbeginn vorgenommen hatten, bereits am zweiten Verhandlungstag die Anklage verlesen zu lassen. Das gelingt nicht jedem Vorsitzenden in einem solchen Monsterprozess. Da zeigte sich Götzls ganze Erfahrung.

Auch der Begriff des»Abgötzelns« macht schon die Runde, das Zusammengestaucht-Werden durch den Vorsitzenden. So mancher Anwalt wird später, wenn er sich unpräzise ausdrückt, rote Ohren bekommen.

Als Diemer sich nach der Verlesung des 35 Seiten starken Anklagesatzes knapp zwei Stunden später setzt, wendet sich Götzl einem Nebenklagevertreter zu, der nur ein einzelnes Opfer des Nagelbombenanschlags in der Kölner Keupstraße vertritt, aber offenbar entschlossen ist, es dabei nicht zu belassen. Es müsse geprüft werden, trägt dieser Anwalt vor, ob sich nicht noch weitere siebzig bis hundert potentielle Geschädigte der Nebenklage anschlössen, etwa sämtliche Anwohner in der Nähe des Tatorts. In einem Umkreis von 250 Metern, der »Todeszone«, habe sich schließlich jedermann in Todesgefahr befunden. Götzl wirkt einen Moment lang irritiert, fasst sich aber schnell. Falls weitere siebzig Opfer dazukommen sollten, erklärt er, müsse man über eine Abtrennung des Anklagepunktes nachdenken. Unruhe im Saal. Noch mehr Nebenkläger plus die dazugehörigen Anwälte zusätzlich zu den bereits gemeldeten 86? Geschädigte, die vielleicht erst per Flugblatt gesucht werden müssen? Das würde der NSU-Prozess nicht verkraften. Andererseits ist der Anschlag in der Keupstraße unlösbar mit den anderen Taten des NSU verbunden. Was würde eine Abtrennung für die gesamte Beweisführung bedeuten? Auf große Zustimmung scheint die Idee des Kollegen nicht zu stoßen. Die meisten schütteln den Kopf.

Am folgenden Tag fällt nach der Mittagspause der erlösende Satz: »Der Senat beabsichtigt nicht, die Keupstraße abzutrennen«, sagt der Vorsitzende und bescheidet eine ganze Reihe von Anträgen. Abschlägig, wie meistens.

Dritter Verhandlungstag. Wieder werden Anträge über Anträge gestellt. Es ist das ewig gleiche Spiel am Anfang eines großen Prozesses: Beweisanträge, von denen man von vornherein weiß, dass sie schon nach Rechtslage abgelehnt werden.

Gerichtsbeschlüsse, von denen man weiß, wie sie lauten werden. Gegenvorstellungen, Erklärungen, Beanstandungen, von denen man weiß, dass sie nur vorgebracht werden, weil es nun einmal zum Ritual gehört, sie vorzubringen.

Die Verteidiger von Ralf Wohlleben beantragen, das Verfahren einzustellen wegen medialer Vorverurteilung und Äußerungen von Politikern, in denen Zschäpe eine »Nazibraut« und Wohlleben »Terrorhelfer« genannt wurde. Nicole Schneiders, in der rechten Szene bekannte Anwältin und neben zwei Kollegen Wohlleben-Verteidigerin, ereifert sich über insgesamt 900 000 Euro Entschädigung, die die Angehörigen und Verletzten aus dem Fond für Opfer rechtsextremistischer Taten bereits bekommen hätten, und dass der Bundespräsident die Opfer empfangen habe. Und dass in Kassel ein Platz umbenannt und Gedenktafeln errichtet worden seien. »Die Öffentlichkeit ist von der Täterschaft Mundlos' und Böhnhardts überzeugt, es wird dort gegen unseren Mandanten Stimmung gemacht«, trägt sie vor. Das sei ein nicht behebbares Prozesshindernis.

Erneut geht es um die Reihenfolge der Wortmeldungen, um Akten, die Bundesanwalt Diemer angeblich nicht offenlege. Zschäpe-Verteidiger Heer beantragt, der Vorsitzende solle beim Generalbundesanwalt auf Diemers Ablösung drängen, Gleiches gelte für Oberstaatsanwältin Anette Greger. Denn: In einer Pressekonferenz habe Diemer gesagt, der NSU habe aus drei Personen bestanden, aber mehrere Unterstützer gehabt. Und Frau Greger habe auf die Frage, welchen Eindruck Zschäpe auf sie gemacht habe, geantwortet: »Ja, sie ist wirklich sehr selbstbewusst. Das entspricht dem Eindruck, den ich von ihr gewonnen habe.« Das seien subjektive, parteiliche Wertungen, deren sich die Staatsanwaltschaft zu enthalten habe.

Nützen Anträge, die nur gestellt werden, damit sie gestellt wurden, eigentlich den Angeklagten? Einzelne Prozessbeteiligte, die sich damit besonders hervortun, scheinen vergessen oder noch nicht mitbekommen zu haben, mit welch feindseliger Verbissenheit Bundesanwälte auftreten können, zum Beispiel in den einstigen RAF-Prozessen. Das kann weder Diemer noch seinen Kollegen nachgesagt werden. Frau Greger wird sich fortan außerhalb des Gerichtssaals jeden Wortes enthalten, das über »Guten Morgen« und »Auf Wiedersehen« hinausgeht. Ein Vorteil für Zschäpe?

Der nächste Verhandlungstag beginnt mit einem Einstellungsantrag von Verteidigerin Sturm. Auch sie sieht »unheilbare Verfahrenshindernisse«, diesmal in einer etwas anderen Variante. Seit der Übernahme des Verfahrens durch den Generalbundesanwalt am 11. November 2011 sei die Mandantin einer »beispiellosen Vorverurteilung durch Vertreter der Strafverfolgungsbehörden und des Staates allgemein« ausgesetzt. Ihr Antrag, so Sturm, basiere auf den vom Bundesverfassungsgericht entwickelten Grundsätzen, wann der Strafanspruch des Staates als verwirkt anzusehen sei.

Tatsächlich hatten sich Politiker und hohe Juristen alles andere als zurückhaltend geäußert: »Zwickauer Mördertrio«, »Mörderbande«, »Terrorzelle«, »Zschäpe, die Mittäterin« – vor solchen Begriffen schreckte nach dem Auffliegen des NSU niemand zurück. Generalbundesanwalt Harald Range in einer Pressekonferenz vom 1. Dezember 2012: »Der NSU hat in bislang nicht gekannter Brutalität und Kaltblütigkeit gemordet und Menschen schwer verletzt … Die Gruppierung besteht aus den drei Personen Uwe Böhnhardt, Uwe Mundlos und Beate Zschäpe …« Eine andere Hypothese, trägt Sturm vor, sei nie gebildet worden. Sturm ist Verteidigerin. Zu Hypothesen fallen ihr sofort Gegenhypothesen ein.

Nun dürfte es in der Bundesrepublik kaum eine Angeklagte gegeben haben, deren Schuld in den Augen der Öffentlichkeit so eindeutig festzustehen schien wie die Beate Zschäpes, obwohl weder ihre Rolle als Dritte im Bunde noch ihre Nähe zu den Tätern der Mordanschläge geklärt waren. Die Anklage besteht aus einer Zusammenfügung von Annahmen, Unterstellungen und Möglichkeiten, die zwar plausibel klingen, aber noch längst nicht jenes dicke Eis bilden, auf dem Ankläger gern wandeln. Eine nicht schlechte Ausgangsposition für die Verteidigung, wenn die Mandantin mitmacht. Wenn.

Fünfter Tag. Endlich haben die Angeklagten das Wort. Sie können sich zu ihrer Person und zur Sache äußern und gegebenenfalls dazu Fragen beantworten, müssen dies aber nicht. Ziehen sie es vor zu schweigen, darf dies nicht zu ihrem Nachteil gewertet werden. Da sich Zschäpe verweigert, richtet der Vorsitzende das Wort an Carsten Sch., der in der letzten Reihe der Anklagebänke mit seinen Verteidigern Jacob Hösl und Johannes Pausch sitzt. Daneben Holger G. mit seinen beiden Anwälten.

Carsten Sch., geboren am 6. Februar 1980 in Neu-Delhi, weil sein Vater dort für VEB Carl Zeiss Jena tätig war, ist ein dünner, bleicher junger Mann, der heute als Streetworker für die Aids-Hilfe arbeitet. Er hat seinen Platz im Leben gefunden. Dass er sich einmal für die NPD engagierte, wenn auch nur kurz, und sich von der rechtsradikalen Szene in Thüringen faszinieren ließ – heute ist das kaum mehr vorstellbar.

Sind Fotografen zu Sitzungsbeginn zugelassen, zieht er seine Kapuze so weit übers Gesicht, dass keiner der Foto-

und Filmleute davon etwas zu sehen bekommt. Er gibt den bildhungrigen Medien nicht, was sie suchen. Das führt dazu, dass er, wenn er in leicht gebückter Haltung und tief gesenkten Kopfes den kurzen Weg zu seinem Platz zurücklegt, stets das Bild eines reuevollen Missetäters abgibt. Haben die Fotoleute dann den Saal verlassen, nimmt er die Kapuze ab. Zum Vorschein kommen ein dunkler Haarschopf und ein blasses Gesicht, dessen Züge darauf schließen lassen, dass er es nicht leicht hat mit sich selbst.

Carsten Sch. hat gestanden. Er hat den Ermittlern von der Waffe Ceska 83 erzählt, die er auf Wunsch des Mitangeklagten Ralf Wohlleben besorgt habe. Die er dann Mundlos und Böhnhardt übergab. Er hat von weiteren Hilfsleistungen für die drei berichtet, hat geschildert, wie es damals zuging unter den rechten Jugendlichen in Jena. Er hat Namen genannt, die den Ermittlern weiterhalfen. Ohne ihn hätte diese Anklage nicht geschrieben werden und das Strafverfahren wohl nicht stattfinden können.

Götzl lässt ihn erzählen: über die schwierigen Familienverhältnisse mit einer an Depressionen leidenden Mutter und einem strengen Vater, einem Basta-Typ, der keinerlei Verständnis dafür aufbrachte, dass sein Sohn homosexuell war. Über das Gemobbt-Werden eines Kindes in der Schule, das anders war als die Mitschüler. Über seinen Weg in die rechte Szene und seinen Ausstieg.

»Dann weiß ich noch«, berichtet Sch. von damals, »dass mich Wohlleben und noch einer fragten, ob ich den dreien helfen könne. Ich wusste, dass sie fort waren, untergetaucht, vor der Polizei geflüchtet.« Es sei um Telefonkontakte gegangen, da Wohlleben gefürchtet habe, überwacht zu werden. »Wohlleben zeigte mir, wie es geht: Wir riefen von einer Zelle aus ein Handy an und gaben die Telefonnummer der Zelle durch. Dort wurde dann zurückgerufen. Ich hab die zwei Uwes in Erinnerung und dass Zschäpe dabei war. Ich gab dann die Gesprächsinhalte weiter.«

Götzl:»Wer sind ›wir‹?«

Carsten Sch.:»Wohlleben und ich. Es gab immer wieder Termine, bei denen er dabei war. Ich sollte auch immer die Mailbox abhören, ob alles okay ist. Wohlleben wollte das so. Das Nächste war dann der Wunsch nach einer Waffe.«

In seinem Schlussvortrag am Ende des Prozesses wird Oberstaatsanwalt Weingarten dies so darstellen:»Im Frühjahr des Jahres 2000 teilten Mundlos und Böhnhardt mit, dass sie eine scharfe Pistole – ausdrücklich *mit* Schalldämpfer – und Munition benötigten. Der Angeklagte Wohlleben verwies den Angeklagten Carsten Sch. zur Erledigung des Auftrags an den Zeugen Andreas S. Als der Angeklagte Carsten Sch. wenige Tage später den Zeugen Andreas S. aufsuchte und fragte, ob dieser eine den Vorgaben entsprechende Pistole mit etwa fünfzig Schuss Munition besorgen könne, erklärte der Zeuge Andreas S., er wolle sich umhören, was man da machen könne. Einen Schalldämpfer könne er nicht versprechen.«

Es sollte ein deutsches Fabrikat sein, sagt Sch. in seiner Schilderung, eine Handfeuerwaffe und Munition.»Ich sagte Wohlleben, was die Waffe kostet. Er gab das Okay. Das Geld, 2500 Mark, bekam ich auch von ihm. Dann holte ich die Waffe ab.«

Dies ist die entscheidende Stelle in Sch.s Aussage. Der Auftrag, eine Waffe zu besorgen, kam demnach von Wohlleben. Sch. stellt diesen Auftrag so dar, als sei ein Schalldämpfer nicht bestellt, sondern einfach mitgeliefert worden. Der Vorsitzende runzelt die Stirn.

Sch. schildert, wie er die Waffe auf Wunsch Wohllebens nach Chemnitz zu Mundlos, Böhnhardt und Zschäpe brachte. »Die Uwes holten mich am Bahnhof ab. Ich sollte meinen Pullover ausziehen, weil der auffällig war in der rechten Szene. Wir gingen zu einem Café im Kaufhof. Dort kam Zschäpe kurz dazu, sie brauchte Unterschriften für eine Anwaltsvollmacht. Dann gingen wir in ein Abbruchhaus hinter einen Bauzaun. Da drinne hab ich die Waffe übergeben. Da muss ich von den Uwes auch Geld dafür bekommen haben. Einer schraubte den Schalldämpfer dran. Dann kam jemand, und wir mussten raus. Danach bin ich alleine zum Bahnhof.«

Götzl: »Haben Sie etwas über den Zweck der Waffe erfahren?«

Carsten Sch.: »Nein.«

Götzl: »Haben Sie nachgefragt?«

Carsten Sch.: »Ich denke, daran würde ich mich erinnern.«

Götzl: »Haben Sie sich keine Gedanken gemacht? Wenn so ein Wunsch an Sie herangetragen wird!«

Carsten Sch.: »Ich versuche seit damals, dies in Erinnerung zu kriegen!«

Götzl: »War von einem Schalldämpfer die Rede?«

Carsten Sch.: »Das kam erst beim Verkäufer Andreas S. Der sagte, er habe nichts anderes. Die Order jedenfalls kam über Wohlleben von den beiden Uwes.«

Die Identität der von Sch. an Mundlos und Böhnhardt übergebenen Waffe mit der später vom NSU verwendeten Mordwaffe ist das Fundament der Vorwürfe gegen Ralf Wohlleben. Ohne dieses Detail wären weder er noch Sch. vor Gericht gestellt worden. Die Ankläger haben später, am Ende des Prozesses, keine Zweifel mehr: »Unsere Überzeugung basiert auf der Beweisaufnahme, in der die Rekonstruktion der Besitzverhältnisse in der Gesamtschau der Kenntnisse restlos gelungen ist«, wird Oberstaatsanwalt Weingarten in seinem Plädoyer im Sommer 2017 resümieren. Die Bemühungen um die Aufklärung der Besitzverhältnisse an der Waffe, die sich mehr als 15 Jahre in den Händen Unbefugter befunden habe und nur auf dem Schwarzmarkt verkauft worden sei, habe sich ungewöhnlich aufwendig gestaltet.»Aber die Bemühungen waren am Ende erfolgreich.«

In der Tat verging so mancher Prozessmonat mit zahlreichen Zeugenauftritten zu diesem Themenkomplex, bis jede Lücke auf dem Weg der Ceska in die Hände des NSU geschlossen war. Und im Plädoyer verwandte Weingarten 36 Seiten seines Manuskripts darauf, dies bis ins kleinste Detail zu belegen.

Jetzt, bei Sch.s erster Aussage vor Gericht, fragt Götzl:»War das denn eine normale Sache, dass man eine Waffe besorgte?«

Carsten Sch.:»Ich habe keine Erinnerung zu dem Punkt. Wenn da keine Erinnerung ist, muss es ›normal‹ gewesen sein. Das ist meine Schlussfolgerung. Etwas Unnormales hätte ich in Erinnerung. Ich habe viel darüber nachgedacht, aber mir fällt nichts ein. Aber eines war für mich immer positiv besetzt: Ich helfe den dreien.«

Sch. greift sich immer wieder in die Haare, als wollte er sein Gedächtnis durchkneten.

Beruft er sich absichtlich auf Vergessen, weil er sich nicht erinnern will? Versucht er, seinen eigenen Tatbeitrag zu verharmlosen? Hat er die Sache mit dem Schalldämpfer verdrängt oder will er einfach nicht darüber sprechen? Denn ein Schalldämpfer lässt darauf schließen, dass die Waffe nicht bloß zur Verteidigung gedacht war. Oder zum Selbstmord in ausweglobser Lage, wie Wohlleben angeblich gemeint haben will. Ein Schalldämpfer wäre ein Beleg dafür, dass Mundlos und Böhnhardt Schlimmes vorhatten: »Taten statt Worte«, wie die NSU-Losung lautete. Dass sie von Hass auf Migranten, auf den Staat, auf Juden und Linke durchdrungen waren, wussten sowohl Wohlleben als auch Carsten Sch. Machten sie sich da keine Gedanken? Oder – noch eine Möglichkeit – hat Wohlleben hinter dem Rücken des »Kleenen«, wie Sch. genannt wurde, einen Schalldämpfer geordert, und die Überraschung in den Gesichtern der beiden Uwes bei der Übergabe war nur gespielt?

Im Herbst 2000 verabschiedete sich der selbstunsichere, von Scham wegen seiner homosexuellen Veranlagung gepeinigte junge Mann bereits wieder aus der rechtsextremen Männerwelt, die ihm zunächst so verführerisch vorgekommen war. 2001, so beschreibt er seinen weiteren Weg, habe er sich erstmals auf die Love-Parade getraut. Endlich habe er gewagt, zu tun und zu lassen, was er wollte.

Geständnisse, die mehr enthalten als den eigentlichen Tatvorwurf, in denen zum Beispiel auch noch eine Selbstbelastung oder eine weitere, bisher unbekannte Tat geschildert wird, gelten als besonders glaubhaft. Sch. liefert auch hier das Erhoffte. Er schildert eine Szene, in der er und seine rechten Kumpane in Jena-Winzerla eine mobile Dönerbude umgeworfen hätten und wie sie auf dem Heimweg von Partys regelmäßig Randale veranstalteten, Scheiben einwarfen und Feuerlöscher leerspritzten. Zu einem guten Abend habe die Polizeikontrolle gehört, erzählt er, wobei man dann in alle Richtungen davongerannt sei und zusehen musste, nicht erwischt zu werden. Und wie sie einmal, wohl 1998, an einer Straßenbahnendhaltestelle auf zwei Personen eingeschlagen und -getreten hätten. In der Zeitung habe gestanden, die Opfer seien schwer verletzt worden.

Im Lauf des Prozesses verwendet der Senat viele Verhandlungstage darauf aufzuklären, ob es diese Zwischenfälle tatsächlich gegeben hat. Schließlich geht es um Sch.s Glaubwürdigkeit. Bis Nebenklagevertreter Hardy Langer Zeitungsausschnitte von damals präsentiert, aus denen sich die Prügelei an der Endhaltestelle ergibt. Also doch.

Götzl: »Was war das Motiv für Ihre Handlungsweise?«

Carsten Sch.: »Ich weiß nur noch, dass einer die Idee hatte. Ich gehe davon aus, dass es das Feindbild Dönerbude war. Wenn da eine Bockwurstbude gestanden hätte, hätten wir sie wohl nicht umgeworfen.«

Götzl: »Aber warum haben Sie sich daran beteiligt?«

»Das war halt eine lustige Aktion. Man hat Spaß gehabt und denen eins ausgewischt.«

Götzl: »Denen? Von welchem Feindbild sprechen Sie?«

»Migranten. Deutschtümelei eben. Wir hatten Unterschriften gegen die doppelte Staatsbürgerschaft gesammelt. Auf Plakaten stand ›Kriminelle Ausländer raus!‹«

Verteidiger Johannes Pausch schaltet sich ein: »Herr Sch. ist am Ende seiner Kräfte. Die Vernehmung ist außerordentlich anstrengend für ihn.«

Götzl hat noch einen ganzen Katalog an Fragen, seine Ausdauer und Konzentrationsfähigkeit sind legendär. Aber Sch. kann offensichtlich wirklich nicht mehr. Die Auseinandersetzung mit seiner Vergangenheit scheint ihm gewaltig zuzusetzen.

Eine Woche später, es ist der 11. Juni. Carsten Sch. hat sich wieder gefangen und sich einige Sätze zurechtgelegt. »Zu den Gründen«, beginnt er, als verläse er die schriftliche Ausfertigung eines Urteils über sich selbst. Er will reinen Tisch machen, will sagen, »wie es war«.

Stockend fängt an, über sich, mit sich zu sprechen. »Ich hab zudem – warum ich das erzähl – immer im Kopf: Du enttäuschst deine Eltern, du machst es dir leicht. In der Therapie hab ich viel rausgeworfen. Seit ich 13 bin, hab ich gedacht, dass die nicht schlecht von mir denken. Jetzt hab ich mich entschieden und kann keine Rücksicht mehr nehmen. Mein Herz hält das nicht aus. So bin ich nicht. Hätt studieren können. Hab ich hinter mir gelassen, diese Zeit.«

Wieder berichtet er nicht chronologisch und selten in ganzen Sätzen. Das Kind in der DDR, fasziniert von Uniformen, vom roten Halstuch der Pioniere. Wie er im Wald herumstromerte mit einem Cousin. »Das Dunkle hat mich immer schon fasziniert«, sagt er, »das Dritte Reich, Wrestling und so.« Später dann das Randalieren und Scheibeneinwerfen in der Clique. Und wie er in den einen oder anderen Jungen »verschossen« war. Das »gute und starke Gefühl« in der Gruppe. Prügeleien mit »krassen Typen«, mit denen man sich als Einzelner nie angelegt hätte. Er skizziert eine Szene, als er mal einem in den Rücken gesprungen sei, und ein Kumpel sagte, so etwas mache man nicht.

Bildfetzen. Augenblicke. Wie sie mal auf einem Konzert waren und er sich zuvor den Scheitel »zerwuschelt« habe, um nicht als Rechter aufzufallen.

Er zeigt sich reuevoll, strengt sein Gedächtnis an, schont weder sich noch andere, belastet Wohlleben. Plötzlich wird er laut, weint und schluchzt, die Stimme überschlägt sich: »Die haben gesagt, dass sie in Nürnberg einen umgeblasen haben – haben so spektakulär erzählt – und dann kam Frau Zschäpe – und die sagten: ›Psst‹.« Es ist jene Szene, die Carsten Sch. mit den Worten »Zur Waffenübergabe« einleitet.

Sollen die Uwes damit etwa vor dem »Kleenen«, der nicht

zum inneren Zirkel ihrer vertrauten Helfer zählte, renommiert haben?

»Konnten Sie das einordnen?«, fragt Richter Götzl und meint damit das »Psst«.

»Ich habe es so verstanden«, antwortet Carsten Sch., »dass Frau Zschäpe das nicht mitbekommen sollte.«

Ist Zschäpe damit entlastet? Durfte sie von den Anschlägen nichts wissen? Oder hatte sie den beiden Männern verboten, vor Dritten darüber zu reden? Das wäre so unwahrscheinlich nicht. Denkbar ist vieles.

Von einem weiteren Attentat des NSU in Nürnberg, von dem Sch. spricht und das offenbar nicht so klappte wie geplant, wissen die Staatsanwälte nichts, man werde der Sache nachgehen. Es stellt sich heraus, dass am 23. Juni 1999 in einer Nürnberger Pilsbar eine Taschenlampe explodiert war, in der eine Bombenvorrichtung versteckt war. Ein Werk des NSU? Damals rätselte man über Sinn und Zweck der Explosion. Verletzt wurde nicht der türkische Besitzer, sondern ein junger Reinigungsmann, der auf der Toilette den sonderbaren Gegenstand fand, den er für eine Taschenlampe hielt und daher anknipste. Der damalige Ermittler wird am 172. Verhandlungstag als Zeuge dazu sagen, dass zwar der Staatsschutz hinzugezogen worden sei, sich aber keinerlei Hinweise auf eine ausländerfeindliche Motivation ergeben hätten. Der Inhaber des Lokals hatte zunächst den Verdacht auf den Geschädigten gelenkt, da der im kleinkriminellen Drogenmilieu unterwegs gewesen sei. Allerdings seien Nachforschungen hierzu ergebnislos geblieben.

Sollte Carsten Sch.s Aussage zu diesem Attentatsversuch zutreffen, würfe dies möglicherweise ein etwas anderes Licht auf den NSU. Dann hätte schon ein Jahr nach dem Untertauchen der drei ein erster Anschlag stattgefunden, allerdings mit einer noch dilettantisch fabrizierten Bombe.

»Warum haben Sie das bisher nie erzählt?«, wundert sich Götzl.

»Das gehört zu den Dingen, die jetzt aufgeräumt werden müssen«, erwidert Sch.

»Dann hatten Sie das immer präsent?« Götzl verlangt eine einleuchtende Antwort.

Sch. schüttelt den Kopf. Die Sache sei ihm wieder hochgekommen, als die Rede auf Nürnberg kam. Bisher habe er nicht den Mut gehabt, alles zu erzählen. Er habe erst die Erinnerung an längst vergrabene Situationen, an Bilder und Gefühle heraufbeschwören müssen.

Nach einem kurzen Luftholen schreit er mit erstickter Stimme fast auf:»Einmal haben wir telefoniert, der Herr Wohlleben und ich, mit den beiden Uwes. Als Herr Wohlleben auflegte, lachte er und sagte, die hätten jemanden angeschossen. Und ich dachte bloß: hoffentlich nicht mit meiner Waffe, also der, die ich besorgt hatte.«

Dann fällt ihm ein weiteres Bild ein.»Als wir bei Wohlleben im Arbeitszimmer waren, ich kam von Andreas S. mit der Waffe, da packte Wohlleben sie aus, schaute sie an, schraubte den Schalldämpfer dran, richtete sie auf mich und lachte. Und fand es cool, eine echte Waffe zu haben. Ich weiß noch, dass ich dachte: Man zielt doch nicht auf Menschen! Ich habe überlegt, als sie in meinem Besitz war, den Schalldämpfer wegzutun. Aber da war ein Gewinde dran. Ich dachte mir, die sehen dann, dass da was fehlt und dass ich was genommen habe. Und dass ich sie hintergehe.«

Oberstaatsanwalt Weingarten gibt sich mit Sch.s unzusammenhängenden Aussagen nicht zufrieden. Wie damals sein

Menschenbild gewesen sei? Wie seine Haltung zum Völkermord an den Juden? Ob er eine besondere Abneigung gegen bestimmte Ausländer gehabt habe? Weingarten treibt ihn regelrecht vor sich her.

»Ich hab mich nicht als Herrenmensch gefühlt«, antwortet Carsten Sch. kleinlaut. »Bratwurst statt Döner« habe er halt lustig gefunden. Aber ging es bei der Szenemusik nicht auch um das Töten von Ausländern? Ja schon. »Was, bitte schön, fanden Sie daran lustig?« Nebenklageanwältin Christa Clemm kann es nicht fassen. Sch. zögert. Denkt nach. Dann nennt er die »Zillertaler Türkenjäger«. »Ja, was fand ich lustig daran? Das Sich-über-Normen-Hinwegsetzen.«

Die Anwälte der Opfer oder der Hinterbliebenen nehmen ihm nicht ab, sich nur kurz für die rechtsextreme Szene interessiert zu haben, unterstellen ihm eine weitaus intensivere Einbindung in die ultrarechte Szene. Vor allem wollen sie von ihm wissen, wer noch zu den Unterstützern des NSU gehörte.

»Würden Sie sich als rechte Hand Wohllebens bezeichnen?« Antonia von der Behrens, die zu den neun Anwälten zählt, die die Familie Kubaşık vertreten, verlangt eine konkrete Antwort. Er weicht wieder aus. Es habe Zeiten gegeben, da sei man viel unterwegs gewesen, sagt er. Was heißt das? Ist man herumgefahren? Oder wurden gemeinsam Straftaten verübt? Wer war dabei? Sch. windet sich.

Nachfragen zur Waffenübergabe in Chemnitz, als die beiden Uwes auf ihren Rucksack tippten mit den Worten: »Wir sind immer bewaffnet.« Sch. sagt, er habe das komisch gefunden, da er doch gerade eine Waffe gebracht hatte. »Irgendwie habe ich eine MP oder eine Uzi im Kopf, aber vielleicht kommt das auch aus meiner Fantasie.«

Er weint, ringt sich immer wieder Worte ab, Bilder, Eindrücke von damals. Ein Mensch, der versucht, das Innerste nach außen zu kehren. Oder ist es nur Theater?

Im Saal ist es still. Eigentlich will man nicht zuhören und zusehen bei dieser Quälerei. Götzl fragt unbeirrt weiter: »Wer war bei der Schlägerei an der Straßenbahn-Endhaltestelle dabei, die Sie letztes Mal erwähnten?«

Sch. zählt Namen auf und sagt am Ende: »… und Wohlleben.« Also auch der ein Schläger.

Die Aussage von Carsten Sch. zieht sich über insgesamt sechs Verhandlungstage hin, unterbrochen immer wieder von Pausen, die ihm zum Nachdenken, zum Ausgraben von Erinnerungen zugestanden werden. Nicht nur die Anwälte der Nebenklage, auch die Verteidiger von Wohlleben und Zschäpe verfolgen seinen Auftritt mit großer Skepsis. Wie zuverlässig sind Erinnerungen nach so langer Zeit? Wie viel davon ist Imagination, gefärbt vom Bestreben, selbst gut davonzukommen? Der Senat hingegen scheint beeindruckt. Carsten Sch. hatte geliefert.

Das lässt sich von Holger G. nur eingeschränkt sagen. Er will zunächst nur Angaben zur Person und zu seinen persönlichen Verhältnissen machen. Die Anklage lastet ihm die Unterstützung des NSU an, weil er dem Trio das Leben in der Illegalität erleichtert haben soll. Denn ohne Führerschein, ohne AOK-Versichertenkarte, ohne Pass und Meldebescheinigung wären die drei nicht weit gekommen. Zur Sache werde sein Mandant eine vorbereitete schriftliche Erklärung abgeben, erklärt sein Anwalt Stefan Hachmeister. Fragen werde er zunächst nicht beantworten. Der Vorsitzende bedeutet Hachmeister, dass es dem Senat aber auf »freie Angaben« ankomme.

G. ist ein großgewachsener, schlaksiger Mann, von dem kaum jemand Notiz nimmt, wenn er den Saal betritt oder verlässt. Auch draußen auf dem Vorplatz des Gerichts richten sich die Kameras nicht auf ihn. Anders als Carsten Sch. wirkt er nicht von Schuld und von Selbstvorwürfen geplagt, aber auch nicht, wie André E., von einer mörderischen Ideologie durchdrungen. Ob es nun glaubhaft ist oder nicht, dass er sich über seine Kontakte zu Böhnhardt, Mundlos und Zschäpe sowie seine Hilfsdienste für sie keine Gedanken gemacht habe – ganz unrealistisch erscheint es nicht. G. ist einer, der sich wohl auch sonst nicht allzu viele Gedanken macht.

Dennoch wären ohne ihn die Taten des NSU nicht so lange und so reibungslos möglich gewesen, denn er war den dreien ein in seiner Einfalt ergebener Helfer. Auch er hat ihnen auf Wunsch Wohllebens eine Waffe gebracht, eine andere als die Ceska. Er hat sich benutzen und überprüfen lassen in sogenannten »Systemchecks«, bei denen seine weitere Verwendbarkeit bewertet wurde.

Beate Zschäpe belastet er massiv. Denn schon G.s erste Beschreibungen ihrer Rolle innerhalb des Trios verliehen ähnlich klingenden Zeugenaussagen den Stempel erhöhter Glaubhaftigkeit. G. war die ganzen Jahre über immer wieder nah an den dreien dran, wenn auch nicht so vertraut mit ihnen wie André E. Böhnhardt, Mundlos und Zschäpe besuchten G. und nahmen ihn auch zu ihren Campingurlauben an der Ostsee mit. Trotzdem will er von der Mordserie, den Bombenanschlägen und Raubüberfällen nichts geahnt oder gar gewusst haben. Er habe eben darauf vertraut, sagt er vor Gericht, dass die drei mit seinen Papieren schon keine Straftaten begehen würden. So naiv konnte nur sein, wer ein Gemüt wie seines hat.

Dann kommt der Satz, den er offensichtlich möglichst rasch loswerden will:»Erst möchte ich mein tief empfundenes Mitgefühl ausdrücken. Ich bin entsetzt, welches Leid über die Familien gebracht wurde. Aber mein Tatbeitrag ist nicht der, den der Generalbundesanwalt mir unterstellt. Das bezieht sich nicht auf die objektiven Handlungen, sondern auf die Unterstellungen der Anklage hinsichtlich meiner subjektiven Kenntnis.« G. atmet tief durch. Das hatte er ablesen müssen. Trotzdem klang es echt.

In einem Parforceritt durchquert er seine Biografie. Geboren 1974, Schulzeit 1981 bis 1989, DDR-Erziehung.»Nach der Ausbildung zum Frequenzmechaniker die DDR-typische Arbeitslosigkeit, ach nee, war ja nich mehr, also die bundesdeutsche Arbeitslosigkeit.« Er stockt. Dann Ausbildung bei Zeiss,»wo jeder in Jena war«, zum»Qualitätsfachmann«. Zum Bruder nach Hannover gezogen. Dort Lagerist.

Mutter alleinerziehend. 1977 geschieden. Zum»biologischen Vater« keine Beziehung, weil der ihn nicht gewollt habe. Wie kommt ein Kind damit zurecht? G. bleibt eine Antwort schuldig. Spricht lieber im Stakkato von Liebe und Fürsorge der Mutter, die sich auf ihn, das»Nesthäkchen« konzentrierten, was»meiner Entwicklung nicht förderlich war«.

»Was hat Ihr Vater beruflich gemacht?«, fragt Götzl.

Nicht richtig viel, glaube er jedenfalls. Der Lebensgefährte der Mutter»Busfahrer, immer sitzend, Herzinfarkt, Schluss mit 44«. Erst sei der ältere Bruder das Sorgenkind gewesen, weil»Punk in der DDR«. Dann er, Holger.

Meist spricht er von»man«, wenn er sich selbst meint.»War keine Vaterfigur mehr da, als man mal einen Schlag in den Nacken gebraucht hätte.« Schulschwänzen, Hang zur Subkultur, Autoritätsprobleme. Man habe die Schule nicht respektiert, man habe den Ernst der Lage nicht begriffen. Man flog von der Schule. Und bekam wenigstens gleich eine Arbeitsstelle, »weil es in der DDR ja keine Arbeitslosigkeit gab«. Eine Therapie gegen Spielsucht. »Aber man kommt nie ganz davon los.« Außer Mundlos, Böhnhardt und Zschäpe habe er keine Freunde gehabt. »Alles hat sich geändert. Man hatte ja keine Verantwortung vorher, nichts. Es hat lange gedauert, bis man erwachsen geworden ist. Führe seitdem, was man früher Spießerleben genannt hat.«

Er redet immer hastiger, verschluckt Silben und Wörter, verhaspelt sich, sodass ihm nur schwer zu folgen ist. Götzl versucht ihn zu bremsen, ohne viel Erfolg.

G. gibt zu, Nazi gewesen zu sein, Neonazi, und Böhnhardt, Mundlos und Zschäpe »geschätzt« zu haben, weil sie nicht wie andere nur gesoffen, geprügelt und gepöbelt hätten, sondern sich als Elitetruppe verstanden. Die drei hätten damals einen gewissen Bekanntheitsgrad unter den Rechten gehabt, und er, G., habe die Freundschaft mit ihnen als »soziale Aufwertung« empfunden. »Ich fühlte mich in Gegenwart der Uwes sicher. Das war eine starke Gruppe.«

Dann kommt er zur Sache. Es habe seinerzeit Richtungsdiskussionen gegeben, sagt er, ob Ziele mit Gewalt verfolgt werden sollten. Theoretisch. Bis zur Verhaftung habe er es nicht für möglich gehalten, dass die Uwes samt Zschäpe »solche Taten« begehen würden. Er habe zwar gewusst, dass sie Sprengstoff besaßen. »Aber ich glaubte, dies sei nur als ultimative Drohung gedacht gewesen.« Er habe jedenfalls nur aus Freundschaft, aus Kameradschaft geholfen, betont er. Nur selten sei über Politisches geredet worden. Also: kein Vorsatz bei ihm, »nicht im Entferntesten«.

Sein Ausstieg. G. redet noch schneller, atemloser. Er habe damals den Glauben an die politische Überzeugung verloren. Doch die Freundschaften seien geblieben. Nur noch Freundschaftsdienste, eine innere Verpflichtung gleichsam zum Beistand. Und Vertrauen, dass schon nichts Schlimmes passieren werde. Unterstützung einer Terrorzelle? Undenkbar für ihn. Die Staatsanwälte aber werten seine Erklärungen als »völlig normale Schutzbehauptung«.

Ausgepumpt sinkt der große Kerl in sich zusammen und wippt mit dem Stuhl.

Wäre Holger G. nicht der, der er ist, fiele es schwer, ihm alles zu glauben. Die Zschäpe-Verteidiger sind voller Skepsis. Doch er spielt wohl nichts vor. Nebenklagevertreter Thomas Bliwier: »Herr G. hat sich offenkundig selbst belastet, er hat Tatvorwürfe eingeräumt. Aber er will Fragen nicht beantworten. Das ist in hohem Maß bedauerlich und muss vom Gericht berücksichtigt werden. Denn er verweigert die vollständige Aufklärung. Wir sehen schon seine starke Betroffenheit. Aber das ist zu wenig, weil es den Familien der Opfer nicht primär um die Verhängung von Strafen geht, sondern um Aufklärung, wie es zu den Taten kam. Herr G. sollte einen Weg finden, sich nicht zu schonen. Wenn es ihm ernst ist, wie er sagt, dann hat er die Chance, das Unrecht wenigstens in Ansätzen wiedergutzumachen.«

Bliwier ist einer der wenigen Anwälte, die sofort auf eine Einlassung oder eine Zeugenaussage mit einer Erklärung zu reagieren vermögen, so auch auf G.s Aussage.

Hier deutet sich bereits an, was in den kommenden Jahren des NSU-Prozesses fast zur Regel werden sollte: Prozesserklärungen, etwa die Bewertung einer Zeugenaussage oder des Ergebnisses eines Gutachtens, werden nicht, wie allgemein üblich, sofort abgegeben, sondern am folgenden Tag, in der folgenden Woche, wann auch immer. Der Eindruck verstärkt sich, dass manche Anwälte mangels Erfahrung zu spontaner Kommentierung nicht in der Lage sind. Denn eine Taktik ist hinter ihrem zögerlichen Agieren nicht zu erkennen.

Die Beweisaufnahme
Aus der Werkstatt eines Strafprozesses

In fast jedem spektakulären Strafverfahren gibt es Momente, in denen man die Luft anhält – weil der Blick in den Abgrund der menschlichen Seele kaum noch auszuhalten ist. Weil sich Angeklagte gerade um Kopf und Kragen reden oder Prozessbeteiligte sich blamieren. Oder weil mit besonders scharfer Klinge gefochten wird und die Gefahr eines unbesonnenen Wortes droht. Es gibt komische Situationen, erschütternde, beängstigende, fassungslos machende, die das Gericht zu bewältigen hat. Im NSU-Prozess war all dies in kaum vergleichbarer Intensität zu erleben.

Nach der Aussage der Angeklagten fängt für das Gericht die eigentliche Arbeit an. Zeugen sind zu vernehmen, Gutachten zu überprüfen, die Arbeit der Ermittler muss bis ins Kleinste nachvollzogen werden, denn jedes ihrer Ergebnisse, jedes Indiz, jeder Beweis soll das Puzzle vom Bild der Taten vervollständigen. Dazu kommt die Auseinandersetzung mit den Aktivitäten der Prozessbeteiligten, die es mitunter darauf anlegen, möglichst schon in der Frühphase des Verfahrens Revisionsgründe zu sammeln. Welchem Antrag ist nachzugehen? Welcher ist mit welcher Begründung zurückzuweisen? Die Dynamik des Geschehens ist im Blick zu behalten, die Fairness gegenüber den Angeklagten zu beachten, auf die Belange der Nebenkläger ist Rücksicht zu nehmen.

Die ersten Befürchtungen bestätigen sich rasch, dass es kaum gelingen werde, eine überschaubare Ordnung in die Fülle von Erkenntnissen zu bringen. Denn das Programm der Beweisaufnahme, wie der Senat sie geplant hat, ist schon angesichts der vielen Prozessbeteiligten nicht einzuhalten. Eine Vernehmungsdauer von gerade mal zwanzig oder dreißig Minuten pro Zeuge – illusorisch. Die Befragungen ziehen sich vielfach über einen halben oder den ganzen Sitzungstag hin. So mancher Zeuge muss mehrmals vor Gericht erscheinen, oder seine Aussage gibt Anlass zu weiteren Beweiserhebungen. Keine Rede also davon, dass die Anklagepunkte der Reihe nach abgearbeitet werden könnten.

Im ersten Prozessjahr sind die Sitzungstage davon gekennzeichnet, dass sich zeitaufwendige Zeugenvernehmungen zu teilweise winzigen Details unterschiedlichster Art zusammenhangslos aneinanderreihen. Morgens der Tatortzeuge zu Fall zwei der Anklage, anschließend der Brandermittler vom letzten Wohnort Zschäpes. Nachmittags ein Waffensachverständiger, dem ein Vernehmungsbeamter zu Fall drei folgt. Dann der Umfeldzeuge zum Angeklagten A und der Hauptsachbearbeiter zu Fall vier, der Kripobeamte zum Angeklagten B und so fort – je nachdem, welcher der Zeugen gerade zur Verfügung steht, wer dem Ladungstermin folgen kann, wer nicht krank oder im Urlaub ist.

Nicht jeder Zeuge liefert das Erwartete ab. Viele haben nach der langen Zeit das meiste vergessen oder sind nicht willens, einem Gericht bei der Aufklärung schwerster Straftaten behilflich zu sein. Andere wiederum eröffnen neue Einblicke in ein Geschehen, das sich bis zuletzt nur in Teilen erklärt. So türmt sich ein scheinbar wahllos durcheinandergewürfeltes Gebirge an Mosaiksteinen auf, aus dem eines fernen Tages ein Bild entstehen soll. Unter diesen Steinchen befinden sich jene, die später den Prozess entscheiden. Beispielhaft werden einige davon hier zitiert.

Für die Anklage läuft es gut. Die Staatsanwälte bestehen in Übereinstimmung mit dem Gericht auf ihrem Grundsatz, dass, trotz der wiederholten Forderungen der Nebenkläger nach weitaus umfassenderer Aufklärung, Abschweifungen von den Anklagevorwürfen von vornherein zu unterbinden seien. Denn in einem Strafprozess geht es nicht um die unterschiedlichen Wünsche und Erwartungen von Hinterbliebenen und Geschädigten. Am Ende des Prozesses ist ein Urteil über die Angeklagten zu fällen. Für die Suche nach unbekannten, vermuteten Tatbeteiligten, für Verschwörungstheorien und Spekulationen, ist da kein Raum.

Die Zschäpe-Verteidigung hat der Staatsanwaltschaft bisher kaum etwas entgegenzusetzen. Es ist auch nicht eingetreten, was in einem solchen Großverfahren durchaus denkbar gewesen wäre: dass die Rechte der Verfahrensbeteiligten beschnitten werden, um etwa lästige Auseinandersetzungen abzukürzen oder schneller voranzukommen. Der Senat beachtet die Strafprozessordnung peinlich genau. Das ist ihm angesichts der Zeit, die dabei oft ergebnislos verrinnt, hoch anzurechnen.

Der 14. Verhandlungstag am 24. Juni 2013 birgt Sprengstoff in sich. Denn der Senat hatte einen Zeugen nicht geladen, der gleichsam die Schlüsselfigur war im undurchsichtigen und unkoordinierten Treiben der Nachrichtendienste: Tino Brandt, ein gewaltbereiter Neonazi und eine der schillerndsten Figuren aus dem Umfeld von Zschäpe, Mundlos und Böhnhardt. Er spionierte für den Verfassungsschutz die rechtsextreme Szene Thüringens aus und unterhielt enge Kontakte zu den dreien. Vielleicht hätte er zur rechtzeitigen Aufdeckung des NSU beitragen können, wäre er nicht gleichzeitig einer der führenden Organisatoren und Unterstützer dieser rechtsextremen Szene, dem Nährboden des NSU, gewesen. Ohne ihn hätte es diese Szene womöglich nicht gegeben. Warum hat der Senat ihn nicht von sich aus als Zeugen vorgesehen? Glaubten die Richter etwa, auf ihn verzichten zu können? Falls ja: um Verfassungsschützer und ihre Machenschaften möglichst aus dem Prozess herauszuhalten?

Nebenklageanwalt Thomas Bliwier fordert das Gericht auf, Tino Brandt als Zeugen zu laden. Die Bundesanwaltschaft tritt dem Antrag nicht entgegen, auch wenn Anette Greger vorsorglich betont, die Doppelrolle Brandts mindere die Schuld der Angeklagten nicht. Doch darum geht es nicht. Wer der Justiz im Fall NSU misstraut, wer den Prozess schon vorweg für eine Farce hält, die mehr verbergen als offenlegen soll, der fühlt sich beim Thema Tino Brandt bestätigt, selbst wenn der Senat, wie geschehen, dem Antrag Bliwiers nachkommt. Brandt sitzt zu diesem Zeitpunkt wegen eines anderen Deliktes in Haft. Er wird erstmals am 127. Verhandlungstag, am 15. Juli 2014, als Zeuge erscheinen.

Zunächst befasst sich der Senat mit den angeklagten Mordtaten. Er bemüht sich zwar, die einzelnen Komplexe einigermaßen strukturiert abzuhandeln. Doch tatsächlich geht es chaotisch zu. Es sind zu viele Fälle gleichzeitig, die in diesem Monsterprozess bearbeitet werden wollen.

Der Fall Abdurrahim Özüdoğru

Götzl beginnt mit Fall zwei der Anklage. Abdurrahim Özüdoğru, der Änderungsschneider aus Nürnberg, ermordet dort
am 13. Juni 2001. Der erste Zeuge, ein Schutzpolizist aus Nürnberg, schildert mit kaum unterdrücktem Abscheu das Durcheinander in der Nähstube und die »gewachsene Unordnung«
in der an die Schneiderei grenzenden Wohung des Opfers.
Und erst das Schlafzimmer! Der Zeuge erwähnt auch »die
Freundin, die der Özüdoğru sich nach der Scheidung zugelegt
hat«. Wieder dieser Unterton. Man habe nach Drogen gesucht.
»Wieso?«, fragt ein Opferanwalt, der hinter den Ermittlungen rassistische Motive wittert. »Gab es denn Anhaltspunkte
dafür?« Nein, es gab keine, es geschah auf Anweisung des
Sachbearbeiters: Ausländer plus Unordnung plus Mord gleich
Verdacht auf Drogenhandel, routinemäßig. Die Tür zur Straße
sei versperrt gewesen. Die Tür um die Ecke allerdings, die war
offen. Keinerlei Einbruchsspuren. Hatten die Täter dies zuvor
ausgekundschaftet?

Auf einer Leinwand werden Fotos gezeigt. In Großaufnahme
die blutige Leiche Özüdoğrus. Zschäpe schaut nicht hin. Sie
lehnt sich zurück und verschränkt die Arme. André E. spielt
auf seinem Computer, Wohlleben starrt auf den Tisch, Holger
G. ebenfalls. Carsten Sch.s Blick ist auf die Bilder fixiert, er ist
sichtlich entsetzt.

Die nächste Zeugin ist noch nicht da. Götzl will, wie er sagt,
»die Pause nutzen« und lässt ohne Vorwarnung das »Paulchen-
Panther-Video« des NSU vorspielen, das Zschäpe nach dem
Suizid ihrer Komplizen an Redaktionen und türkische Einrichtungen verschickt hat – eine mithilfe von Ausschnitten des Ori-
ginalzeichentrickfilms zusammengestellte Collage, in der die

scheinbar harmlose, lustige rosa Tierfigur mordend und Terror verbreitend bei ohrenbetäubender Musik durch das Bild hüpft. Der niedergeschossene Blumenhändler Enver Şimşek in seinem Blut. Zeitungsausschnitte mit Fotos der Verbrechen. Schüsse, Bomben, wieder dröhnende Musik, der rosa Panther, Drohungen, menschenverachtende Sprüche:»Und geht es nicht mit Muskelkraft, mal sehen, ob Dynamit es schafft.« Gegröle, Beifall im Hintergrund:»Wir kommen wieder, keine Frage!«

Ein Bekennervideo, ohne Zweifel – aber ohne Hinweis auf die Akteure. Passend zum Vorgehen der Täter, die weder Fingerabdrücke noch DNA-Spuren an den Tatorten hinterließen. Die aus dem Nichts zu kommen schienen und spurlos verschwanden, nachdem sie ihr blutiges Werk am helllichten Tag – gleichsam vor aller Augen und trotzdem in aller Heimlichkeit – verrichtet hatten. Niemand sollte sich länger sicher fühlen, nirgendwo, niemand mehr ruhig schlafen können. Jeder»Ali« in Todesangst.

Atemlose Stille im Saal. Worte gibt es nicht für das, was da über die Leinwand flimmert und aus den Lautsprechern dröhnt. Wie erstarrt sitzen die Angeklagten, die Verteidiger, die Opferanwälte, die Zuschauer da. Die Perversität des Terrors, eingebettet in ein kindisches Spiel, lähmt jeden Gedanken.»Stand das Video auf dem Programm?«, fragt ein Zuschauer verstört seinen Nachbarn.

Nein, es war ein Schachzug des Vorsitzenden, unmittelbar nach den ersten Schreckensfotos einer Hinrichtung das Publikum mit der Brutalität und Menschenverachtung der NSU-Ideologie zu konfrontieren.

Ende Juni 2013 geht es erstmals um Zschäpes letzte Wohnung. Denn an jenem 4. November 2011, nachdem der NSU buchstäblich in Flammen aufgegangen war, betrat ein Bereitschaftspolizist mit Leichenspürhunden die Ruine in der Frühlingsstraße. Bis 22 Uhr, berichtet er, habe die Feuerwehr nach weiteren Bewohnern gesucht. Später seien Brandmittel-Spürhunde eingesetzt worden. Er ist stolz auf seinen Hund. »Meiner legt sich hin und zeigt mit der Schnauze auf den Punkt, an dem Benzin vergossen wurde. Denn der Hund ist noch immer besser als die Technik.« Dann seien Sprengstoff-Spürhunde gebracht worden und Statiker hätten den Bau untersucht, der mit Stahlstützen gesichert werden musste. Tonnen Brandschutt wurden auf Spuren untersucht. Gefunden wurden elf Waffen, darunter die Tatwaffen und Munition, teilweise mit DNA-Anhaftungen von Mundlos und Böhnhardt, Hülsen und Projektile, die den Umgang mit diesen Waffen belegen. Dazu einige tausend weiterer Spuren, Zeitungsberichte, Fernsehmitschnitte, Ausspähunterlagen wie Stadtpläne mit Markierungen und Lageskizzen, kontaminiert von Löschwasser und Schaum. Eine Hose mit der DNA von Mundlos und Blutspritzern der getöteten Polizistin Michèle Kiesewetter. Am 28. November 2013 sei das Gebäude abgerissen worden, da man mit Hohlräumen und weiteren Verstecken gerechnet habe.

Stundenlang setzt sich der Senat mit den Erkenntnissen über das Leben in dieser mehr als hundert Quadratmeter großen Wohnung auseinander. Ursprünglich bestand sie aus zwei Einheiten, die durch nachträgliche Einbauten zu einer verschachtelten Einheit umgewandelt worden waren. Wo lebte Zschäpe? Zumindest ein abgeschlossener Bereich wäre wohl nötig gewesen, hätte sie vom Treiben ihrer Mitbewohner nichts mitbekommen sollen, wie die Verteidigung glauben zu machen versucht.

Zschäpe blickt nicht auf, als Fotos des brennenden Hauses auf der Großleinwand zu sehen sind. Die Ruine ohne Außenwand im ersten Stock. Der Dachstuhl nur noch ein Gerippe, als ob dem Haus die Schädeldecke weggesprengt worden wäre.

Der Zeuge wird wiederkommen müssen. Er hat über die Funde im Brandschutt noch einiges zu erzählen, zum Beispiel über die Kameras, die, über Kabel miteinander verbunden, zwischen grünem Plastikefeu in Blumenkästen vor den Fenstern verborgen waren, was ein Schlaglicht wirft auf das verbarrikadierte Leben der drei zu einer Zeit, als sie offenbar mit dem Morden schon aufgehört hatten.

Zschäpe klagt über Unwohlsein. Die Aussagen zu ihrer ehemaligen Wohnung scheinen sie mitgenommen zu haben. Götzl bricht die Verhandlung ab und schickt die geladenen Zeugen nach Hause.

Zschäpes erste Vernehmung –
»Wurde zu nichts gezwungen«

Am 17. Verhandlungstag, es ist der 2. Juli 2013, geht es um Zschäpe selbst. Da sie keine Angaben machen will, wird jener Polizeibeamte aus Zwickau vernommen, der sie als Erster am 8. November 2013, als sie sich Tage nach dem Tod ihrer Komplizen übernächtigt der Polizei stellte, befragt und darüber einen ausführlichen Vermerk angefertigt hat. Er erinnert sich noch, wie erleichtert und froh sie gewesen sei, »dass die Sache vorbei ist«. Dass sie sich in dem Trainingsanzug der Polizei nicht wohlgefühlt habe. Und dass sie auf die Frage, ob womöglich noch eine weitere geplante Straftat zu verhindern sei, mit »nein« geantwortet habe. »Sie sagte, seit langem habe sie nun wieder mit ihrem richtigen Namen unterschrieben«, erinnert sich der Zeuge. Sie habe zwar zur Sache nichts sagen wollen, was auch respektiert worden sei. Jedoch habe sie berichtet, die beiden Mütter ihrer Gefährten angerufen zu haben, um ihnen zu eröffnen, dass ihre Söhne nicht mehr am Leben seien.

Götzl:»Hat sie gesagt, woher sie die Information über deren Tod hatte?«

Zeuge:»Nein.«

Götzl:»Sie sagen, Frau Zschäpe sei ›ein paar Tage unterwegs‹ gewesen.«

Zeuge:»Sie nannte Braunschweig und nahm an, dass dies der Polizei bekannt sei. War es aber nicht. Sie sagte außerdem, dass sie nicht mehr viele Freunde habe.«

In dieser ersten Vernehmung nannte Zschäpe die beiden Uwes »ihre Familie«. Sich selbst bezeichnete sie als ein »Omikind«, ein Kind also, dessen nächste Bezugsperson die Großmutter war. Und sie bekannte, sich die Entwicklung ihrer Komplizen, die im Gegensatz zu ihr aus »behüteten Elternhäusern« stammten, nicht erklären zu können.

»Ich habe sie gefragt«, fährt der Polizeizeuge fort,»ob sie den Gedanken gehabt habe, sich das Leben zunehmen. Das bejahte sie. Sie hatte das demnach vor, aber nicht gleich nach der Brandlegung, sondern vielleicht in den Tagen danach.«

Denn erst galt es, wird sie später ihre Anwälte vortragen lassen, die letzten Wünsche von Mundlos und Böhnhardt zu erfüllen: deren Eltern zu informieren und vor allem die schon in frankierten Kuverts verpackten 16 Bekenner-Videos des NSU zu verschicken, um die Öffentlichkeit über die Mordtaten zu informieren. Weitere 35 DVDs fand man, versandfertig verpackt und adressiert, in der Wohnung.

Götzl:»War mal Thema, ob sie von den beiden Männern zu etwas aufgefordert wurde, was sie nicht tun wollte?«

Zeuge: »Sie erklärte explizit, zu nichts gezwungen worden zu sein.«

Diesen Satz gegenüber einem Polizisten gesagt zu haben, wird Beate Zschäpe Jahre später vermutlich bereuen. Denn vor allem Oberstaatsanwältin Greger wird ihn ihr im Schlussplädoyer vorhalten als Beweis dafür, dass Zschäpe ihre spätere Version von einem Leben als abhängiges, fremdbestimmtes Hausmütterchen, gleichsam hilflos den beiden Männern ausgeliefert, damals selbst widerlegt hatte.

Die Aussage des Polizeizeugen ist also unangenehm für Zschäpe. Verteidiger Heer interveniert mehrfach. Bundesanwalt Diemer regt daraufhin an, Heer zu verbieten, die Befragung des Vorsitzenden ständig zu unterbrechen. Die Stimmung ist angespannt, Streit liegt in der Luft. Götzl sorgt für die Abkühlung der Gemüter: »Zehn Minuten Pause.«

Der nächste Zeuge, ein Mitarbeiter des Bundeskriminalamts, hatte Zschäpe am 13. November 2011 begleitet, als sie von der Justizvollzugsanstalt Chemnitz zur Vorführung beim Bundesgerichtshof (BGH) in Karlsruhe gebracht wurde. Ein Verteidiger war nicht anwesend. An Bord des Hubschraubers der Bundespolizei sei eine Unterhaltung nicht möglich gewesen, berichtet der Beamte. Aber in Karlsruhe dann, als auf den Ermittlungsrichter noch gewartet werden musste, habe sich eine erste Gelegenheit ergeben, »in Ruhe mit Frau Zschäpe zu sprechen«.

Dabei habe sie versichert: »Ich habe mich nicht gestellt, um nicht auszusagen.« Ihren neuen Verteidiger – gemeint war Wolfgang Heer – habe sie zufällig ausgesucht, er sei kein Szeneverteidiger. Von einem solchen würde sie sich auch nicht vertreten lassen. Ihr und den beiden Uwes sei klar gewesen, eines Tages aufzufliegen. Jetzt, da alles vorbei sei, schlafe sie ruhiger.

Vor dem Ermittlungsrichter habe sie betont, »ein Faktenmensch« zu sein, um sich eine Meinung zu bilden, fährt der Zeuge fort. Sie lege Wert darauf, andere Meinungen zu hören. Man sprach dabei auch über das Recht zu schweigen. »Sie zeigte sich interessiert an meinen Ausführungen, welchen Vorteil es für sie hätte, sich zu äußern. Ich erklärte ihr, warum es gut wäre, jetzt reinen Tisch zu machen. Sie wollte das aber nicht.«

Als ihr in Karlsruhe die zehn Mordtaten vorgelesen wurden, habe sie dies »emotionslos über sich ergehen« lassen. Auch als es um den Tod der Uwes gegangen sei, habe sie nicht einmal geschluckt.

Der Zeuge Rainer B. – »Wir können doch über alles reden«

Am 3. Juli 2013 sagt ein Kripobeamter aus der Zweigstelle des BKA Meckenheim als Zeuge aus, der für das Prozessgeschehen eine zunächst ungeahnte Rolle spielen wird. Es ist Rainer B., damals 57 Jahre alt und Erster Kriminalhauptkommissar. Er saß in jenem VW-Bus, in dem Beate Zschäpe am 25. Juli 2012 mit Genehmigung des BGH von der Justizvollzugsanstalt Köln nach Jena in die dortige Justizvollzugsanstalt gebracht wurde, um ihre Großmutter und ihre Mutter zu treffen.

Wolfgang Heer hatte vorher an den Generalbundesanwalt geschrieben und darauf hingewiesen, seine Mandantin wolle nicht aussagen. Daher gehe er davon aus, dass auf dieser Fahrt keine förmliche Vernehmung stattfinden werde.

Zschäpe, an Händen und Füßen gefesselt, saß hinter abgedunkelten Scheiben neben einer jungen Beamtin, die sie von

Besuchen im Gefängnis schon kannte. B. sowie Bundespolizisten befanden sich ihr gegenüber mit dem Rücken zur Fahrtrichtung.

»Zu Beginn wurde sie belehrt«, versichert B. vor Gericht, »dass wir natürlich keine Vernehmung machen. Aber wir könnten doch über alles reden. Über Gott und die Welt.«

Der Erste Kriminalhauptkommissar ist ein leutseliger Mann. Auf den ersten Blick ein gemütlich und humorvoll wirkender, unterhaltsamer Typ, eine Art Conférencier, der nichts Böses im Schilde zu führen scheint. Im Auto sagte er so nebenbei, über das Gesprochene werde allerdings ein Vermerk für die Akten gefertigt. Am Ende war dieser zwölf Seiten lang. Zschäpe antwortete darauf, sie wisse das und werde nur sagen, was sie sagen wolle.

Es kam, wie es wohl kommen sollte. Man sprach über dies und das, auch über den Aufwand des Transports, für den ganze Straßen gesperrt wurden. B. kam von den Strähnchen in Zschäpes Haar aufs Wetter und damit zu der Frage, ob sie auf Fehmarn auch mal gutes Wetter erlebt habe. Sie: »Wer sagt denn, dass ich auf Fehmarn war?« B. darauf: Ob sie schon mal in die Akten geschaut habe? Das sei empfehlenswert. »Sie war sehr interessiert daran, was die Leute, die sie aus der Nachbarschaft kannte, über sie sagten. Anderes belaste sie zu sehr. Sie sei ›ein Meister im Verdrängen‹. Ich habe sie dann gefragt, ob sie sich den Bericht des Brandermittlers mal angesehen habe. Was da alles gefunden wurde! Tausende Asservate habe man ausgewertet und sei noch immer nicht am Ende! Viele schriftlichen Unterlagen seien nur am Rand angeschmort, Festplatten noch lesbar. Ich hatte den Eindruck, sie weiß das alles gar nicht.«

Sollte B. die Absicht gehabt haben, Zschäpe zu verunsichern, gelang ihm dies perfekt. Die Gunst der Stunde nutzend, redeten er und die junge Beamtin weiter auf sie ein: Sie habe sich doch gestellt, sie habe doch selbst gesagt, sie wolle aussagen. Wie es jetzt damit aussehe?

B.: »Frau Zschäpe sagte, ja, sie wolle aussagen, vor allem weil es der Großmutter schlecht gehe und sie sich entschuldigen wolle. Und wenn sie aussage, dann umfassend. Denn sie sei nicht jemand, die nicht zu seinen Taten stehe. Aber ihr Anwalt rate ihr ab. Man merkte, sie war unzufrieden mit seiner Arbeit. Er mache nur wenig, und in der Zeitung lese sie alles Mögliche. Ganze Aktenteile würden da abgedruckt. Sie war sehr erbost, dass die Verteidigung ständig in der Presse sei mit dem Fall. Ich sagte, na ja, zurzeit bekomme der Anwalt ja für seine Arbeit auch noch nicht viel. Erst in der Hauptverhandlung, da gebe es dann wohl 1000 Euro pro Tag. Sie machte ganz große Augen.«

Dann habe Zschäpe plötzlich gesagt: »So einen Fall wie mich hat es doch noch nicht gegeben!«

B.: »Ich habe geantwortet, da sie ja in der DDR aufgewachsen sei, wisse sie vielleicht nichts von der RAF in den siebziger und achtziger Jahren, als in jedem öffentlichen Gebäude Plakate von Susanne Albrecht und Christian Klar und so weiter hingen. Ich erzählte ihr, wie die Terroristen dann in der Ex-DDR festgenommen wurden. Albrecht habe von Anfang an ausgesagt im Gegensatz zu Klar. Der habe dann 26 Jahre verbüßt. Albrecht hingegen war nach ein paar Jahren wieder draußen. Sie wurde ja zu 13 Jahren verurteilt, kam aber nach drei Jahren schon in den offenen Vollzug und wurde nach sechs Jahren auf Bewährung entlassen. Ach ja, dann fällt mir noch ein, dass Zschäpe ihr vom Erkennungsdienst angefertigtes Foto schrecklich fand. Wenn sie wieder rauskomme, erklärte sie, werde sie sich einen anderen Namen und ein anderes Aussehen zulegen. Das Beispiel Albrecht hat an der Stelle ganz gut gepasst.«

Auf der Rückfahrt habe sie »nicht so wichtige Dinge« gesagt wie, dass sie mal den Kölner Dom sehen und am Rhein spazieren und in einen Biergarten gehen wolle. B. weiter: »Vergessen habe ich zu erwähnen, dass wir auf der Hinfahrt ja an Jena vorbeikamen, wo sie aufgewachsen ist. Man sieht von der Autobahn aus die Plattenbauten. Ich hätte vor kurzem die Eltern Böhnhardt vernommen, erzählte ich ihr. Denn ich wollte sehen, wie sie reagiert. Ich sagte auch, der Vater sehe seinem Sohn ja wie aus dem Gesicht geschnitten ähnlich. Sie lehnte ihr Gesicht ans Fenster und bekam, meine ich, ein klein bisschen feuchte Augen. Aber sie sagte trotzdem nicht, wie es war.«

Götzl: »Wie war die Reaktion auf Albrecht und Klar?«

»Sie wurde schon nachdenklich. Herr Vorsitzender, mir sind noch ein paar Dinge eingefallen. Sie war ja sehr unzufrieden mit ihrem Verteidiger. Sie sagte, sie dürfe drei Anwälte haben, den einen werde sie wohl nicht mehr los, aber vielleicht bekomme sie noch einen Verteidiger ihres Vertrauens.«

Götzl: »Wen meinte sie mit ›ihrem Verteidiger‹?«

»Herrn Heer. Sie war richtig froh, mal eine neue Meinung – von uns – zu hören. Die Bediensteten in der JVA würden alle schlecht über Heer reden. Sie wisse nicht mehr, wem sie vertrauen könne, jeder wolle etwas von ihr, entweder Schlagzeilen oder Geld machen oder neue Ermittlungsansätze.« B. bot ihr die Vermittlung eines anderen Anwalts an, der ihr eine Aussage vor Gericht schmackhaft machen könnte.

Verteidiger Wolfgang Stahl wundert sich, dass ein so hochrangiger Beamter als Begleiter mit auf die Fahrt geschickt wurde, und fragt, wie es denn dazu kam.

»Dienstgeheimnis.« B. lächelt verschmitzt.

»Kannten Sie den Briefwechsel zwischen der Verteidigung und dem Generalbundesanwalt?«

»Nicht, dass ich wüsste.«

Stahl zitiert aus dem Brief, in dem Mitverteidiger Heer darum bat, keine Vernehmungsversuche zu unternehmen, auch kein »informatorisches Gespräch«, da Frau Zschäpe unter großem emotionalem Druck stehe.

»Ham wa ja auch nicht gemacht«, sagt B., immer noch lächelnd.

Stahl: »Sie sind Erster Kriminalhauptkommissar. Ist es üblich, dass Sie bei Gefangenentransporten mitfahren?«

»Dafür habe ich keine Aussagegenehmigung.«

Stahl: »Kann ich davon ausgehen, dass Sie die Begleitung machten trotz des Verteidigerschreibens?«

»Dafür habe ich keine Aussagegenehmigung.«

Stahl: »Sie sagen, Zschäpe sei mit ihrem Verteidiger unzufrieden gewesen. Sind Sie darauf eingegangen?«

»Also – ähm – wir haben über das Thema Verteidigung mehrfach gesprochen.«

Stahl: »Hätten Sie sich eine andere Verteidigung für Zschäpe gewünscht? Die Frage könnte nämlich relevant sein. Wenn Ermittlungsbeamte in das Vertrauensverhältnis zwischen Mandant und Verteidiger eingreifen …«

»Dieses Vertrauensverhältnis bestand nicht!« B. wird laut. »Wir sagten, es gebe auch Anwälte, die ihren Mandanten raten auszusagen.«

Anja Sturm widerspricht am Ende der Verwertung dieses Gesprächs »wegen verbotener Vernehmungsmethoden«. Aus Sicht der Verteidigung habe es sich eindeutig um eine Vernehmung gehandelt. B. habe glauben machen wollen, rein zufällig von einem Thema, wenn dieses erschöpft war, zum nächsten gekommen zu sein. Zudem sei die Situation ausgenutzt worden, in der Zschäpe anfällig für solche Gespräche gewesen sei.

Die Bundesanwaltschaft teilt diese Auffassung erwartungsgemäß nicht. Zschäpe habe gewusst, dass es ihr freistehe, etwas zu sagen, und dass ihre Angaben gegebenenfalls verwertet würden. Zudem habe sie nie den Eindruck erweckt, sie wolle nicht sprechen, so die Aussage der Beamtin, die mitgefahren war.

Götzl: »Ich habe vor, die Zeugen zu dem Gefangenentransport zu vernehmen.«

Verteidiger Stahl will dies verhindern und beanstandet Götzls Vorhaben. Er verlangt einen Gerichtsbeschluss. Die anderen Richter teilen – selbstverständlich – Götzls Entscheidung. Man würde jede Wette verlieren, setzte man auf einen Widerspruch gegen den Vorsitzenden.

Was als »polizeiliche List« gerade noch als erlaubt gilt, ist ein dehnbarer Begriff. Die B.-Nummer war allem Anschein nach ein trickreiches Spiel unter der Überschrift: Wie man die Verteidigung ausschaltet. Dabei war der Versuch, Zschäpe entgegen der Bitte ihres Verteidigers zum Reden zu verleiten, wahrscheinlich nicht einmal das eigentliche Ziel. Sondern die Beschuldigte sollte in ihren Zweifeln bestärkt und ihr Vertrauen in ihren Anwalt erschüttert werden. Das Gefühl der Unsicherheit, nicht zu wissen, was besser für sie wäre – zu reden oder zu schweigen –, sollte offensichtlich verstärkt werden. Monate später ging die Saat, die damals ausgebracht wurde, Korn für Korn auf.

Der Fall Enver Şimşek

Es geht thematisch weiter durcheinander, Woche für Woche. Der Tod des Blumenhändlers Enver Şimşek in Nürnberg, die erste Tötung. Ein junger Mann, von Beruf Rettungsassistent, hatte Blumen kaufen wollen. Er alarmierte die Polizei, als sich an dem Stand an der Parkbucht einer vielbefahrenen Nürnberger Ausfallstraße niemand meldete. Zwei Zeugen, Vater und Sohn, fuhren etwa zur Tatzeit dort vorbei und erinnerten sich an zwei junge, sportlich wirkende Männer in dunklen Radlerhosen, die sich rasch zu Fuß von dem Blumenwagen stadteinwärts entfernten. Räder allerdings seien nicht zu sehen gewesen. Zuvor habe man mehrere metallische Geräusche wahrnehmen können. »Doch Handlungsbedarf ergab sich nicht«, sagt der Vater.

Als damals die Polizei kam und die Seitentür von Şimşeks Lieferwagen öffnete, fand man den Schwerstverletzten in einer riesigen Blutlache. Er lebte noch. Der Rettungsassistent: »Wir hoben den Mann raus und versorgten ihn so weit wie möglich draußen. Ich habe natürlich, um besser an ihn ranzukommen, einiges aus dem Auto geräumt und mich dann um seine Atmung gekümmert. Mit einer Pumpe habe ich versucht, Blut abzusaugen. Das war schwierig, weil durch einen Einschuss der Kiefer gesperrt war. Durch eine Zahnlücke bekam ich dann den Schlauch rein. Aber der Mann hatte mehrere Einschüsse. Eine Wundversorgung war nicht möglich.«

Ein Waffensachverständiger spricht von zwei Tätern, die auf Şimşek geschossen haben könnten, acht Mal, aus einer Distanz von 60 bis 80 Zentimetern. Die Täter müssen demnach wie im Rausch gefeuert haben. Dauer des Geschehens:

nicht länger als zehn bis 15 Sekunden. Todesursache: ein Schädeldurchschuss mit ausgedehnten Hirngewebsdefekten.

Eine Anwältin der Nebenklage fragt, wieso es zwei Jahre gedauert habe, bis das Gutachten des Waffensachverständigen erstellt war. »Weil andere Dinge vordringlicher waren«, lautet dessen Antwort. Sie klingt ziemlich kaltschnäuzig.

Der Fall Habil Kılıç

Im Gerichtssaal erscheint eine Legende. Josef Wilfling, Kriminaloberrat a. D., langjähriger Leiter des Münchner Mordkommissariats 5, hatte anfangs mit dem Fall Habil Kılıç zu tun, dem vierten NSU-Attentat. Kılıç, ein 38 Jahre alter Gemüsehändler aus der Münchner Bad Schachener Straße, wurde am 29. August 2001 durch Schüsse in den Kopf in seinem Laden getötet. Wilfling schildert das übliche Vorgehen: Befragung von Anwohnern, Sammeln von Hinweisen, Bestimmung der Tatzeit und dergleichen. Ein Anwalt der Nebenklage attackiert ihn harsch, weil sich die Erstermittlungen fast ausschließlich auf das türkische Umfeld des Opfers erstreckten.

Wilfling wehrt sich: »Wir haben in alle Richtungen überprüft, immer von innen nach außen. Eine Beziehungstat konnte rasch ausgeschlossen werden, deshalb bestand kein Tatverdacht gegen die Familie. Die Tat musste einen anderen Hintergrund haben. Wir prüften, ob es besondere Ereignisse im Vorfeld gab, irgendetwas im Leben des Herrn Kılıç, das auffällig war. Bedrohungen? Schmierschriften? Unser Opfer verkehrte ausschließlich mit Landsleuten in türkischen Lokalen und Vereinen, Herr Kılıç hatte nur türkische Freunde. Klar, dass wir dort Ermittlungen geführt haben.«

Zwei Damen aus der Nachbarschaft wollten einen dunklen Mercedes gesehen haben und einen dunkelhäutigen Mann, der mit quietschenden Reifen davongefahren sei. Später gaben sie zu, alles nur erfunden zu haben. Sie hatten gar nichts gesehen und wollten sich nur wichtigmachen. Zwei weitere Anwohnerinnen berichteten von zwei jungen, sportlichen Radfahrern, die in Richtung Rupertigaustraße weggefahren seien. Sie hätten wie Kurierfahrer ausgesehen.

Man habe Hinweise gehabt, fährt Wilfling fort, dass es 2001 in München sechs Tötungsdelikte im Zusammenhang mit Drogenkriminalität gegeben habe. Der Hinweis auf Radfahrer sei zur Kenntnis genommen worden. »Aber es gab keinen Tatzusammenhang.« Man habe nach ihnen als Zeugen gesucht.

»Warum«, fragt Opferanwalt Yavuz Narin, »ist der Dunkelhäutige als Tatverdächtiger in Frage gekommen, die Radfahrer jedoch nur als Zeugen?«

Wilfling: »Ich glaube, Sie hätten das auch nicht anders eingeordnet. Ein Mann, der angeblich mit quietschenden Reifen davonfährt, und andererseits zwei Radler, die aussehen wie Kurierfahrer. Eine Sofortfahndung war nicht möglich, weil eine nähere Beschreibung fehlte.«

Im bayerischen Untersuchungsausschuss sei er, Wilfling, von einer Grünen-Politikerin immer wieder gefragt worden, warum er und seine Leute nicht erkannt hätten, dass es sich um Neonazis gehandelt habe. »Immer wieder diese Frage! Warum wir nichts gemerkt haben ...« Darauf habe er dann gesagt: »Haben Sie schon mal einen Neonazi auf einem Fahrrad gesehen?« Heute wisse er, dass es auf diese Frage keine Antwort gebe.

Anwalt Mehmet Daimagüler, der Angehörige zweier Opfer vertritt: »Herr Zeuge, gab es von Ihrer Seite Gedanken oder

Maßnahmen, dass es sich um einen politischen Hintergrund handeln könnte?«

Wilfling: »Auch das haben wir überprüft. Wir haben fünfzig Zeugen vernommen, vier Fünftel davon türkische Mitbürger, PKK, Graue Wölfe, alles Hinweise von diesen Zeugen. Laut Verfassungsschutz gehörte Herr Kılıç keiner dieser Organisationen an. Er soll aber vor Jahren wegen Spenden an die PKK unter Druck geraten sein.« Von Übergriffen Rechtsradikaler sei nichts bekannt gewesen. Die Tatausführung habe auf ein professionelles Vorgehen hingewiesen, eine Art Hinrichtung mit Fangschuss. Man habe von Morden durch Rechtsradikale seit 1990 gewusst. »Aber da wurden Ausländer durch die Straßen gejagt und totgeschlagen ohne Bemühung, die Täterschaft zu verbergen.« Es habe haufenweise Hinweise gegeben. »Man soll jetzt bitte nicht so tun, als ob es keine türkische Drogenmafia gibt und nicht Wege, die nach Holland führen ...« Wilfling will sich nicht in Richtung Rassismus drängen lassen.

Im Saal Unruhe. Götzl mahnt zur Sachlichkeit. Bundesanwalt Diemer appelliert an den Senat, nur Fragen zuzulassen, die den Prozess fördern. Opferanwalt Adnan Erdal schreit, er wolle endlich wissen, warum nicht nach Neonazis gefahndet wurde. Götzl ermahnt Erdal. Es geht hoch her. Götzl ordnet eine Pause an.

Nachmittags wird die Witwe von Habil Kılıç vernommen. Sie ist nicht die einzige Opferzeugin, die verbittert ist wegen der Ermittlungen gegen den verstorbenen Mann. Die Witwe klagt, sie und die Familie seien sogar in der Türkei wie Verdächtige behandelt worden. Sie habe alles verloren, den Mann, die Existenz, das Leben, das einmal schön war.

Götzl tut sich schwer mit dieser Frau. Wer nicht präzise auf seine Fragen antwortet, wird von ihm normalerweise streng zurechtgewiesen. Das verbietet sich bei einer trauernden Ehefrau, die kaum Worte findet für ihr Unglück. Als nächste Angehörige hat sie aber das Recht, vom Gericht angehört zu werden. Götzl hält sich zurück. Irgendwann will die Zeugin gar nicht mehr auf seine Fragen antworten, weil sie nicht versteht, warum der Richter an ihr, der Hinterbliebenen, interessiert ist. Es gehe doch um ihren Mann. Er sei es doch, der tot ist. Die beiden finden keinen Ton miteinander.

Ein Kriminalhauptkommissar aus Nürnberg muss sich rechtfertigen, warum die Telefone der Angehörigen Şimşeks abgehört wurden. Warum die Familie mit zum Teil erfundenen Vorwürfen überzogen wurde, etwa, dass der Getötete ein Doppelleben geführt und eine Geliebte gehabt habe. Nebenklagevertreter unterstellen dem Zeugen, aufgrund einer angeblich rassistischen Voreingenommenheit viel zu lange ausschließlich zu den Themen Beziehungstat, organisierte Kriminalität, Geldwäsche, Drogenhandel, Schutzgeld und Blutrache ermittelt zu haben. Dabei werde jedoch der Umstand ignoriert, sagt der Polizeizeuge, dass entsprechende Hinweise gerade aus dem Umfeld der Opfer, ja vereinzelt sogar aus den Familien selbst kamen. »Enver Şimşek fuhr als Blumenhändler oft nach Holland. Hat er dort vielleicht auch Drogen eingekauft? Hätte die Polizei solchen Fragen nicht nachgehen dürfen?« Der Zeuge, sichtlich aufgebracht, erwähnt auch falsche Fährten, die manche Leute anscheinend legten, um sich einen schlechten Scherz zu erlauben oder sich wichtig zu machen.

Er verteidigt sich mit dem Hinweis, dass man von 2001 an durchaus auch »Fremdenfeindlichkeit« als Tatmotiv diskutiert habe. Aufgrund fehlender Erkenntnisse aber und ausbleibender positiver Rückmeldungen durch den Staatsschutz, durch

Verfassungsschutzämter und andere Polizeidienststellen sowie wegen des Mangels an Hinweisen aus der Bevölkerung habe man sich erst von 2005/2006 an intensiver damit beschäftigt. Zu der Zeit sei erstmals von der Möglichkeit einer Kleinzelle von zwei bis drei Personen gesprochen worden, die aus einer ausländerfeindlichen Ideologie heraus oder aufgrund einer psychopathologischen Motivation das Ziel verfolgen könnte, türkischstämmige Kleinunternehmer in verschiedenen deutschen Städten hinrichtungsartig zu ermorden.

Mit dieser Zeugenaussage geht die erste Phase des Prozesses zu Ende, die Sommerpause steht an. Nebenklagevertreter Thomas Bliwier, Anwalt der Familie Yozgat, kritisiert das bunte Allerlei, das sich in den zurückliegenden drei Monaten angehäuft hat: »Bereits jetzt ist festzustellen«, sagt er, »dass die Beweisaufnahme sich mit mehreren Mordstraftaten parallel befassen muss. Daneben werden Kriminalbeamte zu Angaben der Angeklagten vernommen. Zusätzlich wird eine Beweisaufnahme zu der Brandlegung in der Frühlingsstraße vorangetrieben.« Die Planung der Hauptverhandlung entspreche nicht der gesetzlich geforderten bestmöglichen Beweismittelverwendung. Wenn es so weitergehe, drohe eine Beweisaufnahme, der die »Übersichtlichkeit und Vorbereitbarkeit« vollständig abhandenkämen. Denn die angeklagte Serie von Straftaten weise höchstwahrscheinlich eine innere Entwicklung auf, die bei einem Abweichen von dieser Chronologie nur schwer nachzuweisen wäre. Und das bei Taten, die teilweise bis zu 13 Jahre zurückliegen. So richtig die Feststellungen Bliwiers sind: Da sich die Zeugenvernehmungen weitaus komplizierter gestalten und länger dauern als ursprünglich angenommen, stimmt der Terminplan des Senats längst nicht mehr. Es wird verschoben und umgeplant, auf Kosten der Übersichtlichkeit allerdings. Zwei Angeklagte, Zschäpe und Wohlleben, sitzen in Haft. Da muss es vorangehen.

Das Zusammenfügen des Beweispuzzles wird nach der Sommerpause fortgesetzt. Den ersten Sitzungstag im September 2013 verbringt das Gericht mit der Vorführung von TV-Videos: In der MDR-Sendung *kripo live* aus dem Februar 1998 geht es um die Fahndung nach den flüchtigen Böhnhardt, Mundlos und Zschäpe. Es folgt ein weiteres Video mit Aufnahmen einer Überwachungskamera in Köln, kurz vor dem Anschlag in der Keupstraße am 9. Juni 2004. Man sieht zwei Personen, eine trägt eine Baseballkappe und schiebt zwei Fahrräder.

Im Anschluss werden Videosequenzen zur Zwickauer Frühlingsstraße gezeigt: die Feuerwehr, eine Krankenambulanz, dichter Qualm. Dazu Zeitungsartikel mit der Überschrift »Haus explodiert – von drei Opfern fehlt jede Spur«. Anschließend hört der Senat Tondokumente, so Anrufe bei der Polizei, dass in der Frühlingsstraße ein Haus explodiert sei. »Fahr'n Se schnell, hier brennt alles weg! Lichterloh!«

Später wird eine Kriminalbeamtin von elf Notrufen berichten, die bei Polizei und Feuerwehr eingingen, als Zschäpes Wohnung in Flammen stand und eine Detonation die Außenwände heraussprengte. Von Zschäpe stammte keiner dieser Notrufe, obwohl sie wusste, dass im Nebenhaus die alte, gehbehinderte Frau Erber wohnte. Die Angeklagte drückte einer Frau auf der Straße einen Korb mit ihren Katzen in die Hand und ging weg, ohne sich noch einmal umzusehen.

Die Ermittlungen ergaben, dass sich am Tag der Brandlegung Handwerker im Haus befanden, die in der Wohnung über Zschäpes Domizil renovierten. Zufällig hatten sie das Haus schon verlassen, als Zschäpe Benzin vergoss und es entzündete. Fraglich ist, ob sie sich zuvor durch Geräusche bemerkbar gemacht hatten. Die Frage ist von doppelter Relevanz: Die Ankläger hoffen auf Geräusche, um Zschäpe zu beweisen, dass Leute im Haus waren, die durch das beabsichtigte Feuer zu Schaden oder auch zu Tode hätten kommen können. Die Verteidigung setzt ebenfalls auf Geräusche, um zu beweisen, dass ihre Mandantin mit der Brandlegung so lange gewartet habe, bis es still war und sie sich sicher wähnte, dass niemand mehr im Haus sei. Sollte den Zschäpe-Verteidigern dieser Nachweis nicht gelingen, könnte die Angeklagte allein deswegen schon zu lebenslang verurteilt werden, weil sie den Tod Dritter billigend in Kauf genommen habe.

Der Fall İsmail Yaşar

Die nächsten Puzzleteile: Eine Musiklehrerin kann etwas zum Mord an İsmail Yaşar in Nürnberg am 9. Juni 2005 aussagen. Auf dem Weg zum Sport habe sie an einer Baustelle »Beobachtungen« gemacht. Ihr seien »zwei schwarz gekleidete junge Männer mit Fahrrädern« aufgefallen. Wenig später habe sie »so etwas wie Schüsse« gehört, »bum – bumbumbum«. Doch sie habe sich dabei nichts gedacht und sei mit ihrem Auto weitergefahren. Einer der Männer, sagt sie nun vor Gericht, habe in eine Dönerbude hineingeschaut, der andere habe am Straßenrand gestanden. Sie habe den Eindruck gehabt, dass der »nichts Gutes vorhatte«, er habe sie unangenehm fixiert. Auf dem Rückweg vom Sport habe sie dann die Polizeiabsperrungen gesehen.

In dem Dönerimbiss war kurz zuvor der Besitzer, der 50 Jahre alte aus der Türkei stammende Yaşar, umgebracht worden. Auch ihn hatten die Täter mit jener Ceska 83 getötet, die sie wie ein Erkennungszeichen benutzten. Der erste Schuss streifte den hinter dem Tresen stehenden Mann am rechten Ohr, worauf er sich wegduckte. Dabei erlitt er einen Kopfdurchschuss. Dem schon am Boden Liegenden wurde daraufhin noch dreimal in die Brust geschossen. Ein Schuss traf die Schlagader.

Ein weiterer Autofahrer hörte ebenfalls Schüsse. »Wie im Irak«, sagt er, »mehrere hintereinander.«

»Zwei junge Leute, Radfahrer, überquerten die Straße«, das wisse er noch. Einer sei lang und dünn gewesen, der andere kleiner und kräftiger. »Es hat mich genervt, weil die so langsam gingen.« Einer habe eine Sporthose getragen.

Götzl will mehr wissen, insistiert, bohrt nach, verlangt eine genauere Beschreibung, was auffallend gewesen sei an den Männern. Das Fahrrad des einen, sagt der Zeuge, »sei von der Farbe einer Zuckermelone« gewesen.

Die Geldsorgen der Verteidiger – »Ein Stundenlohn von nicht mal 3,90 Euro«

Mitte September 2013, der Fall Yaşar ist noch nicht beendet. Ein Zeuge ist erkrankt, weitere warten. Am 16. September richtet Zschäpe über ihre Verteidiger ein Ablehnungsgesuch gegen alle Mitglieder des Senats. Wieder tritt eine Verzögerung ein.

Götzl: »Frage ist jetzt, ob die Hauptverhandlung fortgesetzt werden kann?« Ein abgelehntes Gericht kann weiterverhandeln, aber nur so lange, als keine für das Urteil relevanten Entscheidungen zu treffen sind.

Bundesanwalt Diemer: »Das Gesetz gibt uns die Möglichkeit weiterzumachen.«

Der Ablehnungsantrag betrifft die schlechte finanzielle Situation ihrer Verteidiger, aus der Zschäpe eine Befangenheit der Richter ableitet. Verteidiger Wolfgang Stahl hatte mit einem Senatsmitglied wegen der niedrigen Pauschvergütung korrespondiert und »die Bewilligung und Festsetzung eines angemessenen Vorschusses« in der Hauptverhandlung vorangehenden Ermittlungsverfahren in Höhe von zumindest 77 000 Euro zuzüglich Umsatzsteuer beantragt. Er legte den außerordentlichen Arbeitsaufwand dar und berechnete seine Nettoarbeitszeit auf insgesamt 756 Stunden. Außerdem machte er geltend, dass die im Vergleich zum Vorjahr erzielten Umsätze seiner Kanzlei erheblich gesunken seien, denn er habe wegen des Zschäpe-Mandats nahezu keine weiteren Fälle mehr annehmen und bearbeiten können.

Der Münchner Bezirksrevisor stimme ihm zwar grundsätzlich zu, schrieb Stahl in der Begründung des Ablehnungsantrags, wolle aber pauschal nur 3000 Euro gewähren, was einer Stundenvergütung von nicht einmal 3,90 Euro entspreche. Seine monatlichen Fixkosten jedoch, die er als Partner der Kanzlei zu tragen habe, lägen nachweislich weit darüber.

Der dafür zuständige Richter bewilligte im Namen des Senats einen Vorschuss von 5000 Euro. Er stimmte mit Stahl in allen dargelegten Punkten überein. Er sah auch ein, dass Stahl früher im Schnitt monatlich 20 000 Euro erwirtschaftete, nach Übernahme des Zschäpe-Mandats aber nur noch circa 4000 Euro, und dass es bei sich bei Heer und Sturm nicht anders verhält. Er signalisierte Verständnis. Doch mehr als 5000 Euro gab es trotzdem nicht.

Soll die Verteidigung auf diese Weise von einer engagierten

Verteidigung abgehalten und diszipliniert werden?, fragen die Anwälte im Namen Zschäpes. »Um einer Existenzgefährdung« zu begegnen, hätten sie vor Prozessbeginn Geld aufnehmen müssen, obwohl ihnen danach, für die Tätigkeit in der Hauptverhandlung also, die Höchstgebühr für Wahlverteidiger (Heer, Stahl und Sturm waren Pflichtverteidiger; ihnen stand eigentlich nur ein wesentlich geringerer Betrag pro Tag zu) in Aussicht gestellt worden sei.

Nebenklageanwältin Edith Lunnebach höhnt: »Aha. Es muss nach Meinung der Zschäpe-Anwälte also unverzüglich entschieden werden, weil sie nicht ausreichend bezahlt werden. Das hat schon etwas von absurdem Theater.«

Dieser Befangenheitsantrag stößt in der Fach- und sonstigen Öffentlichkeit auf unterschiedliche Resonanz. Können die Verteidiger ihre Finanzprobleme nicht außerhalb des Prozesses mit den Richtern klären, muss dafür ein Ablehnungsantrag der Angeklagten herhalten?, fragen Anwaltskollegen. Was haben die Geldsorgen der Verteidiger in einer Hauptverhandlung zu suchen, in der zehn Morde geklärt werden sollen? Unwillkürlich verstärkt sich der Eindruck, die Verteidigung kümmere sich mehr um sich selbst als um die Mandantin. Doch ein solcher Vorwurf ist nicht fair. Es kann nicht sein, dass ein Anwalt durch die Übernahme eines komplizierten Mandats in den Ruin getrieben wird.

Der Prozess kehrt zurück zu den Anklagevorwürfen. Götzl bemüht sich, nach der üblichen Reihenfolge vorzugehen: der erste Zeuge am Tatort, die Ermittler, der Rechtsmediziner, Waffensachverständige, weitere Zeugen am Tatort. Doch nur selten gelingt es, diese Reihenfolge einzuhalten. Sie wird immer wieder unterbrochen von anderen Beweiserhebungen.

Der Fall Yaşar ist noch nicht abgeschlossen, da geht es zwischendurch um den Fall Kubaşık.

Der Fall Mehmet Kubaşık

Am 4. April 2006 wurde Mehmet Kubaşık in seinem Kiosk in Dortmund erschossen. Man fand ihn hinter dem Tresen in einer Blutlache liegend. Wieder hatten die Täter ihrem Opfer in den Kopf geschossen, gerade so, als wollten sie nicht nur die Existenz, sondern auch die Gesichter der Opfer zerstören.

Die Vorgehensweise der Täter wird immer klarer. Die Tatorte lagen verstreut über ganz Deutschland, sodass die Ermittler zunächst keinen Zusammenhang erkennen konnten. Die Tötungen fanden bis auf eine Ausnahme im Westen statt, die Überfälle auf Geldinstitute im Osten; dass es sich um dieselben Täter handeln könnte, auf diese Idee kam zunächst kein Polizist oder Staatsanwalt. Die Täter kamen am helllichten Tag wie aus dem Nichts, schossen dem Opfer in den Kopf und verschwanden, wie sie gekommen waren, ohne ein Bekennerschreiben und ohne Spuren ihrer Identität zu hinterlassen. Oft lagen die Tatorte an belebten, vielbefahrenen Straßen, wo die Täter damit rechnen konnten, dass selbst Schussgeräusche nicht weiter auffallen würden, zumal sie häufig einen Schalldämpfer verwendeten. Unbeteiligte hörten »Knaller« oder dumpfe Geräusche, dachten sich im alltäglichen Lärm auf der Straße aber nichts dabei.

Auch in Dortmund sah eine Zeugin, eine Sparkassenangestellte, zwei junge Männer in der Nähe des Kiosks von Mehmet Kubaşık, einen davon mit einem Fahrrad. Doch was besagte das schon? Die Polizei dachte nicht an Nürnberg. Niemand kam auf die Idee, dass die Fahrradfahrer dieselben sein könnten, die dort gesehen worden waren. Eine Hotelangestellte wollte Zigaretten in Kubaşıks Kiosk kaufen, nahm davon jedoch Abstand, weil zwei Männer mit Fahrrad davorstanden, von denen einer sie »ganz böse« angeschaut habe. Das sei ihr unangenehm gewesen.

Eine weitere Zeugin sah Mehmet Kubaşık am Boden liegen. Sie lief zu einer 50 Meter entfernten Lotto-Annahmestelle und wandte sich dort an einen Rentner: »Da liegt einer so komisch da …« Der Mann sah sich den Tatort an und stellte sofort fest, dass es für Hilfe zu spät war. »Die Polizei schmiss mich dann aus dem Laden raus«, sagt er vor Gericht, »dabei hätte ich doch der Täter sein können!«

Nebenklage-Anwältin Doris Dierbach, die die Familie Yozgat vertritt, beantragt, eine Frau als Zeugin zu hören, die aus einem Haus in der Nähe des Dortmunder Tatorts heraus auf dem Nachbargrundstück etwas Merkwürdiges durch ein Fernglas beobachtet haben wollte. Sie behauptete, von der ersten Aprilwoche 2006 an hätten Böhnhardt und Mundlos sowie Zschäpe, alle schwarz gekleidet (»wie in einer Theaterszene«), in Begleitung eines Skinheads auf dem Grundstück gegraben, vier bis sechs Wochen lang. Sie habe auch öfter ein Wohnmobil auf der Straße gesehen. Demnach hätten sich die drei also vor der Tat länger in Dortmund aufgehalten.

Der Senat lädt die Frau gleich für den nächsten Verhandlungstag. Doch bei der Befragung stellt sich heraus, dass sich die fantasiebegabte und wortreich erzählende Dame, die sich als freiberufliche Journalistin vorstellt, allerlei zusammenreimte, nachdem sie Fotos der drei in den Medien gesehen hatte. Die Gewalttätigkeiten der neonazistischen Szene in Dortmund, erklärt sie, habe bei ihr »eine große Wachheit«

hervorgerufen. Sie habe sich ausgemalt, dass da vielleicht belastende Dinge vergraben worden seien. Es habe sie beunruhigt.

Der Leiter der Dortmunder Mordkommission berichtet, es sei sofort klar gewesen, dass es sich im Fall Kubaşık nicht um eine Raubtat, sondern um eine regelrechte Hinrichtung gehandelt habe. »Wir schickten eine Patronenhülse vom Tatort zum Bundeskriminalamt mit der Frage, ob sie zu der bundesweiten Ceska-Mordserie gehören könnte.« Man habe nach ähnlichen Auffälligkeiten an den verschiedenen Tatorten gesucht, aber erst einmal nichts festgestellt. Vom Opfer seien keine kriminellen Machenschaften bekannt gewesen; daher habe man die Einzeltätertheorie verfolgt.

Der Berg belastender Mosaiksteinchen gegen Zschäpe und die anderen Angeklagten wächst und wächst. Anfang Oktober 2013 weiß man, dass Zschäpe auch bei der Anmietung von Fahrzeugen dabei war, die nicht für Urlaube an der Ostsee benutzt wurden, sondern für Fahrten zu Tatorten.

Man fand zwei Fingerabdrücke von Zschäpe auf Zeitungsartikeln zu den Themen »Ceska-Mordserie« und »Bombenattentat in Köln«, die im Brandschutt der Frühlingsstraße gesichert wurden.

Die Prozessbeteiligten erfahren, wie einfach es war, in der Schweiz ganz legal an Waffen zu kommen. Dass ein Privatmann eine Waffe problemlos weiterverkaufen konnte. Und vor allem, dass die Tatwaffe »Ceska 83« von der Firma Schläfli & Zbinden nur im Set zusammen mit einem Schalldämpfer vertrieben wurde. Der Angeklagte Carsten Sch. hatte immer behauptet, einen Schalldämpfer nicht eigens bestellt zu haben, doch habe er, zusammen mit der Ceska 83, einen erhalten.

Inzwischen ist auch bestätigt, dass über der Wohnung, die Zschäpe nach dem Tod ihrer Komplizen in Brand setzte, tatsächlich Handwerker zu Gange waren. Zschäpes Behauptung, sie habe mit der Brandlegung so lange gewartet, bis niemand mehr im Haus war – was sie höchstens vermuten, aber nicht sicher wissen konnte –, klang noch nie überzeugend.

Der Fall Theodoros Boulgarides

Dem siebenten Tötungsverbrechen des NSU am 15. Juni 2005 fiel der 41 Jahre alte Theodoros Boulgarides zum Opfer. Er hatte mit einem Kompagnon 14 Tage zuvor in der Münchner Trappentreustraße einen kleinen Schlüsseldienstladen »Schlüsselwerk« aufgemacht. Die Trappentreustraße ist eine vielbefahrene Hauptverbindungsstraße im Westen der Stadt. Vor dem Laden befand sich eine Bushaltestelle, an der zwei Linien im Zehn-Minuten-Takt anhielten. Hatten Böhnhardt und Mundlos den gut einsehbaren Laden in der kurzen Zeit seit Eröffnung des Geschäfts schon ausgespäht? Oder bekamen sie einen Hinweis? Wussten sie, dass Boulgarides nicht Türke, sondern Grieche war und sein Partner Deutscher? Oder wurde er einfach erschossen, mitten ins Gesicht und dann noch zweimal in den Kopf, weil er südländisch aussah und die Gelegenheit gerade günstig war?

Der Senat vernimmt den Geschäftspartner, der das Opfer fand, als Zeugen.

Götzl: »Können Sie beschreiben, wie Sie ihn gefunden haben?«

»Ich habe den Theo angerufen«, antwortet der Zeuge, »er ging aber nicht ans Telefon. Deshalb bin ich zum Laden gefahren. Da hab ich ihn dann gefunden. Er lag hinter der Theke, das Telefon neben ihm. Ich hab geschaut, ob er noch lebt. Dann hab ich die Polizei angerufen.«

Götzl: »Wie lag er da?«

»Er lag auf dem Rücken, ja, und rechts neben ihm lag das Telefon. Er war ein Freund von mir und mein Trauzeuge, mein Partner für den Schlüsseldienst. Ein anderer Freund hat ihn mir vermittelt, und er sagte gleich: ›Mach ma einen Laden auf.‹ 14 Tage später ist das dann passiert.« Boulgarides lebte in Scheidung und hinterließ zwei 18 und 15 Jahre alte Töchter.

Von besonderem Interesse ist für den Senat, dass sich an jenem 15. Juni 2005 um 15.22 Uhr eine Telefonzelle in unmittelbarer Nähe der damals von den dreien bewohnten Wohnung in der Zwickauer Polenzstraße in das Mobiltelefon der beiden Uwes einwählte. Dies ergab eine Funkzellenauswertung. Die zugehörige SIM-Karte steckte in einem Mobiltelefon, das später im Brandschutt der Frühlingsstraße gefunden wurde. Außerdem fand man dort einen Zettel mit der betreffenden Rufnummer und dem handschriftlichen Zusatz »Aktion«. War es Zschäpe, die aus der Telefonzelle angerufen hatte? Dann wäre der Fall Boulgarides der einzige, in dem sie nachweisbar unmittelbar im Zusammenhang mit einem Tötungsverbrechen mit Böhnhardt und Mundlos in Kontakt stand.

Der Zeuge İsmail Yozgat – »Warum haben Sie meinen Sohn getötet?«

Der Auftritt von Vater Yozgat, der am 6. April 2006 in Kassel seinen 21-jährigen Sohn Halit verlor, gehört wohl zum Erschütterndsten, was je in einem Gerichtssaal zu erleben war.

Später wurde er von einzelnen Verteidigern der Mitangeklagten als »großes Theater« und als »Mache« diskreditiert. Doch die meisten Prozessbeteiligten dürften nachempfunden haben, was in dem Mann vorging, als er am 41. Verhandlungstag dem Senat vom Tod seines Sohnes erzählt.

Halit wurde offenbar zufällig getötet, weil sein Vater ein paar Minuten zu spät in das kleine Internetcafé seines Sohnes kam. Galt der Anschlag ihm oder dem Vater? Allein diese Frage ist für die Angehörigen unerträglich. İsmail Yozgat hatte am nächsten Tag Geburtstag. Halit gab seiner Mutter Geld, damit diese ein Geschenk kaufe. Sie fuhr mit ihrem Mann in die Stadt, um einen Werkzeugkasten zu erwerben. Die Frau blieb noch in der Stadt, während der Vater zurück zu dem Café in der Holländischen Straße fuhr, das die Eltern dem Sohn als Existenzgrundlage gekauft hatten. Er verspätete sich um zwei bis drei Minuten, wollte dem Sohn das Auto übergeben, damit dieser zur Abendschule fahren konnte. Normalerweise stand der Junge schon vor der Tür. Dieses Mal nicht.

İsmail Yozgat, zum Zeitpunkt der Aussage 58 Jahre alt, ein kleiner, gleichwohl kräftiger Mann mit grauem Haar, ist ein Patriarch und den Traditionen seiner Heimat tief verhaftet. Er steht auf, als Götzl ihm bedeutet, nach vorn zum Zeugenstuhl zu gehen. Im Abstand einiger Schritte folgt ihm seine Frau in langem Mantel und Kopftuch. Sie setzt sich nicht neben, sondern hinter ihn. Er spricht Türkisch, mit lauter, klarer Stimme, als spräche er als Dorfältester vor seiner Gemeinde.

»Verehrter Herr Götzl, Vorsitzender des Senats, sehr geehrte Senatsmitglieder«, übersetzt der Dolmetscher. »Familien der Märtyrer, Angehörige, Eingeladene! Ich begrüße Sie alle respektvoll. Ich bin İsmail Yozgat, Vater des 21-jährigen Halit, des Märtyrers, der durch zwei Schüsse in den Kopf in meinen

Armen gestorben ist. Mein herzliches Beileid für die anderen Angehörigen der Märtyrer. Ich bedanke mich für Ihr Interesse, Herr Vorsitzender, das Sie gezeigt haben. Ich möchte einige Vorkommnisse mitteilen, die wir erlitten haben.«

Im Saal ist es still. Yozgats Worte klingen in Deutschland auch deshalb fremdartig, weil man sie nur durch den Mund des emotionslos übersetzenden Dolmetschers versteht. Die Angeklagten geben sich ungerührt bis auf Carsten Sch., der offenbar spürt, wie aufgewühlt dieser Mann ist. Er starrt ihn mit großen Augen an.

»Wir befinden uns hier zwecks Gerichtsverhandlung gegen Angeklagte, die wegen des Todes unserer Söhne, Väter, als Märtyrer, und der Polizeibeamtin ...«

Götzl fällt ihm ins Wort und bemüht sich um einen freundlichen Ton: »Sie werden gebeten, zum Beweisthema zu berichten, zur Auffindesituation, zum Tagesablauf und so weiter.«

»Ja, ich werde berichten.« Yozgat rückt seinen Stuhl zurecht.

»Am 8. April brachten wir den Leichnam meines Sohnes in die Türkei, um ihn zu begraben. Mit meinen eigenen Händen habe ich meinen Sohn ins Grab gelegt.« Seine Stimme bricht.

Mit seinen eigenen Händen. Im Kopf entstehen beim Anblick dieses Mannes Bilder von biblischer Wucht. Der Vater, der seinen Sohn ins Grab legt.

Yozgat dreht sich zu den Angeklagten. Er schreit jetzt, und seine Worte hallen durch den Saal. »Warum haben Sie meinen Sohn getötet? Was hat er Ihnen getan? Wie können Sie uns unser Recht zurückgeben?« Die Übersetzung des Dolmetschers drückt kaum aus, was aus dem Mann herausbricht. Er sinkt zurück. »Ich hatte fünf Kinder. Nur vier sind mir geblieben.«

Niemand interessiert sich in diesem Moment für Beate Zschäpe, die scheinbar emotionslos an ihrem Laptop spielt.

Tränen ersticken İsmail Yozgats Stimme. »Als wir aus der Türkei zurück nach Kassel kamen, war das Zimmer von meinem Halit versiegelt. Ich konnte nicht einmal ein Andenken herausholen.«

Viele Gerüchte seien in der Welt gewesen, fährt er fort, etwa, dass die Polizei bei seinem Sohn 40 000 Euro gefunden habe. Es sei alles gelogen gewesen.

»Fünfeinhalb Jahre haben wir uns nicht getraut, hinauszugehen als Familie. Alle haben uns feindselig angeschaut – Deutsche und Türken! Immer fragten sie: Warum haben sie deinen Sohn getötet? Wegen Haschisch? Heroin? Habt ihr mit der Mafia zu tun? Mit welchem Recht haben Sie mein Lämmchen getötet?« Flehend schaut er die Angeklagten an.

Götzl: »Zurück zur Situation, als Sie Ihren Sohn fanden. Was haben Sie gesehen?« Doch der Vater will erst noch etwas anderes sagen.

»Verteidiger sollen behauptet haben, dass die Angehörigen der Märtyrer 850 000 Euro vom Staat bekommen. Wir haben nichts bekommen. Wir wollen das auch nicht. Wir wollen, dass die Justiz funktioniert und Gerechtigkeit Platz findet.«

Dann antwortet er auf Götzls Frage. »Es war niemand vor der Tür. Ich ging rein. Mein Sohn war nicht am Tisch. Ich dachte, vielleicht repariert er Computer. Ich sah zwei rote Tropfen auf dem Tisch, dachte, vielleicht hat Halit Farbe verschüttet. Dann habe ich meinen Sohn liegen gesehen. Ich nahm ihn in den Arm. Er gab keine Antwort.«

Die Erinnerung an diesen Moment übermannt den Vater. Rot im Gesicht, springt er schreiend auf. »Er gab keine Antwort! Er gab keine Antwort!«

Götzl wendet sich an Yozgats Anwalt Bliwier: »Er soll sich beruhigen. Ist ja in seinem Interesse!« Bliwier nimmt den Vater vorsichtig am Arm.

»Am Kopf habe ich zwei blutige Stellen gesehen. Ich habe ihn angeschaut. Und dann langsam zu Boden gelegt.«

Vater Yozgat rannte in ein benachbartes türkisches Teehaus. »Dem Sohn ist etwas zugestoßen! Lauft! Holt einen Krankenwagen!«

Als er zurückkehrte, ließ man ihn nicht mehr in das Internetcafé hinein. Er wurde aufs Polizeirevier gebracht.

»Das ist alles«, sagt er. Seine ganze zusammengebrochene Welt.

Der Mann ist bis zum Äußersten erregt. Seine Frau versucht, ihn zu beruhigen.

»Er lag auf dem Rücken. Ich konnte seine Augen sehen.«

Götzl: »Haben Sie seine Position verändert?«

»Ich habe ihn nur ein wenig gedreht und wieder zurücksinken lassen.«

Plötzlich steht Yozgat auf, geht rasch nach vorn zu dem Platz, an dem Zschäpe sitzt. Er wirft sich vor ihr zu Boden, »wie Halit lag«. Er bleibt liegen. Eine ganze Weile liegt der Mann so da. Die Angeklagte schaut weg.

Götzl, sachlich wie immer: »Hat etwas gefehlt? Geld?«

Nein, die Polizei habe das geprüft, alles war noch da.

Götzl fragt, wer damals noch in dem Café gewesen sei. Yozgat zählt Namen auf, die er aber offensichtlich aus den Akten weiß. Denn damals hatte er Augen nur für sein sterbendes Kind.

Er will nichts vom deutschen Staat, keine Entschädigung, kein Schmerzensgeld. Er bittet nur um eines: »Mein Sohn ist in der Holländischen Straße geboren worden, und am 6. April

2006 wurde er unter der gleichen Adresse dort erschossen. Es ist sehr wichtig für uns, dass die Holländische Straße in Halit-Straße umbenannt wird. Bis zum Tod wäre ich Ihnen dafür dankbar!« Dann steht er auf, bedankt sich beim Vorsitzenden und verlässt den Saal, nach ihm seine Frau.

Zurück bleiben ratlose Gesichter. Weder Götzl noch der Senat können Straßennamen ändern lassen.

Zur Tatzeit hielten sich in dem Café insgesamt sechs Personen auf. Der Senat lädt jeden Einzelnen als Zeugen. Jeder hatte irgendwelche »Geräusche« registriert, als ob jemand einen Stuhl gegen die Wand wirft oder als ob ein Luftballon geplatzt wäre. Ein junger Iraker, dem Halit eine Telefonzelle freigeschaltet hatte, nahm offenbar aus den Augenwinkeln eine großgewachsene Gestalt wahr, die das Café verließ. Andreas Temme? Der war damals Mitarbeiter des Landesverfassungsschutzes Hessen und hatte am Tattag von 16.51 bis 17.01 Uhr in dem Café auf einer Flirt-Hotline gesurft und als Einziger angeblich nichts gehört und nichts gesehen, was zur Aufklärung des Verbrechens hätte beitragen können. Nicht einmal, als er unmittelbar an dem auf dem Boden hinter der Theke liegenden Sterbenden vorbeiging, habe er etwas bemerkt, behauptet er.

Der Verfassungsschützer Andreas Temme – »Was war nur los mit mir?«

Nicht nur die Familie Yozgat treibt die Frage um, warum ausgerechnet ein Verfassungsschützer zur Tatzeit am Tatort war. Wer will da noch an Zufall glauben? Spekulationen schießen ins Kraut. Das Thema Temme, gleichsam Symbol für das Versagen der Behörden bei der Aufklärung der Mordserie, wird den Senat nicht nur wegen des Einsatzes von Anwalt Bliwier länger beschäftigen als andere Fälle. Auch Götzl lässt der rätselhafte Zeuge offenbar keine Ruhe.

Am späten Vormittag des 41. Sitzungstages betritt Andreas Temme den Gerichtssaal. Er hat eine Aussagegenehmigung des Hessischen Innenministeriums bei sich, die sich allerdings nur auf solche Themen erstreckt, »die dem Land Hessen nicht zum Schaden gereichen«. Am 21. April 2006 war er festgenommen worden. Ein Disziplinarverfahren folgte.

Temme ist ein großer, schwerer, so gut wie glatzköpfiger Mann. Sein Gesicht ist gerötet bis in den Nacken. Nur wenige Zeugen waren mit solcher Spannung erwartet worden wie er. Nervös nimmt er auf dem Zeugenstuhl Platz. Götzl belehrt ihn vorsorglich, dass er die Aussage verweigern dürfe, sofern er damit sich oder nahe Angehörige einer strafrechtlichen Verfolgung aussetze.

Temme versucht, sein merkwürdiges Verhalten zu erklären, etwa, warum er überhaupt an jenem Tag in dem Café war, wo ihn Halit Yozgat empfing und ihm einen Platz am Computer zuwies: Er habe auf einer Flirt-Line mit einer Dame chatten wollen. Vielleicht zehn Minuten sei er da gewesen, habe sich dann ausgeloggt und den Computer heruntergefahren. Als er habe zahlen wollen, sei Halit nicht hinter dem Tresen gewesen. Er sei auf die Straße gegangen, dann wieder ins Innere. »Und soweit ich mich erinnere, auch in den hinteren PC-Raum, weil ich dachte, vielleicht ist er auf die Toilette gegangen. Doch auch da habe ich Yozgat nicht wahrgenommen.« Also legte oder warf er 50 Cent auf den Tresen, verließ das Café, stieg ins Auto und fuhr heim. So seine Darstellung.

Einer der Ermittler der Polizei: »Herr Temme ist 1,90 groß. Wenn man sich an den Tresen stellt, ist die Wahrscheinlichkeit groß, dass man einen am Boden Liegenden sieht. Aber wenn man nur beiläufig 50 Cent hinwirft …« Hundertprozentig sei es nicht auszuschließen, dass Temme den Erschossenen trotzdem nicht gesehen habe. Ein anderer Zeuge aus dem Café, jener, der gerade telefonierte, habe ihn ja auch nicht gesehen.

Am nächsten Tag, es war der Samstag, habe er frei gehabt, sagt Temme. Erst am Sonntag habe er von der Tat aus der Zeitung erfahren und sei »aufgewühlt« gewesen. Dann versucht er zu erklären, warum er zunächst behauptet hatte, zur Tatzeit nicht in dem Café gewesen zu sein. »Am Montag habe ich auf meiner Stempelkarte nachgeschaut und sah, dass ich mich am 5. 4. früher vom Dienst verabschiedete.« Folglich habe er gedacht, er sei 24 Stunden vor der Tat in dem Internetladen gewesen, also nicht zur Tatzeit am 6. April. »Das war ein Trugschluss. Es war ein Fehler, dies nicht gleich zu sagen.« Es sei ihm erst später bewusst geworden, dass es besser gewesen wäre, sofort mit der Wahrheit herauszurücken, sich als Zeuge zu melden und sich nicht selbst etwas vorzumachen.

»Aber ich hatte es mit der Angst zu tun. Ich war jung verheiratet, meine Frau war hochschwanger. Das mit dem Chatten war nicht richtig! Und in der Nähe des Cafés gab es eine Örtlichkeit von dienstlichem Interesse.«

Götzl hakt ein: »Wieso dienstlich?«

»Mir war klar, dass es für einen V-Mann des Verfassungsschutzes nicht gut ist, sich in der Nähe eines Beobachtungsobjektes rumzutreiben.« In der Gegend gab es ein solches Objekt.

Götzl will jetzt Näheres über Temmes Tätigkeit wissen.

Temme holt aus: »Ich war befasst mit dem Führen menschlicher Quellen, also V-Leuten, Schwerpunkt Islamismus. Aus heutiger Sicht war meine Handlungsweise natürlich völlig falsch. Ich kann sie mir selbst nicht erklären.«

Er habe damals fünf Quellen »Islamismus« geführt und eine Quelle »Rechtsextremismus«. Mit dieser Quelle habe er ein Treffen am 10. April vereinbart. »Der Mann wollte Geld.«

Er, Temme, sei im Bereich »rechtsextreme Parteienlandschaft« eingesetzt gewesen. »Ich hatte gerade die Ausbildung beendet, also noch keine Verantwortung für ›höherwertige menschliche Quellen‹.« Früher sei er bei der Bundespost gewesen. 1994 sei er zum Landesamt für Verfassungsschutz und ein paar Monate später nach Südhessen für Observationen abgeordnet worden. Anfang 1998 habe sich ihm die Möglichkeit geboten, in seine nordhessische Heimat zurückzukehren. Vom 1. Oktober 2000 bis September 2003 sei er zur Ausbildung ans Regierungspräsidium Kassel abgeordnet und mit der Quellenführung betraut worden. »Am 21. April 2006 wurde ich suspendiert.«

»Definitiv ausschließen kann ich, dass ich von der Quelle Informationen über die Tat bekam«, beteuert er. Offenbar habe ihn die Quelle auf seine Anwesenheit zur Tatzeit angesprochen, versucht er zu erklären, doch er habe es »beiseitegedrängt wegen des Aufgewühltseins«. »Ich fragte mich selbst: Wie nahe warst du dran! Das habe ich relativ schnell abgewürgt!«

Götzl: »Es würde mich schon interessieren, wie Sie zu einer falschen Zuordnung des Tages kamen. Es waren ja viele Tage dazwischen. Wieso dann die Korrektur?«

»Es war so«, antwortet Temme und versucht sich zu sammeln, »dass ich am Mittwoch früher heimging. Am Donnerstag, dem Tattag, um 16.45 Uhr. Was dann in meinem Kopf stattgefunden haben muss, war, dass es nicht der Donnerstag gewesen sein kann. Ich weiß – das Problem, mir zu glauben, das habe ich selber! Die Frage, wie ich zu dieser unfassbaren Einschätzung kommen konnte …?«

Götzl unterbricht ihn ungläubig: »Was war denn an den Tagen dazwischen?«

Temme druckst herum von wegen des Chattens, das er auch tagsüber betrieben habe und das es ihm unmöglich mache, seine damaligen Gedanken zu überprüfen. Dann gibt er zu, es sich offensichtlich sehr einfach gemacht zu haben. So nahe an einem Verbrechen dran gewesen zu sein und nichts mitbekommen zu haben – das könne doch nicht sein! Schuldbewusst fügt er hinzu. »Ich bin nicht stolz darauf!«

Götzl kühl: »Das ist eine andere Frage.«

Dann beschreibt Temme, den Tränen nahe, wie gebetsmühlenhaft noch einmal seine damalige private Situation. »Ich war jung verheiratet. Wir erwarteten unser erstes gemeinsames Kind. Und ich geh chatten in ein Internetcafé! Ich hatte Angst, diese Beziehung zu verlieren! Es kam alles zusammen! Das hätte ja die Umstellung des ganzen Lebens bedeutet! Da kam mir die Fehleinschätzung sehr gelegen.«

Götzl zweifelt noch immer. »Wenn ich das weiterdenke: Sie dachten, Sie seien am Mittwoch in dem Café gewesen. Wieso hatten Sie dann Angst vor privaten und dienstlichen Konsequenzen?«

»Ich konnte doch mit niemandem reden!« Temme fleht jetzt den Senat an. »Mit meiner Frau nicht, denn die hätte gefragt, was ich dort wollte. Auf der Dienststelle auch nicht. Denn die hätten gefragt, was ich dort zu suchen hatte, jungverheiratet, wie ich war.«

Götzl: »Hatten Ihre Frau und Ihr Dienstherr denn etwas dagegen, dass Sie Internetcafés betreten? Sie müssen mir schon erklären, welche Befürchtungen Sie da hatten!«

Er ringt um eine Antwort: »Ich habe nicht mehr sehr vernunftbetont gedacht damals. Diese Frage treibt mich seit Jahren um. Die Angst habe ich mir eingeredet! Die Konsequenzen, die vielleicht eingetreten wären!«

Götzl kalt: »Vielleicht.«

Temme weiß langsam nicht mehr ein noch aus. »Wie soll ich es erklären? Wenn ich etwas wahrgenommen hätte, hätte ich doch das Gespräch gesucht!«

Götzl: »Und die Angst wäre berechtigt gewesen.«

»Ich habe wohl gedacht: Am Mittwoch bin ich früher gegangen, also war ich am Mittwoch dort.«

Götzl: »Denken Sie bitte in der Pause mal nach. Fünfzehn Minuten.«

Sollte Temme gehofft haben, die schlimmsten Fragen hinter sich zu haben, so wäre dies ein Irrtum gewesen. Götzl fängt wieder von vorn an. Sein Ton wird strenger.

»Sie hatten ein langes Wochenende vor sich. Wie kam es dann zu Ihrer Fehleinordnung Mittwoch?«

Temme schluchzt: »Bis heute habe ich keine Antwort gefunden, warum ich nicht erkannte, dass es Donnerstag war! Ich verstehe mich selbst nicht! Was war nur los mit mir in dieser Zeit?«

Götzl, unerbittlich: »Sie waren von 1994 bis 1998 Observationsbeamter. Sie waren es gewohnt, Beobachtungen zu machen und rekapitulierend zu arbeiten. Sie waren es gewohnt! Wie kann es dann zu einer solchen Fehleinordnung kommen?« Seine Stimme drückt drei Fragezeichen zugleich aus.

Temme weiß keine Antwort mehr.

»Lassen wir mal dieses Thema«, sagt Götzl. »Ihr Besuch in dem Café. Was haben Sie am PC gemacht?«

Temme bekommt rote Ohren.

»Nach Nachrichten wohl geschaut. Wohl was geschrieben. Nach eigener Erinnerung wohl nur auf dieser Chat-Line.« Viele »Wohls« auf einmal.

Götzl: »Eine Erinnerung an weitere Personen?«

Temme will sich nur um sich gekümmert haben.

Götzl: »Sie wollten zahlen. Und?« Temme schweigt.

Rechtsanwalt Bliwier beantragt die Verlesung der Sperrerklärung des damaligen hessischen Innenministers Volker Bouffier, wonach die Akten des Verfassungsschutzes zum Mordfall Halit Yozgat »im Interesse des Landes nicht herausgegeben« würden. Bliwier: »Das gesamte Verhalten des Landesamts hat dazu geführt, dass die Polizei bestimmte Ermittlungen nicht führen konnte.« Die Tötung der Polizistin Michèle Kiesewetter in Heilbronn hätte möglicherweise verhindert werden können, wenn in Kassel weitere Aufklärung möglich gewesen wäre. Außerdem sollten jene Personen geladen werden, die mit Temme ein sogenanntes kognitives Interview geführt hatten, um seine angebliche Gedächtnisblockade aufzuheben. Eine Vernehmung unter Hypnose gewissermaßen, auch weil Temme sagt, er könne nicht mehr unterscheiden zwischen dem, was er erlebt und gesagt hat, was er in den Medien las oder von den Ermittlern erfuhr.

Normalerweise weisen Gerichte Hypnotiseure als Zeugen oder ihre Gutachten zurück. Aber hier sind sie offenbar der letzte Strohhalm, an den man sich klammert, um Temme dazu zu bringen, dass er sich doch noch erinnert. Ergebnis: null.

Nach der Mittagspause fährt Götzl mit Temme fort. Das alte Spiel: Nachmittags werden seine Fragen unangenehmer.

Temme kleinlaut: »Sicher kann man heute sagen, ich müsse doch etwas gesehen haben. Diesen Schritt aber konnte ich damals nicht gehen. Es war für mich außerhalb jeder Vorstellung, dass es an diesem Tag gewesen sein soll. Ich wäre für mich selber froh, wenn ich erklären könnte, warum ich so dumm war …«

Götzl lässt deutlich erkennen, dass er größte Zweifel an dem hat, was Temme sagt und was dieser angeblich nicht mehr erinnert. »Vielleicht sollten Sie überlegen, ob das, was Sie hier sagen, die Wahrheit ist!«, empfiehlt Götzl.

Der Eindruck, dass Temme lügt, verstärkt sich. Aber warum lügt er? Was hat er zu verbergen?

Der Prozess scheint sich mit diesem Zeugen im Kreis zu drehen. Aber Götzl lässt nicht locker. Er will wissen, was Temme zu seinem Verhalten bewogen hat. Er wird immer wieder nachfragen, selbst wenn er Temme dazu noch mehrfach laden muss. Er lädt Temmes Vorgesetzte als Zeugen, dreht und wendet jede Aussage. Er will das Thema abschließen, und zwar mit einem Ergebnis. Und das wird lauten: Temme mag gelogen haben. Aber seine Behauptung, den Mord an Halit Yozgat nicht mitbekommen zu haben, können wir nicht widerlegen.

Doch selbst wenn dieser Zeuge gelogen oder nicht die ganze Wahrheit gesagt haben sollte – was heißt das für Zschäpes Schuld und die der übrigen Angeklagten? Für den Ausgang des Prozesses sind das Verhalten dieses rätselhaften Mannes und die Aufregung um ihn unbedeutend. Denn nicht er steht als Angeklagter vor Gericht, sondern Zschäpe, Wohlleben und die anderen. Niemand wirft Temme Mittäterschaft oder Beihilfe bei zehn Morden vor. Aber jeder will wissen, warum er angeblich nichts von der Tat bemerkt hat, die in seiner Gegenwart geschah, und warum er offensichtlich nicht bei der Wahrheit bleibt.

22. Oktober 2013. Eine Altenpflegerin hatte im Vorfeld ihrer Vernehmung vor Gericht Furore gemacht, weil sie die Angeklagte Zschäpe in einem Nürnberger Edeka-Markt in der Nähe des Imbisses von İsmail Yaşar gesehen haben will. Ein Beweis dafür, dass die Angeklagte in die Taten direkt involviert war? Für die Staatsanwälte ist sie eine wichtige Zeugin.

Die Person, die ihr dort aufgefallen sei, sagt die Frau nun vor Gericht, habe sie an eine amerikanische Schauspielerin erinnert, die sie als 15-Jährige in Fernsehserien gesehen habe.

Der Senat lässt Fotos dieser Schauspielerin an die Wand werfen. Wo ist die Ähnlichkeit? Der Senat prüft die Erinnerungen der Zeugin. Sie erscheinen ihm mehr als fragwürdig.

Für den Senat interessanter ist eine andere Beobachtung dieser Frau. Sie berichtet von zwei jungen Radfahrern, die auf einem Spielplatz auf einer Bank gesessen hätten mit Blick auf Yaşars Dönerwagen. »Als ich die Bilder in der Presse sah, sind mir die Erinnerungen gekommen, dass diese beiden genauso kurze Haare hatten und für mich eigentlich wie Russen aussahen. Damals, vor acht Jahren, habe ich keinen Zusammenhang hergestellt zu dem Mord im Dönerimbiss.« Jetzt aber schon, nachdem die Medien voll damit sind. Die Aussage scheint sich in das Puzzle einzufügen. Aber auf sie wird es nicht ankommen.

Der Fall Mehmet Turgut

Hatten Böhnhardt, Mundlos und Zschäpe in Rostock Helfer? Die Tötung des 25 Jahre alten Mehmet Turgut am 25. Februar 2004 – das einzige Tötungsdelikt im Osten – ist bis heute rätselhaft und liefert jenen Nahrung, die von der Existenz weiterer Unterstützer, Mitwisser oder gar Mittäter überzeugt sind. Denn der Tatort, wieder ein Dönerimbiss in einem Container, liegt in einer abgelegenen Gegend der Hansestadt, an einem Rad- und Fußweg, der ein Wohngebiet mit einer Straßenbahnhaltestelle verbindet. Wer dort nicht zu Hause ist, kennt diesen Weg nicht. Wie kamen Böhnhardt und Mundlos auf ihn? Durch Zufall bei einer ihrer vielen Ausspähfahrten?

In einem der Wohnblocks habe ein Rechtsradikaler gewohnt, fand Opferanwalt Hardy Langer heraus. Kannten die Uwes ihn? Dieser Spur sei bis heute niemand nachgegangen, kritisiert Langer.

Der Betreiber des Imbisses war noch nicht zugegen, als Turgut, der dort nur aushalf, gegen zehn Uhr morgens öffnete. Ein erster Kunde, ein Rentner, trank Kaffee und fuhr gegen 10.10 Uhr weg. In den nächsten zehn Minuten müssen die Täter gekommen sein. »Sie betraten den Wagen, überwältigten Turgut, fixierten ihn und schossen ihm mit fast aufgesetzter Waffe in den Nacken«, bekundet ein Rostocker Kripomann. Bei einer gewalttätigen Auseinandersetzung wäre eine andere Spurenlage zu erwarten gewesen.

Sie hinterließen keine Fingerspuren, keine DNA, nichts. Nicht einmal Geschosshülsen wurden gefunden. Diese seien wohl in einer Tüte aufgefangen worden, meint einer der Ermittler.

»Wir haben«, sagt ein weiterer Kripobeamter aus, »weil das Motiv nicht klar war, Ermittlungen zum Opfer gemacht. Das ist üblich so.« Dazu gehören die Familie des Opfers, das Opfer selbst und der Inhaber des Imbisses. Es habe verschiedene Hinweise auf Geldwäsche und möglicherweise Rauschgiftdelikte gegeben. »Motive in dieser Richtung überwogen.« Ein ausländerfeindlicher Hintergrund oder ein Raubmord sei ausgeschlossen worden, nachdem Bundeskriminalamt, Fachdienste und das Landesamt für Verfassungsschutz keine Anhaltspunkte dafür fanden. Nachforschungen hätten nur ergeben, dass Turgut keinen Ausweis hatte, weil ein anderes Familienmitglied damit unterwegs gewesen sei.

Bernd Max Behnke, einer der drei Anwälte der Familie, protestiert gegen solche Feststellungen: »Ich möchte mich dagegen verwahren, dass mögliche Ermittlungsverfahren gegen Familienmitglieder hier Eingang finden. Es wird nach der Aufenthaltserlaubnis gefragt und Ähnlichem – das ist das falsche Gelände. Es geht um die Tötung eines Menschen!«

Mehmet arbeitete unter dem Namen »Hassan« in dem Rostocker Imbiss.

Götzl fragt den Inhaber: »War er bei Ihnen beschäftigt?«

»Er war mein Gast«, sagt der Inhaber, »ein armer, netter Junge. Er kam aus unserem Dorf und sprach nicht viel.« Dann berichtet er, wie die Polizei mit ihm umging. »Es hieß immer, dass ich Bescheid gewusst haben soll. Ich wurde wie ein Beschuldigter behandelt! Acht Stunden Vernehmung! Die Täter seien gekommen, um mich zu töten, hieß es. Wenn mich einer hätte erschießen wollen ...« Er habe sein Geschäft aufgegeben. Nie wieder wolle er an diese Stelle zurückkehren.

Ob Mundlos und Böhnhardt diesen Tatort selbst ausgekundschaftet haben oder ob jemand sie darauf hinwies –

und ob dieser unbekannte Jemand gegebenenfalls von den Absichten der beiden Uwes wusste –, es ist bis heute ungeklärt.

Der Fall Süleyman Taşköprü

Fünf Monate nach Prozessbeginn hat der Senat sechs der zehn dem NSU angelasteten Morde thematisiert. Am 23. September kommt der dritte Anschlag der Serie zur Sprache, er galt einem Gemüsehändler in Hamburg. Am 27. Juni 2001 fand der Vater seinen Sohn, den 31 Jahre alten Süleyman Taşköprü, blutend auf dem Boden seines Ladens in einer Seitenstraße der Stresemannstraße. Er rannte zu den Nachbarn, um Hilfe zu holen, denn wegen nicht bezahlter Rechnungen ging das Telefon nicht. »Er rannte zurück und nahm den Sohn auf den Schoß«, berichtet ein Ermittler vom Landeskriminalamt der Hansestadt und fügt ein Detail hinzu, das schaudern macht: Das Bekennervideo des NSU enthalte ein Bild des Getöteten, auf dem dieser am linken Handgelenk noch seine Armbanduhr trage. »Uns war keine Aufnahme bekannt, die Taşköprü mit Uhr zeigt. Das Foto des NSU muss also direkt nach der Tat gemacht worden sein.« Da besaß einer der Täter noch die Kaltblütigkeit zu fotografieren. Eine Trophäe für das Bekennervideo.

Wo ist die Uhr geblieben? Niemand weiß es.

In der darauffolgenden Pause nimmt sich Zschäpe ein Heft mit Kreuzworträtseln vor, das sie auf dem Tisch liegen hatte – »Rätsel-Hits« aus *Frau im Spiegel*. So etwas hat sie bisher im Gerichtssaal nicht getan. Ist sie gelangweilt von der Erörterung der Mordtaten?

Sprung zu einem anderen Thema. Ein Kriminalbeamter aus Berlin berichtet über im Brandschutt der Frühlingsstraße gefundene Zeitungsartikel, in denen es um die Anschläge des NSU geht. Die dazugehörigen Tatortfotos sowie Überschriften finden sich im Bekennervideo. Außerdem stieß der Zeuge auf 36 Briefumschläge, die DVDs enthielten, adressiert an Medien und türkische Einrichtungen, und weitere lose DVDs. Es sei immer ein und dieselbe Briefmarke verwendet worden, sagt er, eine Sonderbriefmarke der Post »1000 Jahre Limburg«. Diese Marke sei erst im Januar 2010 in Umlauf gekommen, ein Jahr vor dem Ende des NSU. Man hatte also für den Fall der Entdeckung vorgesorgt: Zschäpe sollte die Verbrechen des NSU publik machen.

Am 5. November 2013 werden Gamze Kubaşık, die Tochter des Dortmunder Mordopfers Mehmet Kubaşık, und anschließend ihre Mutter Elif als Zeugen erwartet. Während Zschäpe an ihrem Laptop spielt, im Gegensatz zu den anderen Angeklagten, die zuhören, berichtet die 28-jährige Gamze, wie ihrem Bruder nach der Ermordung des Vaters in der Schule nachgesagt wurde, er stamme aus einer schlechten Familie, sein Vater habe wohl Drogen an Kinder verkauft. »Eine Frau sagte zu mir, seine Kinder sollten ebenfalls süchtig werden und genauso enden wie andere Rauschgiftsüchtige auch.«

Gamze Kubaşık konnte nicht mehr schlafen. Sie hatte Angstzustände, wenn sie nach draußen ging, fürchtete sie doch stets, dass der Mörder ihres Vaters vor ihr stehen könnte. »Jeder war für mich verdächtig.« Die Mutter traure Tag und Nacht um ihren Mann, weine noch immer viel und trage nur noch Schwarz. Der ältere Bruder spreche kaum über den Vater. Er werde schnell aggressiv, wenn die Sprache auf ihn komme.

»Erinnern Sie sich, was die Polizei von Ihnen wissen wollte?«, fragt Nebenklageanwalt Sebastian Scharmer. »Ja«, antwortet die Tochter. »Ob mein Vater Feinde gehabt habe. Ob er eine Geliebte hatte. Ich sagte, mein Vater würde so etwas nie tun.« Haarproben seien genommen worden, auch von den Kindern. Die Polizei sei mehrfach bei ihnen zu Hause gewesen mit Hunden, die an den Sachen ihrer Eltern schnüffelten. »Man fragte mich immer wieder, ob der Vater Drogen verkauft habe, ob er mit der PKK zu tun hatte oder mit der Mafia, ob er andere Frauen hatte. Ich habe alles verneint.« In der Nachbarschaft wurde getuschelt, die Polizei komme doch nicht ohne Grund und durchsuche bis zum Keller.

Die Mutter habe die Polizei darauf hingewiesen, dass es wohl Nazis gewesen seien. Darauf habe man ihr geantwortet, dafür gebe es keine Beweise.

Hat man die Frau nicht ernst genommen? Oder wollte man sie nicht ernst nehmen? Noch kam kein Beamter auf die Idee, dass die Tat in Dortmund etwas mit dem Mord in Nürnberg oder mit den anderen Verbrechen an Migranten zu tun haben könnte.

Der Tod der Komplizen – Gerüchte bis heute

Der 6. November, der 52. Verhandlungstag, ist einer der Meilensteine des Verfahrens. Denn an ihm wird klar, wie und wodurch man Gewissheit über die Täterschaft von Mundlos und Böhnhardt erlangte. Er beginnt unspektakulär mit dem kurzen Auftritt eines Chemikers vom Landeskriminalamt Sachsen, der in der Brandruine Frühlingsstraße die Fußbodenbeläge untersucht hat. Man hört von »Pressspanteilen mit

Schimmel im Schlafzimmer«, von einem »Deko-Schwimmring« im Bad und dass es nicht möglich sei festzulegen, wie lange sich Spuren von Benzin nachweisen lassen. Verteidiger Stahl: »Der Sachverständige kann nichts dazu sagen, warum auf einzelnen Dingen keine Spuren von Benzin waren und auf anderen doch. Er kann kein Szenario dazu entwickeln.« Der Beamte geht.

Auf ihn folgt der Leitende Polizeidirektor vom Landeskriminalamt Thüringen Michael M. Er ist der Mann, dem die Ermittlungen in Eisenach oblagen, wo Böhnhardt und Mundlos am Vormittag des 4. November 2011 die dortige Sparkasse überfallen hatten. Um 11.55 Uhr wurde nach dem Hinweis eines Rentners das Wohnmobil der beiden Uwes von der Polizei aufgespürt. Als sie bemerkten, dass sich Polizisten näherten, gaben sie aus dem Fahrzeug heraus einen Schuss ab. Die Maschinenpistole, die nur im Dauerfeuer betrieben werden konnte, hatte Ladehemmung. Um 12.06 Uhr brach Feuer in dem Wohnmobil aus. Mundlos soll unmitelbar danach Böhnhardt und dann sich selbst erschossen haben.

Warum? Sahen die beiden keinen Ausweg mehr? Warum nicht? Waffen hatten sie genug, sie hätten sich den Weg freischießen können. Draußen standen nur zwei Beamte. Oder hielten die Uwes den Zeitpunkt für gekommen, das Morden und Rauben zu beenden? Um 12.20 Uhr begann die Feuerwehr zu löschen. Um 12.35 Uhr waren schon die Medien vor Ort.

Um den Tod der beiden ranken sich bis heute Gerüchte und Verschwörungslegenden. Denn rätselhaft ist noch immer, warum Zschäpe schon am Nachmittag die gemeinsame Wohnung in Zwickau abfackelte, als die Identität der Toten noch gar nicht feststand. Wieso war sie sich so sicher, dass es »ihre« Uwes waren?

In der von ihrem zweiten Verteidigerteam später verfassten Einlassung wird Zschäpe behaupten, die beiden seien überfällig gewesen. Sie habe es einfach gewusst.

Sie war sich offenbar so sicher, dass sie glaubte, Plan B realisieren zu müssen: Wohnung anzünden, Bekennervideo verschicken, Eltern über den Tod ihrer Söhne informieren. Wer hatte sie informiert? Einer der Uwes? Mittels eines Codewortes? Oder gab es doch einen dritten Mann am Tatort, den die Polizei bis heute nicht kennt? Einen Helfer, der mit Zschäpe in Verbindung stand? Oder haben sich Böhnhardt und Mundlos nicht selbst umgebracht, sondern wurden von einem Unbekannten (etwa gar einem Mann vom Verfassungsschutz?) erschossen, der dann Zschäpe informierte? Nahe liegt die Annahme, dass Mundlos und Böhnhardt den Polizeifunk abhörten und vermutlich wussten, dass Fluchtwege abgeriegelt waren und dass sie unweigerlich kontrolliert werden würden. Denkbar ist vieles, nachweisbar weniges.

Die Polizei im Osten suchte damals schon seit längerem nach zwei maskierten und bewaffneten Bankräubern, einer der beiden Linkshänder, die jeweils mit Rädern flüchteten. »Wir gingen davon aus, dass den Tätern von Eisenach die Fahndungsmethoden der Polizei bekannt waren«, sagt M. und schildert in der Folge eine Suche, die an Spannung nichts zu wünschen übriglässt. Man habe ein »neues Vorgehen« beschlossen, nämlich die Wege weg vom Tatort so schnell wie möglich zu besetzen, in weniger als 50 Kilometer Entfernung. »Unsere Hypothese war«, fährt M. fort, »dass sie nicht mit den Rädern fliehen, sondern eher einen Transporter zur Flucht benutzen. Wir befragten Passanten auf der Straße, ob sie die Räuber gesehen hätten. Ein

Passant hatte zwei Männer mit Rädern beobachtet, die diese in ein Wohnmobil verfrachteten. Danach wurde Eisenach fast ganz abgeriegelt.«

Als Polizeidirektor M. an den Brandort kam, war das Feuer schon fast gelöscht. Die Flammen hatten das Dach des Wohnmobils zerstört, Teile davon waren abgefallen. Man fand zwei männliche Personen, die offensichtlich tot waren. Der Halter des Fahrzeugs wurde ermittelt – eine Mietwagenfirma mit Sitz in Zwickau. Mieter war ein gewisser Holger G. Es hieß, den Wagen hätten ein Mann und eine Frau mit Kind abgeholt.

Dem erfahrenen Polizisten fielen sofort die vielen Waffen im Innern des Wohnmobils auf. Aus einer war eine Patrone ausgetreten. »Die konnte ich sofort als Polizeipatrone identifizieren. Das ganze Szenario veranlasste mich, den Tatort schnellstmöglich aufzuarbeiten und abzufragen, was über die Waffe bekannt ist«, sagt er vor Gericht.

Gegen 16 Uhr sei eine der Waffen als diejenige von der Kollegin Kiesewetter identifiziert worden. Es wurde Kontakt zu den Kollegen in Heilbronn aufgenommen. M.s Annahme lautete nun: Die Toten waren nicht nur Bankräuber. Mittlerweile waren ihre Leichen zur Identifizierung in die Rechtsmedizin nach Jena gebracht worden. Die Kollegen in Hannover teilten mit, dass Holger G. als »rechtsorientiert« einzuschätzen sei. Und dass er in Jena geboren wurde. »Das war die Zusammenführung mit Jena«, erklärt Polizeidirektor M.

Am nächsten Tag um 8.30 Uhr lag das Sektionsergebnis vor. »Eine Person konnte anhand ihrer Fingerabdrücke als Uwe Mundlos identifiziert werden.« Denn es gab Unterlagen einer Vermisstenanzeige aus dem Jahr 2005, die Vater Mundlos erstattet hatte. »Es ergab sich nun ein neues Bild«, fährt M. fort. »Wir zogen die Ereignisse von 1998/1999 mit heran. Unsere

Hypothese lautete nun: Mundlos war weiter in Begleitung von Böhnhardt und Zschäpe. Handelt es sich bei dem zweiten Toten also um Böhnhardt? Und wenn ja: Wo ist Zschäpe?« Eine Sonderkommission von fünfzig Mann wurde zusammengestellt.

Von Böhnhardt gab es kein DNA-Material. Aber ein Zielfahnder, der Zschäpe und Böhnhardt kannte, wusste von einem Tattoo an dessen linker Wade. Ein Treffer, von hoher Wahrscheinlichkeit sogar! M. beschloss, die Spuren des Kiesewetter-Mordes mit den Spuren in Eisenach zu verknüpfen. Beamte der Soko kamen nach Zwickau, ebenso Kollegen aus Heilbronn, um beim Vermieter des Wohnmobils die Frage zu klären: Wer waren die Personen, die das Fahrzeug abgeholt hatten? »Ich wollte wissen, ob es Zschäpe war.« M.s nachdrücklicher Ton lässt auf seine damalige Entschlossenheit schließen, das Rätsel zu lösen.

Er erfuhr damals, dass es am Nachmittag des 4. November eine Explosion in der Frühlingsstraße gegeben habe. »Ich verknüpfte die Informationen, darunter auch die Aussage eines Zeugen, der kürzlich in dieser Straße ein weißes Wohnmobil gesehen hatte.« War die Frühlingsstraße vielleicht der Wohnunterschlupf von Böhnhardt, Mundlos und Zschäpe? Die Wohnung, erfuhr M., sei von einem Herrn D. gemietet worden. Bewohnt worden sei sie aber von zwei Männern und einer Frau.

Götzl erkundigt sich, wann die Information, dass es Tote gegeben habe, an die Medien weitergegeben wurde. »Ich würde schätzen 14.30, 15 Uhr. Wir haben den Fakt bestätigt, aber nicht die Zahl der Toten genannt.«

Die Frage, warum Zschäpe so sicher war, dass es sich bei dem ausgebrannten Wohnmobil um das ihrer beiden Uwes handelte, ist damit noch immer nicht beantwortet.

Und dann sagt M. etwas, was ein Licht wirft auf die Ermittlungsfehler im NSU-Fall: »Ich habe das Informationsaufkommen auf ein Mindestmaß begrenzt, um den Fahndungsvorsprung, den wir hatten, nicht zu verkürzen. Es waren nicht alle davon begeistert.« So wurde der thüringische Verfassungsschutz zum Beispiel zunächst nicht informiert. Man wollte den Erfolg nicht teilen und hielt die Nachricht erst einmal zurück.

Uwes Mutter Brigitte Böhnhardt – »Damit er nicht wieder klaut«

Brigitte Böhnhardt hat drei Söhne geboren, zwei davon sind tot. Peter, der mittlere, kam 1988 auf ungeklärte Weise im Alter von 17 Jahren ums Leben. Angeblich stürzte er bei einer feuchtfröhlichen Feier unglücklich von einem Felsen. Oder er wurde gestoßen, Genaueres hat sie nie erfahren. Die Polizei in Jena, sagt sie vor Gericht, habe keine Zeit dazu gehabt. Der tote Sohn wurde einfach vor ihrer Haustür abgelegt. Zu DDR-Zeiten hieß es: »Wir haben schließlich anderes zu tun, als die Eltern eines toten Jungen zu informieren.« »Manche Sätze«, fährt die Mutter fort, »die vergisst man nie mehr. Vielleicht rührt mein gestörtes Verhältnis zur Polizei schon aus dieser Zeit.«

Uwe, ihr Jüngster, starb mit 34. Sie trauert um ihren Sohn genauso wie die Angehörigen der NSU-Opfer um ihre Söhne, Vater und Ehemänner trauern. Vielleicht ist es sogar noch schlimmer für sie, nachdem sie nun weiß, dass ihr Junge ein Serienmörder gewesen sein soll. Und wenn Kinder sich das Leben nehmen, ist das immer auch eine Botschaft an die Eltern.

Uwe soll ein Terrorist gewesen sein, dessen kriminelle Karriere trotz aller Bemühungen der Eltern nicht zu stoppen war. Jede Mutter, jeden Vater würden doch Schuldgefühle quälen. Warum wurde unser Kind so? Was haben wir falsch gemacht? Wir haben ihn doch geliebt, behütet, gefördert. Wieso wir? Wieso unser Uwe?

Götzl hat den ganzen 58. Verhandlungstag für die Mutter freigehalten. Sie soll erzählen. Von der Familie, den Kindern, wie sie aufwuchsen, sich entwickelten. Die Richter hören ihr lange mit versteinerten Gesichtern zu. Denn bei allem Verständnis für die Gefühle einer trauernden Mutter: Die Verschwörungstheorien, die diese Zeugin vor Gericht ausbreitet – angesichts dessen, was man inzwischen über die Verbrechen des NSU schon weiß –, sind schwer erträglich.

»Ihr« Uwe, ein Nachzügler. »Wir haben uns bemüht, alle drei gleich zu lieben«, sagt sie. Aber der Kleine war eben doch etwas speziell. Dann Peters traumatischer Tod. Uwe ließ in der Schule nach, musste eine Klasse wiederholen. Die Mutter rechtfertigt ihn: »Es kam eben vieles zusammen – die politische Umwälzung, die Schulreform, die Pubertät. Das hat ihn aus der Bahn geworfen.« Er sei ein aufgeweckter, sportlicher, kontaktfreudiger Junge gewesen. »Klar, er war auch manchmal etwas wild. Aber das ist ja normal.«

Götzl: »Fiel Ihnen etwas Problematisches auf?«

Nur, dass er »schulfaul« gewesen sei, sagt die Mutter.

Dabei lief es nicht gut in der Schule. Die Eltern waren schon froh, als er die Hefte nicht mehr durch die Klasse warf. Er fing zu »bummeln« an, wie die Mutter es nennt, prügelte sich. »Das kennt man ja von etwas verhaltensauffälligen Schülern«, wiegelt sie ab. Tatsächlich nahm ihn bald keine Schule mehr auf angesichts seiner Widerständigkeit und seines Unwillens, mit dem Schwänzen aufzuhören. Er kam in ein Kinderheim für Schwererziehbare. Zu Hause wurde keiner mehr mit ihm fertig.

In den Augen Brigitte Böhnhardts waren weitgehend die anderen an dieser Misere schuld: die Lehrer, die Jugendamtsmitarbeiter, die Lehrherren, das System. Der kaltherzige Jugendrichter, der sie fragte, warum sie ihren Sprössling nicht einfach mal vor die Tür gesetzt habe. »Wir haben unseren Sohn immer wissen lassen, dass wir ihn lieben, dass er zurückkommen kann und dass wir ihn immer versorgen werden«, lautet ihr Bekenntnis.

Er fand eine Lehrstelle als Hochbaufacharbeiter. Die Mutter war einverstanden, denn: »Irgendwer muss schließlich die Häuser der Reichen und Schönen bauen.« Die Eltern hätten ihm den Führerschein bezahlt und ein Auto gekauft. Doch dann kam die Arbeitslosigkeit. Er habe neue Freunde gefunden – alles »höfliche junge Leute« wie Ralf Wohlleben, Uwe Mundlos und Beate Zschäpe. Keiner von ihnen hatte Arbeit.

Dann der erste Aufenthalt des Sohnes in einem Untersuchungsgefängnis für Erwachsene. »Als Mutter sieht man seinen Sohn in einem Männergefängnis immer als Opfer«, erklärt sie, »ich stellte mir die schlimmsten Dinge vor.« Seitdem habe sie gewusst, er werde nie eine Haftstrafe absitzen. Sie berichtet von einem Besuch bei der Staatsanwaltschaft 1998 nach dem Abtauchen der drei, wie entsetzt sie gewesen sei über die Strafmaße, über die dort gesprochen wurde. Zehn Jahre! »Das kriegen noch nicht mal Kinderschänder!«, empört sie sich. Oder fünf bei guter Führung. Oder eine Bewährungsstrafe? Wie »im Schlussverkauf« sei ihr das vorgekommen. Hat sie da, in ihrer Abneigung gegen Strafverfolger, etwas falsch verstanden? Mundlos und Beate, sagt sie, hätten doch gar nichts gemacht, und ihr Sohn außer dem Untertauchen auch nichts! »Vielleicht«, fügt sie abfällig hinzu, »ist das ja auch so eine Masche der Staatsanwaltschaft – erst ganz schlimm reden, und dann nimmt man etwas zurück, nur um eine Mutter fertigzumachen.«

Götzl erinnert sie an den Sprengstoff in der von Zschäpe in Jena gemieteten Garage und die Rohrbomben, die dort gefunden wurden. »Ach so«, sagt sie und macht eine wegwerfende Handbewegung, »das war mir nicht mehr präsent.« Sie habe das aus den Medien erfahren, und Uwe habe gesagt, sie solle doch nicht alles glauben, was die schrieben.

Dann gibt sie Telefonkontakte mit den Untergetauchten zu, das erste Treffen 1999 auf einem Parkplatz. Die Eltern hatten dafür ein Auto gemietet in der Hoffnung, die Verfolgung durch die Polizei ausschließen zu können. Sie berichtet von Zetteln im Briefkasten mit Nachrichten, wo die nächsten Treffen stattfinden sollten, von Geldzuwendungen, 500 Mark damals, alle drei Monate: »Wir wollten doch nur, dass er nicht wieder klaut.«

Für die Geldübergabe sei jedes Mal eine fremde Person gekommen, die eine nur Mutter und Sohn bekannte Parole nannte.

Götzl: »Welche Parole?«

Frau Böhnhardt erregt: »Die sag ich nicht! Denn dann schwirrt sie wieder durchs Internet. Das ist furchtbar! Das will ich nicht!« Nur keine privaten Details, die auf die innige Beziehung zu ihrem Jungen hindeuten. Schließlich gibt sie die Parole doch preis. »Rippchen« lautete sie. So nannte sie ihn, als er sich als Kind die Rippen gebrochen hatte.

Sie berichtet von Beamten des Landeskriminalamts, die angeblich gedroht hätten, die Flüchtigen zu erschießen, »wenn nur einer zuckt bei der Festnahme«. Sie ist überzeugt, von der Polizei »gelinkt« worden zu sein. Die drei hätten sich doch gestellt, beschwört sie das Gericht, wenn die Behörden nur ihre Zusagen eingehalten hätten – etwa die Strafe für ihren Uwe zu reduzieren oder in eine Bewährungsstrafe umzuwandeln. Dann säßen auch nicht »diese fünf jungen Leute hier auf der Anklagebank«, die ihr leidtäten. Sie dreht sich zur Anklagebank.

Für jene, denen mit der Ceska 83 in den Kopf geschossen worden war und die an den Tatorten verbluteten, für deren Witwen, deren Kinder, deren Eltern und Geschwister hat sie kein Wort, keinen Blick.

Als ein Anwalt der Nebenklage sie tags darauf dazu anspricht, findet Brigitte Böhnhardt dann doch noch ein paar, wenn auch etwas gewundene Worte. »Ich habe tiefes Mitgefühl wegen der jahrelangen Ungewissheit«, sagt sie, »ich fühle mit Ihnen. Anfangs hatte ich sehr große Angst, dass Sie sich an uns rächen. Aber Sie haben wohl begriffen, dass wir nicht die Schuldigen sind.«

Götzl ist mit Frau Böhnhardt noch nicht fertig. »Ich wüsste gern, wie es war«, drängt er am nächsten Verhandlungstag. »Plastischer!«

Sie erinnert sich an vieles nicht, will sich wohl auch nicht erinnern. Will nichts preisgeben von ihrem Jungen. Stattdessen redet sie von sich, was sie dachte und wollte, sie, die Lehrerin, die sich nicht so leicht etwas habe vormachen lassen. Mehrfach wird sie von Götzl aufgefordert, ihren Uwe zu beschreiben und nicht sich selbst. Langsam wird er unwirsch. »Uwe Mundlos war sicher intelligenter als mein Sohn«, ringt sie sich ab. Der habe eine eigene Wohnung gehabt, sei belesener gewesen, habe deutsche Geschichte im Kopf gehabt. »Der Großvater von Mundlos gehörte wohl dem Offiziersstand an«, sagt sie dann. Der Enkel habe diesen Stand glorifiziert.

»Es wurden Namen von alten Nazis bekannt«, fährt sie fort, »die in der BRD lebten. Da hieß es gleich anerkennend: Die haben sich nicht unterkriegen lassen!« Von »Ehre« sei viel die Rede gewesen. »Solche Leute kannten wir in der DDR nicht. Wir hatten zu der Zeit andere Sorgen, als uns mit der Vergangenheit zu beschäftigen.« Wer Schuld trägt, ist für sie klar: »Altkader aus dem Westen haben unsere orientierungslosen Jugendlichen abgefangen«, seufzt sie.

Götzl fragt: »Wie war sein Verhältnis zu Waffen?« Denn Zeugen beschrieben Uwe Böhnhardt stets als Waffennarren.

»Er hat sich gehütet, dazu etwas zu Hause zu sagen, weil wir dann noch misstrauischer geworden wären. Ich bin absolut gegen Waffen zu Hause«, erklärt seine Mutter mit fester Stimme. Und außerhalb? Götzl hakt nicht nach. Vielleicht will er sie nicht noch mehr in die Bredouille bringen.

Götzl: »Dann kommen wir zu Frau Zschäpe.«

Brigitte Böhnhardt nennt sie »Beate«, die erste feste Freundin ihres Sohnes. Sie habe gedacht, bei der sei Uwe in besten Händen. Die bringe ihn von seinen »spinnerten« Sachen ab. Sie wendet sich jetzt direkt der Angeklagten zu. Götzl kommt auf den 5. November 2011 zu sprechen, den Tag des Anrufs mit der Todesbotschaft, morgens um sieben. »Danke, dass du es gemacht hast«, sagt sie zur Angeklagten, »denn wenn ich mir vorstelle, dass die Polizei vor der Tür steht …« Sie macht eine lange Pause. Zschäpe verzieht keine Miene.

»Wir lagen noch im Bett, als der Anruf kam: Hier ist die Beate. Ich kannte ihre Stimme nicht mehr. Ich fragte wohl: Welche Beate? Uwes Beate. Das musste ich erst einmal verarbeiten, nach neun Jahren erstmals wieder von Beate zu hören. Meine einzige Frage war wohl: Stellt ihr euch jetzt? Nein. Warum nicht? Der Uwe kommt nicht mehr. Warum nicht? Dann war eine Weile Pause. Ich getraute mich erst nicht zu fragen: Ist der Uwe tot? Ja, der Uwe ist tot. Ich weiß nicht mehr, was ich dann sagte. Sie fragte, ob ich denn keine Nachrichten gehört hätte. Nein. In Eisenach sei etwas passiert. Das sind die beiden Jungs. Ich saß völlig benommen auf dem Sofa. Ich hätte sicher noch tausend Fragen gehabt. Sie sagte dann, sie müsse auflegen. Sie habe noch so ein furchtbares Telefonat vor sich, sie müsse die Familie Mundlos anrufen. Dann sagte sie nichts mehr. Ich konnte ihr in dem Moment keine Fragen stellen. Später dachte ich, ob ich mir das Ganze vielleicht nur eingebildet habe? Vielleicht nur vorgestellt? Ich weiß es nicht.«

Götzl: »Beate soll Ihnen von Uwe ausgerichtet haben, dass er seine Eltern sehr geliebt habe.«

»Das ist sehr privat!« Frau Böhnhardt sträubt sich, darüber zu sprechen. Ihr Unwillen ist unüberhörbar.

Götzl: »Sie müssen hier die Wahrheit sagen, egal, ob es privat ist oder nicht. Beate soll auch gesagt haben, dass Uwe an jedem Geburtstag und an jedem Fest an Sie gedacht habe. Erinnern Sie sich daran nicht mehr?«

»Doch. Aber ich will das hier nicht erzählen. Diese letzten Dinge wollen wir für uns behalten, ganz für uns.«

Götzl: »Hat Frau – hat Beate gesagt, wie Ihr Sohn zu Tode gekommen ist?«

»Sicher bin ich mir nicht. Möglich, dass sie gesagt hat, sie haben sich erschossen.«

Götzl: »Ich halte Ihnen vor, dass Sie bei der Polizei aussagten, die beiden hätten sich erschossen.«

»Dann wird es wohl so gewesen sein. Ich fragte noch, ob sie nochmals anruft. Darauf sagte sie, nein, ich gehe weg. Ich rufe nie wieder an.«

Götzl: »War Ihr Sohn Rechts- oder Linkshänder?« Sie nickt: Linkshänder. Einige Opfer waren eindeutig von einem Linkshänder umgebracht worden.

Die Befragung zieht sich. Stundenlang immer wieder dieselben oder ähnliche Fragen. Ihr Sohn und Beate, ja, die hätten sich schon gestellt, wenn Mundlos mitgemacht hätte. Doch der habe nicht gewollt. »Ich weiß, dass Uwe keine Mimose war und dass er vielleicht mal provoziert hat«, gesteht sie und redet sich gleich wieder schön, was sie eigentlich in den Boden versinken lassen müsste. Ihr Uwe habe sich eben »gewehrt«. Gegen die Polizei, den Staat. Sie ist eine Mutter. Sie hat Zschäpe einst aufgenommen, als diese keine Bleibe mehr hatte. Sie hoffte, die beiden würden eine Familie gründen und Uwe ließe dann seine »Spinnereien« sein. Ihr Sohn soll ein »eiskalter Mörder« gewesen sein? Sie hat mit der Staatsanwaltschaft versucht zu verhandeln, ob man die Fahndung nach ihrem Jungen eventuell einstellen könnte. Doch angeblich erklärte man ihr: »Die kriegen wir auch so«, ohne elterliche Mithilfe. Sie ist zu einem Rechtsanwalt gelaufen, der sie offensichtlich falsch oder nicht ausreichend beraten habe über Fragen der Verjährung zu einer Zeit, als das Schlimmste noch hätte verhindert werden können. Vor Gericht rechtfertigt sie sich: »Wir haben keine kriminelle Gruppe unterstützt, sondern unseren Sohn!«

Götzl: »Sie sagen, Ihr Sohn habe Rattenfängern und Hohlköpfen nachgeplappert. Kannten Sie die?«

»Nein, nur aus den Medien. Wenn ich ihn fragte: Woher hast du diesen Blödsinn?, kam von ihm nur die Antwort: Kennst du eh nicht. Uns waren solche Leute nicht bekannt. Ich wüsste auch gern, was wirklich geschehen ist, was die drei verleitet hat, diese Taten zu begehen. Ich kann meinen Sohn so nicht sehen. Das waren drei unglückliche junge Menschen, die aus der Illegalität keinen Weg zurückfanden. Die Polizei sucht jeden Stein, mit dem sie ihnen die Taten nachweisen kann. Ich suche jeden Grashalm, der sagt: Es war nicht so.«

Die Zeugin Silvia S. – »Habe nichts hinterfragt«

Sie zögert, als sie den Saal betritt. Silvia S. bleibt stehen, als ahne sie, dass nun nichts Angenehmes bevorsteht. Sie ist eine jener Zeuginnen und Zeugen, denen beim Eintritt in den Gerichtssaal jede Erinnerung abhandenzukommen scheint. Götzls Begrüßung ist knapp. Er belehrt sie, als Zeugin nichts aussagen zu müssen, was sie oder Angehörige in die Gefahr einer Strafverfolgung bringen könnte.

»Es geht um die AOK-Karte, die Sie weitergegeben haben sollen. Können Sie dazu etwas sagen«, eröffnet er die Vernehmung.

Zunächst fällt ihr offenbar nur ein Wort ein: »Was?« Dann gibt sie die Weitergabe zu, fügt aber gleich hinzu, keinerlei Erinnerung zu haben. Ihr Mann und sie seien beim Angeklagten Holger G. zu Hause gewesen. »Da fragte jemand, ob einer eine AOK-Karte hat. Ich habe das nicht hinterfragt. Holger bot mir 300 Euro dafür. Ich habe nach einer Woche die Karte sperren lassen. Darauf bekam ich gleich eine neue.«

Sie lehnt sich zurück. So, das war's, scheint sie zu hoffen. Doch für Götzl ist das noch nicht einmal der Anfang ihrer Aussage.

»Wann war das?«

»Weiß ich nicht mehr. Ich erinnere mich nicht. Ist ja auch schon länger her.«

»Wie lange?«

»Keine Ahnung. 2006 vielleicht.«

»Wie kam man auf diese Karte?«

»Es war einfach so ein Gerede, wer eine Karte hat. Ich hab nur das Geld gesehen. Bin nur eine arme Friseurin. Habe nichts hinterfragt, weil es mich nicht interessiert hat.«

»Was haben Sie sich vorgestellt?«

»Gar nichts.«

Götzl ist verärgert. Er nimmt ihr die Erinnerungslosigkeit nicht ab. Ehe er sie sich vorknöpft, schiebt sie rasch hinterher, dass sie sich wirklich überhaupt nichts gedacht habe. Vor allem nicht, dass »so etwas« passiere.

»Was?« Götzls Ton wird streng. »Ich habe den Eindruck, Sie sperren sich. Denken Sie mal nach, statt alles abzuwehren!«

»Wenn ich mich doch nicht erinnern kann!«

Bis auf den Verteidiger von Holger G., der unter anderem wegen dieser Weitergabe der Krankenkassenkarte von Silvia S. angeklagt ist, scheinen alle Anwesenden den Kopf zu schütteln.

Götzl versucht es noch einmal in freundlichem Ton: »Da fragt also einer nach der Karte und bietet 300 Euro. Und? Warum haben Sie nicht wissen wollen, was er damit vorhat?«

»Weiß nicht.«

»Sie fragen nicht, Sie denken nicht, Sie wissen nicht …«

Die Zeugin weinerlich: »Ich kenne diese Beate nicht! Habe sie nie gesehen! Ich hätte der doch nie meine Karte gegeben, wenn ich das gewusst hätte! Da könnte ich ja gleich ins Gefängnis gehen!«

Götzl lässt sie mit dieser Erklärung nicht davonkommen: »Sie ließen die Karte gleich sperren. Warum? Ich wüsste gar nicht, dass man die sperren lassen kann! Erklären Sie mir mal plausibel den Ablauf!«

Silvia S. atmet tief ein. »Ich dachte mir«, sie macht eine Pause, »die Karte ist ja eh bald abgelaufen, ist ja egal. Ich gab sie dann als verloren an bei der Krankenkasse.«

»Wie ging's dann weiter?«

»Ganz normal.«

»Haben Sie Holger G. nochmal auf die Karte angesprochen? Wenn ja, wann?«

»Weiß ich doch nicht. Ich habe nie wieder drüber gesprochen. Das Geld bekam ich noch am selben Abend.« Sie fügt hinzu, sie sei heute »ein bisschen durch den Wind«. Sie habe mit der Sache nichts zu tun.

Götzl: »Welcher Sache?« Sie zuckt mit den Schultern. Eine Antwort fällt ihr nicht ein.

Wie so oft vor Gericht prallen auch in diesem Prozess zwei Welten aufeinander. Die des Juristen, der selbstverständlich gefragt hätte, wieso und warum und wofür man die Karte denn brauche und dass sie nicht übertragen werden könne und dass das doch Betrug sei. Ein Mann wie Götzl hätte sie niemals herausgegeben. Er hätte korrekt gehandelt und sich abgesichert. Ihn hätte allerdings auch nie jemand um eine solche Gefälligkeit gebeten.

Dagegen die finanziell knappe Friseurin, der der Verwendungszweck – und sei er auch zweifelhaft – egal war. Die wahrscheinlich wusste, dass ihre Fragen ohnehin nur mit einem dummen Spruch beantwortet worden wären. Oder die, und das ist wohl Götzls Verdacht, durchaus wusste, wem damit geholfen werden sollte, die jedoch damit einverstanden war, weil man eine Kameradin nicht hängen lässt, die zusammen mit Holgers Freunden untergetaucht ist und jetzt zum Arzt muss.

Götzl wechselt das Thema. Ob sie Beate Zschäpe kenne? Nein. Wie sich Holger G. ihr gegenüber verhalten habe? Nett, freundlich. Ob man sich über Politik unterhalten habe? Nein, kein Interesse.

Es ist Götzls bewährte Methode im Umgang mit angeblich ahnungs- und erinnerungslosen Zeugen: Erst fängt er streng an. Dann folgen scheinbar harmlose Fragen, die den Zeugen gesprächiger und unvorsichtiger werden lassen, weil der Druck nachlässt. Schließlich das dicke Ende. Der Zeuge, der eigentlich nichts hatte preisgeben wollen, hat inzwischen mehr ausgesagt, als das Gericht anfangs erwarten durfte.

Götzl macht die Zeugin auf einen Widerspruch aufmerksam. So soll Holger G., als er bei der Polizei vernommen wurde, gesagt haben: »Ich hab ihr die AOK-Karte abgequatscht und versichert, es passiert damit schon kein Scheiß …« Aber sie selbst hatte in einer polizeilichen Vernehmung gesagt: »Herr G. teilte uns auf Nachfrage nicht mit, wofür die Karte sei.« Demnach wurde also sehr wohl nachgefragt. Die Zeugin ist verunsichert. Auch die Staatsanwälte und Anwälte der Nebenklage nehmen Silvia S. in die Zange. Sie verwickelt sich in Widersprüche zu dem, was sie eben auf Götzls Fragen geantwortet hat. Holger G.s Verteidiger beanstandet, dass immer wieder dieselben Fragen gestellt würden.

Götzl: »Wenn keine Antworten kommen, muss man halt öfter fragen! Vielleicht wäre es an Ihrem Mandanten, sich mal dazu zu äußern. Ich habe beobachtet, dass Sie sich ganz entspannt zurücklehnten und über die Situation hier lachten!«

Es dauert. Stunden vergehen. Haben Sie dies gefragt? Jenes? Nein. Wann war dies? Wann jenes? Weiß nicht. Kann mich nicht erinnern. Sie habe sich keine Gedanken gemacht.

Es geht immer weiter mit Fragen und Nicht-Antworten. Nebenklageanwalt Bliwier reicht es irgendwann: »Ich halte das alles für Unsinn, was Sie sagen!«, fährt er die Zeugin an. Wieder der jammernde Ton wie zuvor in der Vernehmung durch Götzl: »Wenn ich es doch nicht mehr weiß!« Es ist eine elend zähe, quälende Befragung. Und es wird nicht die letzte dieser Art bleiben.

Nun versucht Anwalt Daimagüler sein Glück. »Sie haben sich nie über Politik unterhalten?« Nein. »Nie über Ausländer?« Nein. »Über Türken?« Nein.

Schließlich bricht ein Satz aus ihr heraus: »Ich bin nicht rechts, nicht links, nicht gegen Ausländer – ich bin gar nichts!«

Die Zeugin muss wiederkommen, dann mit ihrem Mann. »Kann ich nicht.« Warum nicht? »Weil ich arbeiten muss und vor Weihnachten viel los ist. Was erzähl ich denn meinem Chef?« »Dass Sie als Zeugin geladen sind«, sagt Götzl ungerührt.

Der Cousin Stefan – »Sie hatte die Jungs im Griff«

Er ist der Sohn der Schwester von Beate Zschäpes Mutter und nur ein Jahr älter als die Angeklagte.

Götzl müht sich redlich, aus dem maulfaulen Zeugen etwas herauszubringen, der offensichtlich nicht versteht, warum sich das Gericht für die Familienverhältnisse und das Aufwachsen Zschäpes interessiert. Nichts als »weiß nicht«, »keine Ahnung«, »kenn ich nicht«. Vielleicht will er aber auch nichts sagen über den hohen Alkoholkonsum von Zschäpes Mutter, der den Absturz ins Elend mit Verlust des Arbeitsplatzes und der Wohnung einleitete – und vielleicht auch das Abdriften der Tochter in die rechte Szene.

Sein eigenes Leben damals beschreibt er so: »Ich hab ein Lotterleben geführt, gesoffen, Drogen, Party und so.« Gearbeitet habe er kaum. Es sei im Kinderheim gewesen und danach in die rechte Szene »reingerutscht«, wo man »gegen den Staat, gegen Linke, gegen alles« gewesen sei. Mundlos und Zschäpe hätten sich durch ihn kennengelernt, Böhnhardt sei erst später dazugekommen. Mundlos sei mit seiner, des Cousins, Lebensweise nicht einverstanden gewesen, habe sich »nach oben gesteigert« und ihn als »Säufer und Assi«, also als Asozialen, bezeichnet. Im Jugendclub von Winzerla habe er die Sozialarbeiter ständig als »rote Schweine« bezeichnet. Später hätten sich die drei »abgekapselt« von jenen, die getrunken und gepöbelt und nichts weiter als »Spaß« gewollt hätten.

Zschäpe habe sich von niemandem über den Mund fahren oder etwas aufzwingen lassen. »Sie war nicht das Mädchen, das sich etwas gefallen ließ.« Sie sei »robuster« gewesen und habe immer mehr Männerbekanntschaften gehabt. »Wahrscheinlich hat ihre Art die Männer zusammengehalten. Sie hatte die Jungs im Griff. Wenn sie mit einem zusammen war, war sie kein Mauerblümchen. Sondern da hieß es: So geht's lang, nicht wie du willst …«

Sie hatte die Jungs im Griff. Nach dieser Aussage schwenkt Götzl auf ein anderes Thema um – die nationalradikale Gruppe der »Kameradschaft Jena«. Doch von der will Zschäpes Cousin nicht viel gewusst und vor allem kein Interesse daran gehabt haben. »Party, Spaß und ab und zu eine Prügelei, das war unsere ganze Lebensweisheit.«

Der Zeuge kennt das schlechte Verhältnis seiner Cousine zu ihrer Mutter, die Fürsorge der Großmutter. Die Festnahme

Zschäpes habe die alte Frau »nicht mehr verarbeiten« können, sagt er. All die Jahre habe sie täglich auf ein Lebenszeichen ihrer Enkelin gehofft. Aber da kam nichts.

Oberstaatsanwältin Greger fragt nach körperlichen Auseinandersetzungen damals, in die Zschäpe verwickelt gewesen sein soll. »Ja, da gab es mal Streit zwischen zwei Gruppen«, bestätigt der Zeuge. Fäuste seien geflogen. Zschäpe soll einem der Kontrahenten ein Glas über den Kopf gehauen haben, um einem der beiden Uwes zu helfen.

Zschäpe wird unruhig. Ganz wohl scheint ihr nicht zu sein bei diesen Worten eines Verwandten, der sie immerhin ganz gut kennt.

Die Mutter

Draußen wartet eine Frau, nach der sich die Zuschauer die Hälse verrenken: Annerose Zschäpe, die Mutter der Angeklagten. Sie huscht in den Saal, setzt sich rasch auf den Zeugenstuhl. Ihre Tochter schenkt ihr keinen Blick. Auf die Frage des Vorsitzenden nach ihrem Beruf antwortet sie: »Ingenieur-Ökonomin«; zuletzt habe sie als Buchhalterin gearbeitet. Sie studierte in Rumänien Zahnmedizin und Betriebswirtschaft und wurde von einem rumänischen Kommilitonen schwanger. Das Kind Beate brachte sie in der ehemaligen DDR zur Welt und ging wieder zurück nach Rumänien, ohne Kind, das sie zunächst bei der Großmutter ließ. Als sie zurückkehrte, gelang es ihr nicht, stabile Familienverhältnisse zu schaffen. Ehen scheiterten, das Kind wurde hin- und hergeschoben. Beate Zschäpe war es von Kindesbeinen an gewohnt, immer wieder anders zu heißen.

Die Mutter will nicht aussagen. Sie hat das Recht dazu.

Götzl: »Sind Sie einverstanden, dass wir Ihre polizeiliche Vernehmung vom 15. November 2011 einführen und hier verwerten?«

Ein knappes »Nein.« Und dann ist sie schon wieder verschwunden.

Sie hat ihrer Tochter nicht zu helfen versucht. Hat sie nicht einmal angelächelt. Sie ist nicht zur Anklagebank gegangen, hat ihrem einzigen Kind nicht die Hand gegeben. Einst hatte sie bei der Polizei Beate als selbstbewusstes, durchsetzungsfähiges Mädchen beschrieben, ganz im Sinne der Anklage. Hier, im Prozess, wäre Gelegenheit gewesen, auch auf andere Seiten ihres Kindes oder auf die außergewöhnlich ungünstigen Umstände aufmerksam zu machen, in denen es groß wurde. Sie hat es nicht getan.

Der dritte Mann?

Inzwischen ist es Anfang Dezember. Der Senat bemüht sich weiter, Bekannte Zschäpes und ihrer Komplizen zu vernehmen, um sich dem Umfeld des NSU zu nähern. Etwa mit Hilfe des Zeugen André K., eines kräftigen, untersetzten Mannes mit schwarzem Bart, der zusammen mit Wohlleben in den neunziger Jahren, wie er sagt, in Jena eine »Veränderung der politischen Strukturen« hatte erreichen wollen und über eine »Politik aus nationaler Sicht« diskutierte. »Wir hatten einfach Angst, dass die Politik in eine Richtung abgleitet, die nicht mehr gesund ist.«

K. sah sich in Südafrika um, als die drei 1998 Untergetauchten nach einer Bleibe suchten. Es wurde nichts daraus, weil

Zschäpe dagegen war: Es sei ihr dort zu heiß und sie verstehe die Sprache nicht. K. schildert sie als eine Frau, die ihre Meinung gehabt und diese auch kundgetan habe.

Götzl: »Der Inhalt ihrer Meinung interessiert mich.«

»Kann ich nicht mehr präzisieren.« Man sei auch gegen Ausländer gewesen, weil man mit deren Zuzug nicht einverstanden gewesen sei. Dann holt er weiter aus: »Es ist doch so, wenn man etwas gegen Unkraut tun will, dann reicht es nicht, nur oben ein paar Blättchen abzuzupfen. Sondern man muss an die Wurzel gehen. Das ganze gesellschaftliche Umfeld muss geändert werden. Für unser Zusammenleben ist es meiner Meinung nach nicht dienlich, wenn eine große ausländische Population hier ist. Wohlleben kandidierte im Ortsbeirat der NPD. Das ist meines Erachtens der richtige Weg. Die Grundstimmung Anfang der neunziger Jahre war schon gegen Ausländer. Aber ich kann mich nicht erinnern, dass wir dem Ausländer an sich die Schuld gaben. Das waren die Politiker, die Wirtschaft.«

1994/95 sei der Versuch einer politischen Professionalisierung unternommen worden. Man wollte wegkommen von dem »sehr dumpfen Straßenimage, von dem Skinhead-Getue. Dann gab es diese Bombenattrappen, was ich kontraproduktiv fand, weil es nur Negativpresse bringt. Es gab Hausdurchsuchungen. Und man wusste, wer dahintersteckte – die beiden Uwes.« Er habe dies alles als »relative Kasperei« abgetan.

In der Nacht des 13. April 1996 hatten die drei einen lebensgroßen Puppentorso mit einem Davidstern und der Aufschrift »Jude« mit einem Seil um den Hals an einer Autobahnbrücke bei Jena aufgehängt, in dessen Nähe sich ein Verkehrszeichen mit der Aufschrift »Vorsicht Bombe« befand. Zum Jahreswechsel 1996/97 schickten sie der Polizei, der Stadtverwaltung

sowie der Lokalredaktion der Thüringer Landeszeitung Brief-
bombenattrappen: »Mit Bomben-Stimmung in das Kampfjahr
97«. Außerdem platzierten sie in Jena drei Kofferbomben-
Attrappen: auf einem Sportplatz unter der Tribüne, auf dem
Vorplatz des Theaterhauses sowie auf dem Jenaer Nordfried-
hof. Schaden wurde nicht angerichtet. In einem der Koffer
befand sich zwar eine zündfähige Bombe. Doch mangels einer
Energiequelle detonierte sie nicht.

Götzl: »Was haben Sie am 4. November 2011 gemacht, als in
Eisenach das Wohnmobil in Flammen aufging?«

»Da hab ich ein Fahrzeug gekauft, in Eschwege, ein Firmen-
fahrzeug, zusammen mit meinem Vater.«

Götzl: »Welchen Weg haben Sie genommen?«

»Die Landstraße nach Eisenach und dann die Autobahn
nach Gera.«

Götzl: »Wann sind Sie zurückgefahren?«

»Gegen Mittag. Ich wollte den Wagen eigentlich gleich zulas-
sen, in Apolda. Doch als ich ankam, war schon geschlossen.«

War André K. etwa der vielbeschworene dritte Mann in
Eisenach? Götzl geht zwar auf die Spekulationen in der Öffentlichkeit nicht explizit ein. Aber seine Fragen lassen erkennen,
dass sie ihm nicht unbekannt sind.

Die Nachbarinnen – »Lisa erzählte nichts«

Zeugin Heike K., arbeitslos, eigentlich gelernte »Eisenbahn-
transportfacharbeiterin«. Sie kennt Beate Zschäpe aus jener
Zeit, als beide einige Jahre lang im selben Haus in Zwickau
wohnten. Wie Zschäpe und die anderen Frauen aus diesem
Haus trägt sie das Haar tiefschwarz und offen, allerdings

längst nicht so gepflegt und sorgfältig gefärbt wie die Angeklagte.

Zschäpe, die sich ihr gegenüber »Susann Dienelt« nannte und »Lisa« gerufen wurde, wohnte im Erdgeschoss rechts. Zwei Männer seien dort ein- und ausgegangen, die Fahrräder gehabt hätten, weiß die Zeugin noch. Näheren Kontakt mit ihnen habe nicht bestanden. »So schnell die kamen, so schnell waren sie auch wieder weg.«

Götzl: »Was wussten Sie über Susann?«

»Eigentlich nüscht.« Zschäpe erregte durch ihr betont geselliges, freundliches Auftreten kein Misstrauen. Die Zeugin bezeichnet jene Susann als die »Hauptperson in meinem Leben in dieser Zeit damals, der ich mich anvertrauen konnte«. Man habe viel über Privates gesprochen, »über mich«, präzisiert Frau K. Getroffen habe man sich im Hof zum Kaffeetrinken oder in ihrer, Frau K.s Wohnung.

Götzl: »Waren Sie mal in Lisas Wohnung?« Nein. Wenn die eingeladen hätte, wäre sie gern gekommen. Doch Lisa lud niemanden ein. Lisa erzählte auch nichts, was aber nicht auffiel, da Frau K. genug eigene Probleme hatte.

Götzl: »Und die zwei Männer?«

»Wenn jemand nichts sagt, werd ich denjenigen doch nicht aushorchen: Haste was mit dem eenen oder dem anderen …? Ick weeß, dass die zusammen in Urlaub sind, mindestens einmal im Jahr, drei bis sechs Wochen.«

Götzl: »Hat sie erzählt, wohin sie fährt?«

Frau K. reagiert patzig. »Det weeß ick doch nich mehr! Geht ja ooch nich um mein' Urlaub. Ick war schon 20 Jahre nich mehr in Urlaub. Ick weeß nur von dem einen Wohnwagen …« Und sie weiß, dass die Männer öfter im Keller werkelten, während Zschäpe oben in der Küche gesungen und gepfiffen habe.

Götzl: »Mit wem hatte Frau Dienelt sonst noch Kontakt?«

Wieder ein »Weeß ick doch nich!«

Götzl: »Bitte nicht in diesem Ton! Bitte antworten Sie höflicher! Wenn sie für Sie die Hauptperson war – gehen Sie ganz ruhig auf meine Fragen ein.«

Daraufhin erklärt Frau K. dem Vorsitzenden, dass sie ganz andere Sorgen habe, als auf Nachbarinnen zu achten. »Wat meenen Se, wat in meinem Leben so alles passiert is … Ick wollte garantiert nie im Leben hier sitzen! Also, solche Details weeß ick nich.«

Sie habe ein geistig behindertes Kind. Ihr Vater sei gestorben. Ihre Tochter sei sexuell missbraucht worden, »vom eigenen Vater«. Sie selbst habe einen Herzinfarkt gehabt. »Reicht das?«, fragt sie das Gericht.

Nicht viel besser sah es bei einer weiteren Hausbewohnerin aus, die im dritten Stock wohnte. Drei Kinder und alleinerziehend. Sie freute sich, als Zschäpe ihr mal eine blaue Polstergarnitur schenkte.

Götzl: »Haben Sie sich nicht Gedanken gemacht, dass diese Lisa immer Geld im Beutel hatte?« Nöö.

Lisa habe sie oft unterstützt, sei mit zum Einkaufen gegangen und habe dann die Lebensmittel bezahlt, berichtet die Mieterin aus dem ersten Stock. Und Susann, genannt Lisa, habe zugehört, wenn sie ihr Herz ausschütten wollte. »Sie hat ihre Meinung gesagt und mir den Kopf gewaschen, wenn ick mal wieder zu lieb war zu den Kindern.« Wie eine große Schwester. Oder die beste Freundin. Dem Sohn riet sie, er solle sich nichts gefallen lassen. Sie würde auch gleich zulangen. »Ich war ganz überrascht, denn so etwas hätte ich bei ihr nicht vermutet«, erinnert sich die Mutter.

Götzl: »Wie sahen die Männer aus, die bei ihr wohnten?«

»1,70 oder 1,80. Der Größere hat wohl auch mal gegrüßt, der andere nicht, der war immer gleich weg.«

Götzl zitiert aus einer Vernehmung, wonach die Zeugin bei der Polizei ein Gespräch mit Zschäpe schilderte: Lisa habe erzählt, sie sei seit 19 Jahren mit dem einen zusammen und habe noch immer Sex mit ihm. Sie müsse nicht arbeiten, weil ihr Mann genug verdiene; sie könne sich ein Leben mit Hartz IV nicht vorstellen, wenn man jeden Pfennig umdrehen müsse. »Ja, das hat sie gesagt.« Und die Katzen seien Lisas Babys gewesen, die hätten alles bekommen.

Götzl: »Haben Sie sich auch über politische Themen unterhalten?«

»Nee! Mit meinem Sohn hat sie mal über einen Bericht im Fernsehen gesprochen, wo die Rechten ausgerastet sind. Mein Sohn sagte, schade, dass ich nicht dabei war. Da meinte sie, er solle sich fernhalten und nicht in die rechte Szene abrutschen, sie hat wohl selbst mal damit zu tun gehabt. Das bringt nur Unglück. Sie hat auch schon mit einem Bein im Gefängnis gestanden.« Das sei aber Vergangenheit und gehe sie, die Zeugin, nichts an. Lisa habe auch nicht drüber reden wollen.

Die Verteidigung wird später diesen Rat Zschäpes an den Jungen als Beleg für ihre Abkehr von der rechten Gesinnung werten. Doch vielleicht riet sie ihm aus einem ganz anderen Grund ab: Hätte ein jugendlicher Krawallbruder im Haus nicht die Gefahr heraufbeschworen, dass die Polizei öfter mal ins Haus kommt?

Damals in der Polenzstraße bewies Zschäpe, wie geistesgegenwärtig und kaltblütig sie reagieren kann, wenn es gefährlich wird. Es gab einen Wasserschaden: In der Wohnung über ihr hatte jemand mutwillig die Hähne aufgedreht und das Wasser laufen lassen. Im Verdacht stand der Sohn jener Mieterin, die sich mit Zschäpe so gut verstand. Die Polizei kam, um sich den Schaden anzusehen. Die Beamten wurden auf die Erdgeschosswohnung von »Susann Dienelt« hingewiesen, da dort das Wasser schon durch die Decke komme. Zschäpe wurde daraufhin vorgeladen, denn sie hatte das Weite gesucht, um niemanden in die Wohnung lassen zu müssen. Sie erschien auch auf dem Revier, wies sich allerdings als »Susann E.« aus, die nur die Katzen des Hausherrn versorge, wenn der keine Zeit dazu habe. André E., der mitgekommen war und den sie als ihren Ehemann ausgab, bestätigte ihre Aussage. Gerade nochmal gutgegangen.

Vor Weihnachten befragt Götzl Urlaubsbekanntschaften von der Insel Fehmarn, wo Zschäpe, Mundlos und Böhnhardt auf dem Campingplatz unter den Namen Liese, Max und Gerry wie langjährige Freunde auftraten. Wie ein gut eingespieltes »Team«. Wo Ausländer kein Thema waren. Wo sie sich mehrfach vier- bis sechswöchige Auszeiten vom Verstecken und Ausbaldowern und Töten genehmigten und dank Zschäpe den Anschein ganz normaler Urlauber erweckten, freundlich, sympathisch, gut gelaunt, untereinander gleichberechtigt. Nur ihren Wohnwagen durfte kein Fremder betreten. Liese erzählte den Urlaubern, sie arbeite bei ihren Eltern in einer Boutique, Max sei in der Computerbranche tätig und Gerry sei von Beruf Kurierfahrer. Oder Mitarbeiter bei einem Onkel im Autoverleih. Die Nachnamen der drei waren tabu, was weiter nicht auffiel, man war ja im Urlaub und duzte sich.

Der Hausmeister aus der Zwickauer Frühlingsstraße, der nächsten und letzten Wohnung der drei, kennt Liese ebenfalls unter dem Namen Dienelt, genannt »Diddl-Maus«. Zugänglich sei sie gewesen, sagt er, habe sich mit älteren Herren bisweilen zu Bier und Sekt im Hof oder in einem Aufenthaltsraum im Keller getroffen, wo auf einem ausrangierten Fernseher ein Bild Adolf Hitlers prangte. Die einzige Frau in der Männerrunde, das war ihre Welt – unter dem Bild von Adolf Hitler. Sie sei sehr willkommen gewesen.

Der Zeuge Dr. Siegfried Mundlos – »Sie kleiner Klugsch…«

Er ist der Vater von Uwe Mundlos, ein Mann mit buschigen Augenbrauen, zur Zeit seiner Vernehmung vor Gericht 67 Jahre alt, pensionierter Informatikprofessor an der Fachhochschule Jena. Er hat eine Aktentasche dabei, aus der er während der Belehrung durch Götzl eine Flasche Wasser samt Becher und einen Apfel hervorkramt. Außerdem einen Block, auf dem er offenbar notiert hat, was er vor Gericht loswerden will. Zum Beispiel, dass »die Prozessbeteiligten, vor allem die Staatsanwaltschaft, bitte die Unschuldsvermutung berücksichtigen« sollen.

Götzl: »Herr Dr. Mundlos …«

»Professor bitte«, unterbricht ihn Mundlos.

Götzl unbeirrt: »Herr Dr. Mundlos …« Noch hält der Vorsitzende an sich. Er fordert den Zeugen auf, nur Tatsachen zu schildern, nicht aber Spekulationen und Verschwörungstheorien. Der scheint kaum zuzuhören.

Götzl: »Was haben Sie vor? Vesper zu halten?«

Mundlos, dem der Tadel im Ton nicht entgangen ist, lässt die Kramerei sein. »Ich habe verstanden und werde mich möglichst nur an Tatsachen halten. Aber bevor ich anfange, will ich einige Dinge vorausschicken, die für die eigene Familie wichtig sind.«

Götzl fällt ihm ins Wort. Mundlos redet weiter. Götzl auch. Beide werden lauter.

Götzl ärgerlich: »Sie haben offensichtlich nicht vor, eine Zeugenrolle einzunehmen, oder?« Es sei nicht Aufgabe eines Zeugen, den Prozess zu gestalten.

Mundlos patzig: »Ich bin in diesem Verfahren nicht nur Zeuge. Ich bin Verletzter!«

Götzl, jetzt hörbar ungehalten: »Ich habe Sie belehrt, dass Sie nur Tatsachen berichten sollen und nicht Spekulationen! Es geht allein um das Beweisthema, um Ihren Sohn und seine Beziehung zu Frau Zschäpe, wie er aufgewachsen ist und seine Entwicklung als Jugendlicher.«

Mundlos fängt an zu dozieren, als müsse er dem Vorsitzenden erst einmal den Rechtsstaat erklären. Der Saal hält die Luft an. Dann besinnt Mundlos sich und beginnt mit der Kindheit seines Sohnes Uwe. Das Wohlwollen sprudelt geradezu aus ihm heraus. Wie lieb und hilfsbereit der zu seinem zwei Jahre älteren behinderten Bruder und wie gut er in der Schule gewesen sei. »Mein Sohn ist sehr ehrlich«, sagt der Vater, »daher hat er Schwierigkeiten und Auseinandersetzungen mit anderen.« Daher sei er auch »in den rechten Bereich abgedriftet«. 1990 habe Uwe eine Lehre als Datenverarbeitungskaufmann begonnen und diese 1994 abgeschlossen. Zschäpe sei seine erste Freundin gewesen. »Vor 1990 war er keinesfalls ein Rechter! Auch kein Fascho!«

»Gut, jetzt kommt die Sache mit dem rechten Gedankengut«, fährt er etwas leiser und zögerlicher fort und spricht von »Traumdenken« der jungen Leute, die »unrealistische Vorstellungen« gehabt und die »Macht im Staat« hätten übernehmen wollen. Das habe ihn, den Vater, geärgert. Er verliert sich in Mutmaßungen, was man seinem Uwe fälschlicherweise alles angelastet habe. »Die Geschichte, dass er 1994 in Chemnitz wegen verfassungsfeindlicher Aktivitäten angeklagt wurde – das ist eine Unterstellung der Staatsanwaltschaft! Er hatte in seiner Börse nur Visitenkärtchen mit Charlie Chaplin als dem großen Führer und im Rucksack Kassetten von Udo Lindenberg.« Er dreht sich um, schaut grimmig hoch zur Pressetribüne, wo jemand gelacht hatte.

Der Junge hätte das Abitur nachmachen können, um nachher Betriebswirtschaft zu studieren. Träume eines Vaters. Der Junge wäre, er hätte, er sollte. »Wenn der Verfassungsschutz 2500 Euro zahlt, damit junge Leute nach Bayern oder sonst wohin zu Aufmärschen fahren können, und man sie dann von der Polizei abfangen lässt – da wurden naive junge Leute überlistet! Das steht in einer Zeugenaussage vor der Staatsanwaltschaft!« Mundlos gerät zunehmend in empörte Erregung.

Götzl streng: »Sie sollen nicht aussagen, was Sie aus Zeugenaussagen wissen, sondern das, was Sie aus eigenem Erleben mitbekommen haben!«

»Ich will Ihnen nur meine Erklärungsversuche schildern«, widerspricht Mundlos.

Götzl: »Sie sollen die Beziehung zu Zschäpe beschreiben!«

Mundlos: »Lassen Sie mich doch ausreden und hören mir zu!«

Götzl: »Nein! Sie hören jetzt mir zu!«

Mundlos: »Ich höre doch zu.«

In diesem Stil geht es eine Weile weiter. Der Richter und der Zeuge, beide gewohnt, dass man sie respektvoll ausreden lässt, geraten harsch aneinander.

»Fragen Sie doch Frau Zschäpe!«, blafft Mundlos den Vorsitzenden an.

Götzl: »Ich frage Sie!«

Mundlos: »Sie wissen das alles besser als ich!«

Götzl: »Was ich weiß, geht Sie nichts an.« Mundlos beißt in seinen Apfel. Götzl unterbricht sofort die Sitzung.

Nach einer Pause, Götzl hat die Fassung wiedergewonnen, will er einen Tadel schon noch loswerden.

»Ich mache mein Geschäft wirklich nicht erst seit ein paar Jahren. Aber ich muss Ihnen schon sagen, Herr Dr. Mundlos, dass Sie der erste Zeuge hier sind, der seine Brotzeit auspackt!«

Mundlos will nun eine positive Beurteilung seines Sohnes durch einen Panzergrenadier vorlegen, die Götzl nicht interessiert. Man findet einfach nicht zueinander.

Das Ergebnis von Mundlos' Beschreibung von Zschäpe: Die jungen Leute, »alles andere als gefestigt«, gingen »nett und gleichberechtigt« miteinander um. Zschäpes freundliche Gesinnung macht er daran fest, dass sie keine szenetypische Kleidung trug. Er habe gehofft, sie würde seinen Sohn von dessen Springerstiefeln und Bomberjacken abbringen, weil das ja nicht überall gern gesehen sei. Immer wieder erwähnt er die Rolle des Verfassungsschutzes, der die rechte Szene unterstützt habe. »Wenn die jungen Leute mit ihrem eigenen Geld hätten auskommen müssen, hätten sie das alles gar nicht machen können!«

Dann spricht er über die Mutter Uwe Böhnhardts. »Obwohl sie wusste, dass ihr Uwe ein Zeitzünder ist, eine tickende Zeitbombe, ein Psychopath!« Seit 1988 habe der eine kriminelle Karriere eingeschlagen, sei in der Szene als hochgefährliche Person bekannt gewesen. Für Vater Mundlos sind Mutter Böhnhardt und deren Uwe die Hauptschuldigen.

Götzl: »Wäre es dann nicht Ihre Aufgabe gewesen, mit Ihrem Sohn darüber zu sprechen?«

Der Vorsitzende hat den Satz noch nicht beendet, da fällt ihm Mundlos schon ins Wort. Was nun kommt, hat noch keiner bisher gewagt.

»Sie sind ein kleiner Klugsch…!« Mundlos stoppt gerade noch und spricht das Wort nicht aus.

Götzl, kurz vor dem Explodieren: »Was fällt Ihnen ein, mich so anzugehen? Was fällt Ihnen ein!« Zweimal sagt er das.

Mundlos erbost: »Was fällt *Ihnen* ein, *mich* so anzugehen? Sie können mich gern Professor Mundlos nennen!« Das Wort »Unverschämtheit« fällt.

Götzl droht Ordnungsgeld und eine Ordnungsstrafe an. »Ich nenne Sie Dr. Mundlos, das ist Ihr Name!«

Mundlos: »Ich bin berechtigt …«

Götzl, unbeeindruckt: »Es geht darum, warum Sie mit Ihrem Sohn nicht diskutieren, wenn Sie erfahren, dass Böhnhardt eine tickende Zeitbombe ist.«

Mundlos, patzig: »Ich muss doch nicht alles, was ich erfahre, gleich mit meinem Sohn bereden! Sie tun so arrogant!«

Götzl, wieder verärgert: »Ich lasse mich von Ihnen nicht so behandeln!«

Mundlos: »Ich habe das schon beantwortet. Herr Professor Mundlos bitte!«

Götzl: »Herr Dr. Mundlos.«

Der gibt jetzt klein bei. »Ich habe keinen Grund gesehen, über die Gefährlichkeit des Uwe Böhnhardt zu sprechen«, fährt er fort, »denn eigentlich hatte ich keinen so engen Kontakt zu meinem Sohn gehabt, dass über alles diskutiert worden wäre. Aber einige Dinge haben mir nicht gefallen, das gebe ich zu.«

Götzl: »Wie sah der Kontakt denn aus?«

»Ich war der Vater, das war mein Sohn.«

Es zeigt sich, dass der Vater einst mindestens ebenso systemkritisch war, gegen die Stasi etwa – »ich habe schon zu DDR-Zeiten gesehen, wie man die Leute hereingelegt hat« –, wie der Sohn nach dem Mauerfall gegen das westliche System. »Ich habe vor dem Untersuchungsausschuss ausgesagt, dass man das Trio bewusst fliehen ließ. Dazu will ich hier aussagen!« Sein Sohn habe ständig unter Beobachtung des Verfassungsschutzes gestanden. »Dieser Psychoterror führte dazu, Böhnhardt und meinen Sohn noch irrer zu machen! Mir gefiel die Kleidung nicht. Und ich hätte von meinem Sohn erwartet, dass er sich nicht von jedem Hansel für einen solchen Scheiß gewinnen lässt!«

Dann gerät er wieder mit Götzl aneinander, beim Thema Ralf Wohlleben. Er, Mundlos, habe den Eindruck gehabt, dass Wohlleben mit der »Sache« nichts zu tun hatte. »Wenn ich dazu mal ohne Störung was sagen dürfte …«, knurrt er.

Götzl: »Dazu sollen Sie nichts sagen!«

Mundlos: »Dann brechen Sie doch ab! Ich würde jetzt fragen …«

Götzl: »Das frage ich aber nicht! Bekamen Sie Informationen, wo sich Ihr Sohn mittlerweile aufhält?«

Mundlos, aggressiv: »Er ist tot! Mittlerweile!«

Götzl holt Luft: »Haben Sie mal Kontakt zu Böhnhardts aufgenommen?«

Mundlos: »Das ist eine ganz traurige Geschichte. Man sagt mir, die drei seien erst einmal bei Verwandten in Mecklenburg-Vorpommern. Ich dachte, sie werden sich dann sicher nach einem halben Jahr stellen. Aber die Familie«, er meint die Böhnhardts, »hat uns sträflichst belogen! Keine Grüße ausgerichtet! Sie haben uns nichts von Rückholungsangeboten gesagt. Es hieß, das scheitere an unserem Sohn. Aber gegen ihn und Zschäpe lag ja nichts vor! Wir hätten doch auf ihn eingewirkt! Sie haben mindestens über vier Jahre die Sache gedeckt! Das nennt sich Lehrerin! Sie lehnte es ab, dass wir mit unserem Sohn telefonieren konnten! Diese herzzerreißende Weise, wie sie sich hier als Mutter darstellt! Als ich mit meinem Sohn sprechen wollte, hat sie es abgelehnt.«

Mundlos gerät immer tiefer in seine Verbitterung. Er redet und redet. Gibt jedem die Schuld, aber nicht seinem Sohn. Götzl unterbricht seinen Redefluss: »Manchmal frage ich mich, ob Sie meine Fragen verstanden haben.«

Mundlos: »Ich habe verstanden. Aber Sie wollen mich abbügeln.« Götzl überhört den Satz.

Dann setzt Mundlos zu einer Erklärung an: Es sei überzeugt, dass der Senat die Sache aufklären werde. Er versichert den Opfern, ihre Schmerzen nachempfinden zu können. Er wendet sich daraufhin nach links, um die Staatsanwälte in ihren roten Roben zu mahnen: »Sie können die Sache nicht aufklären, wenn Sie die Rolle des Verfassungsschutzes nicht aufklären und wenn Sie sich weiter so hartleibig zeigen. Das deutsche Volk wird sich das nicht gefallen lassen!«

Oberstaatsanwalt Weingarten, hochrot im Gesicht: »Der Zeuge soll hier keine Volksreden halten.«

Götzl: »Auf Uwes Schreibtisch im Internat in Ilmenau stand ein Bild von Rudolf Heß.«

»Ja, ich habe mich darüber gewundert. Ich hätte ihm das Bild wegnehmen können, aber das hätte doch nichts genutzt. Er muss von sich aus draufkommen, dass der das falsche Idol ist. Ich vermutete, er war an dem Abenteuerflug interessiert. Ich habe alles getan, um ihn von diesem Weg abzubringen.« Der Vater hebt resigniert die Schultern.

Die Vernehmung von Siegfried Mundlos wird am nächsten Verhandlungstag fortgesetzt.

Der Ton ist jetzt gemäßigter, Mundlos hat sich beruhigt. Götzl hält ihm aus der Akte vor, dass er den Ausdruck »radikale Mörderbande« für die drei zurückgewiesen habe.

»Für mich ist noch immer unbewiesen«, sagt der Vater, »dass sie diese Taten wirklich begangen haben. Sie waren auf Konzerten, auf Demonstrationen, sie waren bei Aufmärschen, ja. Aber ohne den Verfassungsschutz wäre das gar nicht möglich gewesen. Dass der Verfassungsschutz Steuergelder in diese Szene pumpt und Jugendliche abfängt, um seine Erfolgsbilanz aufzubessern, hielt ich nicht für möglich!«

Nebenklageanwalt Bliwier meldet sich. »Haben Sie bei Ihrem Sohn mal ein Faustkampfmesser gesehen, so ein beidseitig geschliffenes mit feststehender Klinge für den Nahkampf?«

Mundlos: »So'n Taschenmesser, sicher.«

Bliwier: »Haben Sie Messer, Handbeile, Wurfsterne bei ihm gesehen?«

Mundlos: »Nein. Früher hatte er eine Schreckschusspistole.«

Bliwier: »Am 12. Juni 1996 trat er in SA-Uniform in Buchenwald auf.«

Mundlos: »Ja, das habe ich später erfahren. Damals wusste ich es nicht. Ich sah auch den Eintrag ins Gästebuch, der nicht zu beanstanden war. Aber das Outfit war eine Frechheit!«

Und dann schildert er, wie er den toten Sohn nach Hause brachte. »Ich fuhr nach Eisenach, um die Leiche zu holen. Ich bat, einen Blick auf meinen Sohn werfen zu dürfen, damit ich weiß, wen ich bestatte. Es geistern ja verschiedene Versionen durch die Gegend, bis hin zur Ermordung der beiden. Auf der Heimfahrt hörte ich vom Chef des Bundeskriminalamts Ziercke, mein Sohn habe Böhnhardt erschossen, dann Feuer gelegt und sich dann selbst getötet. Dann hieß es, er sei nicht durch Pistolenschüsse, sondern durch großkalibrige Waffen zu Tode gekommen. Zierckes Darstellung stimmte also nicht. Im Fernsehen hieß es dazu …«

Götzl unterbricht ihn: »Bitte keine Spekulationen!«

Zschäpe-Verteidigerin Sturm: »Haben Sie mal ausländerfeindliche Tendenzen bei Frau Zschäpe festgestellt?«

Mundlos: »Nein. Das wäre ja auch kurios bei ihrem eigenen familiären Hintergrund als Tochter eines Rumänen!«

Die greise Charlotte Erber – »Sehen Sie mich auf dem Monitor?«

Die Verteidiger Zschäpes hatten schon vor Monaten beantragt, deren ehemalige Wohnungsnachbarin Charlotte Erber aus der Zwickauer Frühlingsstraße entweder in der Hauptverhandlung oder an ihrem Wohnort, einem Pflegeheim in Zwickau, »unverzüglich« zu vernehmen. Denn laut einem ärztlichen Attest war die unter anderem an Demenz und Herzinsuffizienz leidende, gehunfähige alte Dame nicht mehr in der Lage, nach München zu kommen, um dem Gericht Rede und Antwort zu stehen. Die Anwälte erhofften sich von ihr eine entlastende Aussage, was das Verhalten von Beate Zschäpe am Tag des Brandes anging. Gegenstand war eine Zschäpe zugeschriebene Äußerung, sie habe unmittelbar vor der Brandlegung an der Haustür von Frau Erber geklingelt, um diese auf die bevorstehende Gefahrensituation aufmerksam zu machen. (Die Äußerung ging tatsächlich auf eine Hypothese eines der Ermittler zurück und hatte sich im Lauf der Zeit verselbständigt, als stamme sie von Zschäpe.) Eine Bestätigung dieses Klingelns, so die Verteidigung, wäre ein Beweis dafür, dass die Angeklagte nach ihrer Warnung nicht mit gravierenden

Folgen der Brandlegung für Leib und Leben der Nachbarin rechnete.

Das wäre nach Auffassung der Verteidigung als ein »Rücktritt vom Versuch« zu werten, den Tod der alten Dame billigend in Kauf genommen zu haben, um das mutmaßlich geplante Endszenario nach dem Tod der beiden Männer in die Tat umzusetzen. Die Vertreter des Generalbundesanwalts interpretieren die Situation am Nachmittag jenes 4. November 2011 aber anders: Die alte Frau, schwerhörig und an den Rollstuhl gefesselt, hätte sich keinesfalls selbst helfen können, falls Flammen übergegriffen hätten. Als Frau Erber geistig noch besser auf der Höhe war, sprach sie davon, dass es »möglicherweise« geklingelt habe, doch als sie aus dem Fenster sah, sei niemand an der Haustür gewesen. Wovor hätte sie sich also gewarnt fühlen müssen?

Nur dem Zufall war es zu verdanken, dass eine Nichte der alten Dame im gegenüberliegenden Haus den Rauch bemerkte, der aus Zschäpes Wohnung drang, ehe sie explodierte. Es gelang der Feuerwehr im letzten Moment, die alte Frau ins Freie zu bringen. Von da an war Charlotte Erber obdachlos. Das Haus war unbewohnbar geworden. Sie hatte nichts mehr von dem, was zu ihrem Leben gehörte, und verbrachte die letzten Tage ihres Lebens verwirrt in einem Heim.

Auf Rat eines Sachverständigen, der Frau Erber in Zwickau aufgesucht und »unter optimalen Bedingungen« noch als vernehmungsfähig eingestuft hatte, ordnet das Gericht eine Vernehmung per Video an. Sie sollte zu einem Desaster werden. Der Sachverständige hatte sich in seiner Einschätzung offensichtlich komplett vertan.

Am 20. Dezember 2013 ist es so weit. Frau Erber war für ihren Auftritt vor dem Fernseher zwar hergerichtet worden, hübsch frisiert und nett angezogen. Doch sie versteht nichts. Mit leerem Gesicht und schwer atmend sitzt sie in ihrem Rollstuhl vor dem Bildschirm.

Götzl: »Guten Morgen, Frau Erber! Hören Sie mich?« Keine Reaktion.

»Sehen Sie mich?« Keine Reaktion

Der Vorsitzende stellt sich vor. »Haben Sie mich verstanden?« Es folgt ein gehauchtes »Ja«.

Götzl: »Wie geht es Ihnen?«

»Nicht so gut.«

»Können wir die Vernehmung durchführen?«

Wieder ein gehauchtes »Ja«.

Die Kamera zeigt die Prozessbeteiligten.

Götzl: »Sie sehen jetzt die Richter, die Bundesanwaltschaft. Dann gehen wir weiter – die Nebenklagevertreter. Können Sie die Bilder erkennen?« Keine Reaktion. »Frau Erber, sehen Sie mich auf dem Monitor?« Keine Reaktion. Frau Erber schließt die Augen. »Ja.«

Götzl beginnt mit der üblichen Belehrung eines Zeugen: Falschaussage, Vereidigung, Strafandrohung. »Haben Sie verstanden?« Noch ein gehauchtes, kaum vernehmbares »Ja«.

Götzl: »Zunächst Ihre Personalien. Ihr Familienname ist Erber? Und Ihr Vorname Charlotte? Ihr Alter?«

»92«, sagt sie. Sie ist 91.

Götzl: »Wissen Sie Ihre Anschrift? Wo Sie wohnen?« Die alte Dame fragt zurück: »Weiß ich die?«

Götzl: »Sagt Ihnen die Hegelstraße etwas?«

»Kenn ich nicht.« Die Stimme ist jetzt noch leiser, müde, kraftlos.

Götzl: »Hier in München sitzen die Angeklagten« – die Kamera schwenkt auf Zschäpe und die anderen. »Sind Sie mit denen verwandt oder verschwägert? Können Sie die Frage beantworten?«

Charlotte Erber atmet schwer. Der Senat bricht ab.

Wahrheitssuche um jeden Preis gibt es nicht. Es war eine Schande, was der alten Dame durch die Fehleinschätzung des Sachverständigen zugemutet worden war. Die Verteidigung trifft daran keine Schuld, hatte sie sich doch auf den psychiatrischen Experten verlassen.

Ein Nebenklageanwalt wirft den Verteidigern dennoch vor, nicht von vornherein auf eine Vernehmung verzichtet zu haben. »Das, was wir gesehen haben, ist der Versuch einer Körperverletzung! Es ist eine Persönlichkeitsverletzung! Wenn die Verteidigung noch ein bisschen Anstand und Empathie hat, hätte sie verzichtet!«, ruft er empört.

Götzl scheint den gescheiterten Gesprächsversuch nicht zu bedauern. Es zeige sich doch daran unmissverständlich, welche »Folgen durch den Brand für Frau Erber entstanden sind«, resümiert er.

Die Kamera ist noch immer auf die alte Frau gerichtet.

Götzl: »Schönen Dank nach Zwickau.«

Nach dieser missglückten Vernehmung endet die Verhandlung. Die erste Weihnachtspause beginnt. Götzl leitet sie mit den kargen Worten ein: »Fortsetzung am 8. Januar, dann erst um 10.30 Uhr.« Steht auf, klemmt seine Akten unter den Arm und entschwindet.

Die Anwälte, die Angeklagten, die Zuschauer verlassen zögernd ihre Plätze, verdutzt ob dieser geschäftsmäßigen Verabschiedung, und wünschen sich frohe Festtage. Man ist erleichtert, dieser Prozessmaschinerie für eine Weile zu entkommen.

2014, das zweite Jahr

Der Prozess hat mittlerweile beachtlich an Gestalt angenommen, trotz gelegentlich zäher Phasen in der Beweisaufnahme. Beate Zschäpes Position verschlechtert sich von Verhandlungstag zu Verhandlungstag. Ihre Verteidiger aber hoffen unverdrossen darauf, dass einer schweigenden Angeklagten eine Mittäterschaft nicht nachzuweisen sei. Das eine oder andere Puzzleteilchen mag zwar angezweifelt werden. Doch darauf kommt es nicht an, wenn insgesamt ein Bild sichtbar wird.

Ihre Verteidiger haben anscheinend keine Idee, in welche Richtung sie den Prozess lenken sollen. Sie kabbeln sich manchmal mit dem Vorsitzenden, fahren Bundesanwalt Diemer in die Parade, streiten sich aber vor allem mit Anwaltskollegen von der Opferseite. Ein Vorteil für die Angeklagte entsteht daraus nicht. Hinzu kommt, dass Götzl vor allem Heer und Stahl gern wie Schulbuben abkanzelt, unterläuft diesen auch nur der kleinste Fehler. Stahl wirft einmal die Robe hin und stürmt wütend aus dem Saal. Ab und zu versucht Heer, Götzl Paroli zu bieten. Doch es wirkt larmoyant, gekränkt oder aufsässig, als ahnte er, dass die kalte Dusche unausweichlich folgt. Für Zschäpe bringt das alles nichts.

Es kommen keine Beweisanträge der Verteidigung, die die Prozessmaschinerie aufhalten könnten. Liegt es daran, dass sich Zschäpe auch gegenüber ihren Anwälten nicht öffnet, sobald es um die rechte Szene, um ihr Umfeld geht? Die Fakten, die in der Anklageschrift zunächst nicht überzeugten, lassen mittlerweile kaum noch Widerspruch zu. Denn es werden immer neue Fundstücke aus dem Brandschutt der Frühlingsstraße ausgewertet – Zeugnisse von Zschäpes Beteiligung an den Verbrechen des NSU.

Gleich zu Beginn des neuen Jahres tut der Senat erkennbar einen Schritt in Richtung Urteil, indem er dem Angeklagten Holger G. – und damit dessen Angaben im Vorfeld des Prozesses, mit denen er Zschäpe belastet – bereits eine gewisse Glaubhaftigkeit attestiert. Denn nach Anhörung mehrerer Zeugen zum Thema »Krankenkassenkarte für Zschäpe« heißt es in einem Senatsbeschluss, dass die Angaben G.s mit denen der Zeugen »im Kern« übereinstimmten. Das ist für die Zschäpe-Verteidiger, die von G.s Wahrheitsliebe nichts halten, keine gute Nachricht.

Vom Puzzle zum Bild – Zwölf verschiedene Identitäten

Das Gericht hat mittlerweile einen Überblick gewonnen über die Zeit, in der Zschäpe, Mundlos und Böhnhardt in der Illegalität lebten, wo sie erst in Chemnitz, dann in Zwickau wohnten, und wer ihre – insgesamt sieben verschiedenen – Wohnungen als Strohmann anmietete, um sie dann an die drei unterzuvermieten. Sie hatten klein angefangen mit einer Einzimmerwohnung, dann wurden es zwei, dann drei und zum Schluss vier Zimmer, die sie mit der Beute aus den Raubüberfällen finanzierten. Man weiß mittlerweile auch, dass Zschäpe mit zwölf verschiedenen Identitäten jonglierte – bei der Zahnärztin war sie Silvia Rossberg, für die Nachbarn Susann Dienelt, für den Optiker Silvia Pohl. Man weiß, dass sie sehr oft allein war, während die Männer sich auf Fahrt begaben, sodass mancher Nachbar sich fragte, ob die beiden nicht nur zu Besuch kamen. Dieser Wohngemeinschaft gab unzweifelhaft Zschäpe das »Gesicht«. Sie spielte die unauffällige Hausfrau, sie redete mit den Leuten, half aus, spielte mit den Kindern, hörte zu, verhielt sich gesellig. Doch von sich gab sie nichts preis.

Böhnhardt und Mundlos, die oft Abwesenden, haben die Jahre in der Illegalität offensichtlich nicht nur zum Ausspähen von Geldinstituten genutzt, die sie ohne großes Risiko überfallen konnten, sondern größtenteils zum Auskundschaften von Anschlagzielen und Fluchtwegen. Viele Fahrten dürften dabei ergebnislos geblieben sein. Die Uwes hielten sich an den jeweiligen Wohnorten bedeckt, sprachen mit niemandem und zeigten sich nicht mit Zschäpe, dass so mancher Hausbewohner vor Gericht sagt, er habe die beiden, wenn sie denn mal da gewesen seien, nicht auseinanderhalten können – ein Punkt, der gegen die enge Gemeinschaft der drei sprechen könnte und damit von Vorteil für Zschäpe wäre. Denn damit wäre der Annahme einer terroristischen Vereinigung, die aus mindestens drei Personen bestehen muss, der Boden entzogen.

So erhofft sich Verteidiger Stahl zum Beispiel von einem Beamten des Bundeskriminalamts, der sich mit den Wohnungen befasste, die Bestätigung, man wisse nicht, ob tatsächlich stets drei Personen zusammengewohnt hätten. Die Bestätigung bleibt jedoch aus. Denn der Zeuge widerspricht: »Nein, in der Frühlingsstraße fanden sich viele Hinweise auf die vielen Wohnungen und dass diese drei Personen dort auch jeweils zusammengewohnt haben.« Zschäpe war demnach stets dabei und mittendrin.

Eine damals drogenabhängige junge Frau berichtet als Zeugin, wie sie für eine Unbekannte einmal ein Handy mit Prepaid-Karte kaufen sollte. Diese Frau sei in der Innenstadt von Zwickau auf sie zugegangen, habe ihr erzählt, sie habe leider ihren Ausweis vergessen, und sie gebeten, mit ihr gegen ein Entgelt von 30 oder 40 Euro in einen Telekom-Laden zu gehen. Wie oft hat Zschäpe eine solche Notlösung für die Probleme gesucht und gefunden, die das Leben in der Illegalität mit sich brachte? Vermutlich kam nur ein Bruchteil davon ans Licht.

Seit der Anhörung eines Physikers vom bayerischen Landeskriminalamt zum Thema »Brandlegung in der Frühlingsstraße« darf nun auch als gesichert gelten, dass sowohl die greise Frau Erber als auch weitere Personen, die sich im Haus Frühlingsstraße 26 aufgehalten haben könnten, damals zumindest potentiell in Lebensgefahr schwebten. Zschäpe hat offensichtlich, wie die Anklage unterstellt, in Kauf genommen, dass Personen zu Schaden kommen könnten. Das wäre dann bedingter Vorsatz. »Wenn nur eine Kleinigkeit anders gewesen wäre«, sagt der Sachverständige, »wenn zum Beispiel die Küchentür in Frau Erbers Wohnung nicht geschlossen gewesen wäre, dann hätte durch größeren Druck die Trennwand zwischen den Wohnungen zusammenfallen können.« Die Flammen hätten dann sofort auf Frau Erbers Wohnung übergegriffen. Wenn die Feuerwehr nicht so schnell gekommen wäre, hätte der Brand auch das Treppenhaus erfasst und den Fluchtweg für die im Haus tätigen Handwerker (die zum Zeitpunkt der Brandlegung zufällig nicht anwesend waren) versperrt. Das »extrem gefährliche Feuer« sei überdies nicht spontan entstanden, sondern gemäß einem genauen Plan gelegt worden. Und, und, und. Wieder kein gutes Ergebnis für Zschäpe.

Zschäpes Irrfahrt – Warum erst Glauchau?

Inzwischen ist, zumindest in Teilen, auch bekannt, wo Beate Zschäpe sich in der Zeit zwischen dem Verlassen des brennenden Hauses kurz nach 15 Uhr am 4. November 2011 und ihrer Festnahme vier Tage später aufhielt.

Um 15.08 Uhr geht bei der Feuerwehr ein Notruf ein: Die Frühlingsstraße 26 stehe in Brand. Zschäpe verlässt das Haus mit Katzenkorb und den Bekenner-DVDs und sagt zu einer Passantin: Meine Oma ist noch drin (dies widerspricht ihrer späteren Darstellung, sie sei überzeugt gewesen, Frau Erber sei nicht zu Hause). Anschließend versucht sie mehrfach, André E. anzurufen. Einmal gelingt es. E. bringt ihr Kleidung von seiner Frau und fährt sie zum Bahnhof.

In der folgenden Nacht ruft sie erneut mehrmals bei E. an. Eine Auswertung seiner Telefondaten ergibt, dass sie sich anscheinend in Glauchau aufhält. Es gibt Gerüchte, wonach Mundlos in Glauchau eine Freundin gehabt habe und auch ein Kind. Fuhr Zschäpe dorthin, um die Todesnachricht persönlich zu überbringen? Bis heute ist davon offiziell nichts bekannt, vielleicht, um das Kind zu schützen.

Von Glauchau fährt sie nach Chemnitz. Am Morgen, zwischen 7 und 8 Uhr ruft sie von dort Frau Böhnhardt und eine Dreiviertelstunde später Familie Mundlos von einem öffentlichen Fernsprecher an. Später fährt sie erst nach Leipzig, wie Bahntickets belegen, dann nach Eisenach.

Am 6. November um 4.19 Uhr macht sie sich nach Bremen auf, von dort nach Hannover, wo sie sich neun Stunden lang aufhält. Nachmittags dann nach Uelzen und weiter nach Magdeburg/Halle. Um 19.22 Uhr geht die Fahrt erneut nach Eisenach. Ankunft 21.56 Uhr.

Am folgenden Tag trifft sie um 3.51 Uhr früh in Weimar ein und fährt eine halbe Stunde später nach Halle, wo sie später einer Frau in der Innenstadt auffällt, weil sie, übermüdet wie sie war, beinahe vor die Straßenbahn gelaufen wäre. Dort bleibt sie bis 22 Uhr. Anschließend geht die Fahrt laut Zschäpes eigenen Angaben weiter nach Braunschweig, dann nach Dresden. Von dort sei sie am 8. November nach Jena gefahren. Hier wird sie in der Gegend der Wohnung ihrer Tante gesehen. Ihre Großmutter und ihre Mutter wohnen 500 Meter entfernt.

An einer Straßenbahnhaltestelle bittet sie eine Schülerin um ihr Handy und setzt um 8.59 Uhr einen Notruf ab: Sie wolle sich stellen. Der Beamte beendet das Gespräch, weil er nicht glaubt, was die Anruferin sagt (oder nicht weiß, um wen es sich handelt). Daraufhin fährt sie zur Kanzlei von Rechtsanwalt Liebtrau, und der bringt sie um 13 Uhr zur nächsten Polizeidienststelle. Zschäpes Odyssee ist zu Ende.

Sie hat noch 12,23 Euro Münzgeld bei sich, eine Armbanduhr, ein Pfefferspray, ein Schönes-Wochenende-Ticket der Bahn, ausgestellt am 6. November 2011 und mit einer gefälschten Unterschrift versehen. Keinen Lippenstift, keinen Puder, kein Rouge, keinen Kamm, keinen Spiegel, keine Creme. Auch keine Zahnbürste oder frische Wäsche. Nur eine Strumpfhose und ein Deo sprechen für die Annahme, sie sei auf die Flucht aus dem brennenden Haus vorbereitet gewesen.

Viele Helfer, Unterstützer, gar Mitwisser oder Mittäter scheint es nicht zu geben, die in den Plan B eingeweiht gewesen wären. Denn Unterschlupf fand Zschäpe offensichtlich nirgendwo, sondern sie irrte tage- und nächtelang durch Deutschland. Die häufig in der Öffentlichkeit erhobene Behauptung, der NSU habe aus viel mehr Personen als nur den dreien bestanden, wird dadurch gerade nicht belegt.

Der Fall Michèle Kiesewetter

Es ist das letzte Verbrechen des NSU: Die 22 Jahre alte Polizeimeisterin Michèle Kiesewetter wurde am 25. April 2007 in ihrem Streifenwagen auf der Theresienwiese in Heilbronn erschossen, ihr Kollege Martin A. erlitt einen Kopfdurchschuss, den er überlebte. Der Erste, der davon etwas mitbekam, war ein Radfahrer, der kurz nach 14 Uhr zufällig an dem Polizeiwagen vorbeifuhr. Zunächst dachte er, einer der Insassen lehne sich aus dem Auto, als ob er sich sonnen wolle. Doch irgendetwas kam ihm komisch vor. »Ich fuhr zurück, sah die Uniform und dass alles voller Blut war.« Schnell radelte er zum nahe gelegenen Bahnhof, da dort immer Taxis mit Funk standen. »Die wollten das erst gar nicht glauben.«

Um 14.18 Uhr geht bei der Polizei ein Anruf von einem Taxifahrer ein: Auf der Theresienwiese stehe ein Streifenwagen mit zwei toten Polizisten. Eine Polizeiobermeisterin fährt mit einem Kollegen sofort los. Nach ein bis zwei Minuten schon sind sie am Tatort neben einem Trafohäuschen.

Die Örtlichkeit ist den Polizisten nicht unbekannt. Sie gilt als Rückzugsort, wo Bereitschaftspolizisten öfter mal Pause machen, weil es dort Schatten gibt und nur wenige Passanten vorbeikommen. Beide Autotüren und die Fenster des Streifenwagens waren geöffnet, denn es war an jenem Tag außergewöhnlich warm. In der Nähe führt ein wenig frequentierter Fuß- und Radweg vorbei, und entlang des nahen Neckars gibt es einen weiteren asphaltierten Weg.

Die Polizeiobermeisterin als Zeugin: »Ich hab g'sagt, die isch ex. Der Kollege war noch am Atmen. Seine Augen waren zu. Erst als ihm der Puls g'fühlt wurde, machte er sie kurz auf und wollt sich an den Kopf fassen. G'sagt hat er aber nichts.«

152

Michèle Kiesewetters Körper hing kopfüber halb aus dem Fahrzeug. Man hatte ihr in den Kopf geschossen, nicht mit der Ceska 83, sondern mit einer anderen Waffe. A. war auf der Beifahrerseite aus dem Wagen gerutscht. Nur seine Füße befanden sich noch im Auto. Auf dem Beifahrersitz lagen seine Sonnenbrille und Zigaretten. Beide Dienstwaffen der Polizisten fehlten, ebenso Kiesewetters Magazin sowie Munition, ihre Handschellen und ein Reizstoff-Sprühgerät. An ihrem Gürtel fehlte die Schließe.

Der Senat erfährt, dass die Bereitschaftspolizei am Vormittag eingeteilt worden war in eine Fahndungs- und eine Ermittlungsgruppe. Die Einsatzzeiten waren kurzfristig geändert worden. »Ich wusste nicht, wohin die an dem Tag fahren«, sagt ein Polizeihauptkommissar aus. Er kannte deren Ziele nicht. Kiesewetter hatte am Tattag mit einem Kollegen getauscht, was dagegenspricht, dass der Anschlag gezielt gegen sie verübt worden sein könnte.

Götzl: »Wie kam es, dass sich die beiden Beamten auf der Theresienwiese aufhielten?«

Der Polizeizeuge: »Es ist eine Festwiese wie in München. Bei der Polizei ist bekannt, dass man dort als Uniformierter ungestört was essen und trinken kann. Die meisten Beamten kennen diesen Pausenplatz. Der Kollege A. war wohl das erste Mal dort.«

Walter Martinek, der Anwalt des schwerverletzten Beamten A.: »Wissen Sie, wie sich die Streifenbeamten verhielten? Musste man sich abmelden in die Pause, mit Ortsangabe?«

Der Polizeizeuge: »Schwierig zu sagen. Nur wenige Kollegen geben über Funk bekannt, dass sie sich jetzt da oder dort hinstellen. Gemeldet wird nur, wenn der Funk nicht besetzt ist, also das Auto verlassen wird. Denn die Streife muss immer erreichbar sein.«

Anwalt Bliwier: »Trifft es zu, dass Sie recherchierten, ob die Kollegin Kiesewetter möglicherweise öfter bei Einsätzen gegen Rechte dabei war?«

Der Polizeizeuge: »Ich kann nicht sagen, dass sie vor allem an Einsätzen gegen rechts teilnahm. Ob da ein Zusammenhang besteht, weiß ich nicht.«

Der überlebende Polizeizeuge – »Ich bin gottfroh, dass ich noch leb«

Es war allem Anschein nach Zufall, dass Kiesewetter mit ihrem Kollegen A. die Mittagspause ausgerechnet neben dem Trafohäuschen hatte verbringen wollen. Dies legt auch die Aussage des überlebenden A. nahe, der als nächster Zeuge den Saal betritt.

Was jetzt kommt, ist eine medizinische Sensation. Niemand hätte sich gewundert, wenn ein schwerstbeschädigter Mensch in den Saal gebracht worden wäre. Einer, der kaum hätte erzählen können, wie es damals war, als ihn der Tod schon umklammert hielt. Und dann dies: Ein junger Mann tritt an der Seite seines Anwalts in den Saal, setzt sich ohne zu zögern und nennt mit fester Stimme Namen, Alter, Adresse. Er spricht flüssig, ja fast ein wenig zu schnell. Das soll jener Polizist sein, dem durch den Kopf geschossen worden war?

Er hatte seinen ersten Einsatz in Heilbronn. »Daher fuhr ich mit Frau Kiesewetter, weil sie sich schon in der Stadt auskannte. Sie wusste, wo relevante Orte waren und wie man wieder zum Revier zurückkommt. Weil es in der Stadt ein Drogenproblem gab, sollten wir entsprechend dem Konzept ›Sichere Innenstadt‹ kontrollieren. Morgens waren wir zu einer Raucherpause schon mal auf der Theresienwiese. Dann holten wir beim Bäcker etwas für die Mittagspause. Anschließend fuhren wir noch einmal aufs Revier, um eingewiesen zu werden.

Wir fuhren dann zum Alten Friedhof, wo ein stadtbekannter Heroindrücker auf einer Parkbank kontrolliert werden sollte. Dann fuhren wir wieder zur Theresienwiese. Dort gibt es einen Schotterparkplatz, und wir haben uns hinter das Umschalthäuschen gestellt. Dann hört es bei mir langsam auf.« Es folgen zehn Minuten, die er heute ein »riesiges schwarzes Loch in meinem Kopf« nennt.

Seine Erinnerung reicht exakt bis zum Moment der Tat. Dann erinnert er sich wieder an die Klinik. »Ich dachte, ich lag sieben Wochen im Koma. Aber es waren nur viereinhalb. Ich war inmitten von Injektionsschläuchen. Ich riss sie heraus, weil ich dachte, das ist ein schlechter Scherz von den Kollegen, denn die trainieren oft praxisnah. Niemand sagte mir, warum ich in der Klinik bin. Erst als Angehörige der Soko kamen, erfuhr ich es. Ich hatte im Krankenzimmer keinen Spiegel, kein Radio, keine Zeitung, kein Fernsehen, nichts. Ich hatte ja einen – einen Kopfschuss.« Große Teile seiner Schädelbasis waren zerstört, Hirnhäute zerfetzt, Splitter befanden sich im Kleinhirn. »Ich fragte nach Michèle, ob sie auch im Krankenhaus sei. Es hieß: nein.« Er stockt. »Ich glaubte es nicht.«

Dann schildert er die Rekonvaleszenz, eine fast sieben Jahre lange Odyssee durch Intensivstationen, Kliniken und Arztpraxen. Niemand wusste, ob er je wieder würde sprechen können. »Ich wollte ja in den operativen Dienst zurück, wollte Polizist sein.«

Götzl fragt vorsichtig, unter welchen Folgen er noch leide.

»Unter vielen! Das traumatische Geschehen. Die Kollegin. Das Innenohr zertrümmert, ich höre schlechter. Narben ohne

Ende. Mein Kopf sieht aus wie eine Landkarte. Zweimal wurde die Schädeldecke abgenommen, weil man nicht wusste, was alles kaputt war, und weil das Gehirn so anschwoll. Phantomschmerzen. Krampfanfälle. Der Gleichgewichtssinn zerstört. Die Ärzte sagen, ich sei ein Tiefstapler.«

Die Kugel sei in drei Teile zersplittert. Ein Teil befinde sich noch im Kopf. Eventuell noch eine Operation. »Ich bin gottfroh, dass ich noch leb!«

Er absolvierte ein Studium. Danach sei alles wieder hochgekommen. »Wenn ich einen Polizeiwagen sehe, denke ich immer, hoffentlich machen die keine Pause. Hoffentlich kommen die wieder heim.« Seit September 2007 ist er wieder im Dienst. In der Familie gebe es nur ein Thema: der einzige Sohn, der tot wäre, hätten die Ärzte nicht ein Wunder vollbracht.

Nebenklageanwälte interessiert die Einteilung zum Dienst. Es stellt sich heraus, dass Namen gestrichen und durch andere ersetzt wurden und dass die Liste unter Verschluss blieb, »damit nicht jede Putzfrau sieht, wer zu welchem Einsatz unterwegs ist«. Kiesewetter und er, A., hätten überdies nicht mitgeteilt, wo sie waren, als sie mal kurz zum Rauchen das Auto verließen.

Kamen Böhnhardt und Mundlos also nur zufällig vorbei? Wo waren sie zuvor? Warum waren sie überhaupt in Heilbronn? War es eine Einzeltat – oder sollte es weitergehen mit Mordanschlägen auf Polizisten und andere Repräsentanten des verhassten Staates? Vermutlich ja. Denn im Schutt der Frühlingsstraße fand man einen Stadtplan von Heilbronn und einen von Stuttgart, in dem Standorte von Polizeidienststellen markiert waren.

Woher hätten die Täter wissen sollen, dass und wann A. und Kiesewetter neben dem Trafohäuschen auf der Theresienwiese Mittag machten? Viel wurde später über die Frage spekuliert, ob sie sich Kiesewetter als Opfer ausgesucht haben könnten und, falls ja, warum. Weil sie aus Thüringen stammte und familiäre Beziehungen dorthin hatte? Unterhielt sie etwa Kontakte zu Rechtsextremisten dort und wurde aus Rache erschossen? Derlei Mutmaßungen passten wiederum nicht zu A., der ebenso hätte sterben können und nur durch viel Glück überlebte. Er hatte mit Thüringen nichts zu tun. Galt der Anschlag wirklich Kiesewetter? Oder diesen beiden Polizisten? Oder sollten andere Polizisten umgebracht werden? Wenn ja, wer? Oder bloß irgendjemand von der Polizei? Vielleicht ging es den Tätern aber tatsächlich auch nur darum, an »deutsche« Polizeiwaffen zu gelangen, wie Zschäpe später behaupten wird. Sie könnte darüber genauere Auskunft geben, tut es aber nicht.

Immerhin: Ein Rentner sah auf dem Fahrradweg »zwei junge Männer mit Mountainbikes in voller Montur«, die sich angeregt unterhielten. Wenig später hörte er zwei Knaller, die sich anhörten, als ob aus Reifen Luft herausplatzt.

Weit entfernt vom Tatort wurden damals »blutverschmierte« Personen beobachtet, die nicht Mundlos und Böhnhardt gewesen sein konnten – Nahrung für weitere Verschwörungstheorien, dass ganz andere Täter hinter den Verbrechen des NSU stünden. Allerdings passt die Uhrzeit nicht zu dem Attentat auf der Theresienwiese. Bundesanwalt Diemer schließt die Diskussion daher auch mit der Feststellung: »Es gibt keine tragfähigen Beweise für weitere Beteiligte. Wir haben die Tatmittel und zwei Täter, die sich zu dem Anschlag bekennen. Ein Anhalt für weitere Beteiligte existiert nicht.« In den Brandresten der Frühlingsstraße wurde zudem eine Jogginghose von Mundlos gefunden, an der Blut von Michèle Kiesewetter haftete. Anscheinend war sie ebenso als Trophäe aufbewahrt worden wie die Handschellen der Polizistin. Vier Jahre lang war diese Hose nicht gewaschen worden.

Die Tatwaffe Ceska 83 – Mit oder ohne Schalldämpfer?

Viel Zeit verbringt das Gericht in den ersten Monaten des zweiten Prozessjahres mit den Zeugenaussagen von Vernehmungsbeamten zum Thema »Erwerb der Ceska-Tatwaffe«. Denn mit dem Nachweis, dass es sich um ein und dieselbe Waffe handelte, mit der die Verbrechen begangen wurden, steht und fällt die Anklage gegen Wohlleben und Carsten Sch. und damit gegen Zschäpe, Holger G. und André E. Vor allem eine Frage interessiert die Richter: Wurde die Waffe *mit* Schalldämpfer bestellt oder ohne? Oder ist es dem Zufall geschuldet, dass einer mitgeliefert wurde, aus Versehen vielleicht oder weil zum Komplettpaket eben auch ein Schalldämpfer gehörte? Das könnte nämlich entweder bedeuten: Die Auftraggeber Mundlos und Böhnhardt, wenn sie denn eine Waffe mit Schalldämpfer bestellt haben sollten, hatten von Anfang an vor, Migranten zu töten. Oder waren sie vielmehr freudig überrascht, als sie einen in den Händen hielten, über die Möglichkeiten, die sich plötzlich auftaten, wie der Angeklagte Carsten Sch. es zunächst schilderte? Sch. bestand ja darauf, von einem Schalldämpfer nichts gewusst zu haben.

Waffenbesteller Ralf Wohlleben wird sich später mit dem Argument herauszureden versuchen, er habe geglaubt, Mundlos und Böhnhardt würden eine Waffe nur zu dem Zweck benötigen, um sich im Fall einer drohenden Festnahme das Leben zu nehmen. Dafür allerdings wäre ein Schalldämpfer wirklich überflüssig gewesen. Der Waffenverkäufer Andreas S. jedenfalls blieb bei seiner Aussage, er liefere grundsätzlich nur, was auch bestellt worden sei – also eine Waffe plus Schalldämpfer. Das nächste Steinchen, das für das Urteilsgebäude verwendet werden wird.

Bundesanwalt Herbert Diemers Aperçus geben immer wieder Anlass zum Schmunzeln oder zu empörter Erregung. Zum Beispiel die Sache mit dem »Jüngsten Gericht«. Ein Zeuge, der für Mundlos, Böhnhardt und Zschäpe 1998 kurz nach deren Verschwinden unter seinem Namen eine Wohnung gemietet hatte, wird von einer Nebenklageanwältin gefragt, ob er sich denn keine Gedanken gemacht habe, warum ausgerechnet er als Mieter auftreten sollte? Nö. Ob er nicht die zahlreichen Fahndungsaufrufe mitbekommen habe? Nö. Ob er sich nach dem Auffliegen des NSU 2011 gleich bei der Polizei gemeldet habe? Nö, er habe keine Veranlassung dazu gesehen. »Sie haben sich also keine Gedanken gemacht, ob Ihre Untermieter Schokoriegel geklaut oder Menschen getötet haben?« Die Stimme der Anwältin überschlägt sich fast.

Diemer fällt ihr ins Wort: »Die Nebenklage stellt Fragen, die nur das Jüngste Gericht beantworten kann! Wir sind aber nicht beim Jüngsten Gericht. Es ist nicht Aufgabe des Zeugen, sich für Einstellungen, die er damals hatte, zu rechtfertigen, sondern Wahrnehmungen zu bekunden.«

Einige der Nebenklagevertreter regen sich über solche Sätze auf, vor allem jene, die sich als Gegner der Anklagevertreter fühlen. Die Bundesanwaltschaft torpediere eine kritische Befragung des offensichtlich lügenden Zeugen, ein solches Verhalten habe man schon mehrfach bei der Befragung von Zeugen aus der rechten Szene beobachtet. Es dränge sich der Eindruck auf, Diemer und seine Kollegen »treten einer Aufklärung der Strukturen, die zur Entstehung und zum Fortbestand des NSU geführt und bei der Begehung der dem NSU zugerechneten Taten Unterstützung geleistet haben, aktiv entgegen«, heißt es wenig später in einer Erklärung der betreffenden Anwälte. »Nach der Befragung einer Vielzahl von Zeugen aus der Naziszene wird deutlich, dass es sich bei diesen Zeugen offensichtlich herumgesprochen hat, dass sie beim Lügen oder Vortäuschen von Erinnerungslücken nicht nur mit keinerlei Sanktionen rechnen müssen, sondern ihnen dabei im Zweifel die Bundesanwaltschaft zur Seite springt.«

Böse Worte. Zu behaupten, die obersten Ankläger des Landes unterstützten Lügner und verhinderten die Aufklärung der Verbrechen des NSU – es sagt sich leicht dahin. Für Diemer und seine Kollegen aber sind solche Angriffe jedes Mal wie eine persönliche Kränkung.

In den nächsten Monaten trägt der Senat unermüdlich Hinweise auf das gemeinsame Leben der drei zusammen, besonders Details ihrer Aktivitäten vor Januar 1998, ehe sie abtauchten und ihre Kontakte zur Außenwelt immer mehr einschränkten. So gibt es zwar ein paar Zeugen, die sich an die neunziger Jahre erinnern und auch bereit sind, vor Gericht auszusagen. Doch der Mehrzahl jener Personen, die mit Zschäpe, Mundlos und Böhnhardt damals unterwegs waren, scheint die Erinnerung an jene Jahre komplett abhandengekommen zu sein. Zum folgenden Jahrzehnt von 1998 bis 2011, als die drei abgetaucht waren, können sie ohnehin nichts beitragen.

Oder sie berufen sich auf ihr Zeugnisverweigerungsrecht, um sich nicht selbst zu belasten. Denn es gibt einen Paragrafen in der Strafprozessordnung, den die Juristen kurz »den 55«

nennen, der hierfür einschlägig ist. Wenn ein Zeuge nach »55« belehrt wird, darf er die Aussage verweigern, falls er sich oder Angehörige damit in die Gefahr der Strafverfolgung brächte. Denn im Rechtsstaat muss sich niemand selbst ans Messer liefern. Wer sich allerdings auf »den 55« beruft, signalisiert damit zugleich – gutes Recht hin oder her –, dass er ein völlig unbeschriebenes Blatt gerade nicht ist.

So zum Beispiel Enrico T., von dem die Anklage behauptet, er sei Teil jener Menschenkette gewesen, durch deren Hände die Ceska 83 ging, ehe sie bei Böhnhardt und Mundlos landete.

Enrico T. könnte eine entscheidende Rolle auf dem Weg der Waffe gespielt haben. Daher belehrt Götzl ihn über mögliche Konsequenzen, falls er aussagen sollte. Dass sich daran ein stundenlanger Disput entzünden würde, in dessen Verlauf Enrico T. mehrfach den Saal verlassen muss, um wenig später – entsprechend verunsichert – wieder hereingerufen zu werden, damit hatte niemand gerechnet. Kein Wunder, dass T. gegen Mittag fragt, ob denn er Beschuldigter sei. Denn bei ihm zu Hause hätten Ermittler die Tür eingetreten und sein Konto und seine Handys überprüft, sodass er den Eindruck habe, man wolle ihm partout etwas anhängen. Und dann noch Götzls Belehrung über »den 55«.

Andererseits ist T. nicht nur ein widerständiger Zeuge, sondern eine Zumutung für ein Gericht. Er will sich an so gut wie nichts erinnern. Er will nichts mehr wissen, sondern alles vergessen haben und zelebriert seine angebliche Ignoranz geradezu dreist vor seinem Publikum.

Götzl: »Haben Sie selbst mal Waffen besessen?«

»Was sind Waffen?« Er habe mal einen Schießkugelschreiber gehabt, möglich. Es könne sein. »Ich weiß jetzt gerade nicht, worüber wir reden. Das nervt.«

Götzl: »Meine Fragen nerven Sie?« Der Ton des Vorsitzenden färbt sich drohend ein. Es geht stundenlang so, hin und her, mal lauter, mal leiser, ohne Ergebnis. T. wird noch einmal erscheinen müssen.

Weitere Zeugen, verstockte, naive, gerissene, intellektuell beschränkte – Götzl versucht bisweilen mit Engelszungen, aus dem einen oder anderen wenigstens ein brauchbares Wort herauszulocken. Zeugen vom Verfassungsschutz machen dabei eine besonders schlechte Figur.

So manchen Zeugen fragt Götzl: »Wie war Ihre politische Einstellung?«

»Normal.« Hitlers Konterfei im Hobby-Keller? »Normal«. Eine Allzweckantwort.

Am 110. Verhandlungstag schwächelt Zschäpe. Es ist der erste Jahrestag des Prozessbeginns, der 6. Mai 2014. Ein Gerichtsarzt hält die Angeklagte für verhandlungsfähig. Die Verteidiger rebellieren, stellen einen Befangenheitsantrag gegen den Mediziner. Nach längerem Hin und Her sagt Götzl die Verhandlung am Nachmittag ab. Der Befangenheitsantrag wird zurückgewiesen.

André E.s Freundin – »Bedrohlich, aber auch lächerlich«

Der Senat sucht weiter nach Hinweisen auf Zschäpes Rolle. Alle ernst zu nehmenden Zeugen erinnern sich, dass sie neben den beiden Uwes durchaus gleichberechtigt gewesen sei, selbstbewusst, offen und politisch interessiert. Vor allem habe sie sich ausdrücken können, wenn sie etwas wollte. Aufschlussreich sind die Bekundungen zweier Frauen, die eine,

Anja, im Alter von 15, 16 Jahren die Freundin von André E., die andere, Jana, liiert damals mit einem jungen Mann aus dem Umfeld des »Thüringer Heimatschutzes«. Der habe ihr abgeraten, mit Zschäpe zu verkehren, berichtet sie. Denn diese sei ein Schandmaul, lästere über andere und sei intrigant.

Götzl fragt wie stets akribisch den Freundeskreis der Zeugin ab und kommt auf eine in den Akten beschriebene Szene in der Straßenbahn 1996 zu sprechen, als Zschäpe eine junge Frau als »Schlampe« beschimpft und zu Boden gebracht haben soll, sodass diese sich dabei ein Bein brach. »Daran habe ich keine Erinnerung, nicht mal im Ansatz!«, beteuert die Zeugin.

Anja dagegen hat noch die braunen Uniformen der beiden Uwes vor Augen und wie martialisch sie auftraten. »Das wirkte einerseits irgendwie bedrohlich – aber auch lächerlich, dieses schräge Bild. Manche rollten mit den Augen, wenn sie so daherkamen wie in einem Kriegsfilm.« In Buchenwald seien sie auch in dieser Aufmachung aufgetreten. Derlei Provokationen seien damals aber durchaus üblich gewesen.

Oberstaatsanwalt Jochen Weingarten fragt ihr Wissen über die Geschichte des Konzentrationslagers ab. Es kommt nicht viel dabei heraus. »Meine Haltung war eine Mischung aus Unwissen und Unfähigkeit, mit diesem abstrakten Thema etwas anzufangen. Aber ich war 16!«, entschuldigt sich die Zeugin. Mit dem erklärten Ziel der drei, ein »nationalsozialistisches System« in Deutschland zu errichten, habe sie nichts anfangen können. Hitler habe als großer Deutscher gegolten wie Friedrich II. Heute sträubten sich ihr die Haare, wenn sie an damals denke. Denn sie habe sich längst in jeder Hinsicht von dieser Szene in Thüringen entfernt.

Sie beschreibt den jungen E. als »unheimlich lieb und nett und loyal«. Aber seine rechten Ansichten seien nichts für sie gewesen: Was man bei ihm durfte und sollte und was alles nicht! »Ich hatte keine Lust auf ein so beschränktes Leben.« Aber »dort oben im Erzgebirge«, da finde man niemanden, der nicht rechts sei. Da gebe es viel Ausländerfeindlichkeit: Die nehmen uns alles weg, die kommen hierher und benehmen sich nicht … Überdies sei in der Vergangenheit »rumgegraben« worden, als angeblich alles viel besser war als heute.

»Ich hielt das damals für Gerede, die meisten wachsen da ja raus. Mit dem André aber konnte man nicht in die Disco gehen, weil man das nicht macht«, sagt sie. Er habe zu allem eine feste, ja festgefahrene Meinung gehabt.

Götzl: »Wie festgefahren?«

»Es war alles schlecht, was nicht total deutsch war«, antwortet sie. Die Kleidung – Springerstiefel und Bomberjacken –, das Benehmen, der Lebensstil, die Musik, die er hörte, Bücher habe er ja nicht gehabt. Thema sei immer gewesen: Was aus dem armen Deutschland nur wird! Es sei viel über germanische Götter gesprochen worden und über die Wehrmacht und wie toll das war. »Ich wuchs damit auf, für mich war es nichts Besonderes. Denn mein Vater war noch viel krasser. Wenn er Fernsehen schaute, tobte er, dass Deutschland, so wie es inzwischen ist, nicht mehr länger existieren wird und solche Sachen.«

Sie fährt fort: »Ich hab die drei Ende 1998 in Chemnitz kennengelernt, die Frau Zschäpe und die zwei Herren. Klar war, dass die sich verstecken mussten. Warum, das weiß ich nicht mehr.« Es habe plötzlich vermehrt Hausdurchsuchungen und Observationen gegeben und auch ein »Katz-und-Maus-Spiel« mit der Polizei, erinnert sich die Zeugin.

Warum suchte man nicht mit mehr Nachdruck?, fragen sich Prozessbeteiligte. Vor allem Anwälte der Nebenklage weisen immer wieder darauf hin, dass das Morden früher hätte gestoppt werden können, wäre entschlossener ermittelt worden. Oder erschienen die bis dahin bekannten Straftaten des Trios den Ermittlern nicht gravierend genug?, fragen sie. Sämtliche Zeugen bekunden, dass bald niemand mehr wusste, wo Zschäpe, Böhnhardt und Mundlos tatsächlich abgeblieben waren. Es sei gemunkelt worden, sagen Zeugen, die drei hielten sich im Ausland auf. Das Interesse an ihnen sei daher verblasst, offensichtlich auch bei den Strafverfolgern.

Inzwischen zeichnet sich auch ein genaueres Bild ab, was es mit der von der Nebenklage vielbeschworenen und angeblich riesigen Unterstützer- und Helferszene auf sich hat. Mehrere dieser Helfer aus den neunziger Jahren bestätigen vor Gericht, kleinere Hilfsdienste für Mundlos, Böhnhardt und Zschäpe unmittelbar nach deren Untertauchen geleistet zu haben. Ohne lange zu fragen. Man besorgte Wohnungen, lieh ihnen den Ausweis. Sie bestätigen, dass Böhnhardt ein Waffennarr und dass ihm der Einsatz von Waffen auch gegen Ausländer zuzutrauen gewesen sei. Ausländer, das sei seine Meinung gewesen, gehörten nicht nur ausgewiesen, sondern in Konzentrationslager gesteckt. Oder am besten vergast.

Götzl fragt einen dieser Zeugen: »Stimmt das, was Sie da ausgesagt haben?«

»Ja. Er hat Ausländer gehasst.«

Von diesen frühen Freunden waren einzelne bereit, zum Beispiel auch das Spiel »Pogromly« zwischenzulagern und an Interessenten zu verkaufen. Denn die Untergetauchten brauchten Geld. Mundlos hatte das Spiel in den Jahren 1995 bis 1997 entsprechend dem traditionellen »Monopoly« so gebastelt, dass die Nazis vor 80 Jahren ihre Freude daran gehabt hätten. Und nun erfreuten sich ihre Enkel an den antisemitischen, menschenverachtenden Spielregeln: Straßennamen waren in Städte umbenannt, die »judenfrei« gemacht werden sollten. Bahnhöfe hießen »Auschwitz«, »Ravensbrück«, »Dachau« und »Buchenwald«. Die Ereignis- und Gemeinschaftskarten enthielten antisemitische und gegen Linke gerichtete Spielanweisungen.

Bei der Durchsuchung jener Garage in Jena, die Zschäpe für die Uwes gemietet hatte und wo Rohrbomben gebastelt wurden, fand man eines der Spielbretter. Ein weiteres Spiel befand sich unter der Couch in Zschäpes damaliger Wohnung.

Götzl: »Wie viele Spiele wurden fertiggestellt?«

»Schwer zu sagen«, antwortet ein Kriminalbeamter als Zeuge. Es sei nicht feststellbar, dürfte sich aber um an die 30 Exemplare handeln. Ihr Verbleib sei bis heute größtenteils unbekannt.

Das Obduktionsergebnis – »Kein Knochen mehr heil«

21. Mai 2014, der 114. Verhandlungstag. Dem Anlass gemäß trägt Zschäpe heute Schwarz. Denn zunächst geht es um die Obduktion der beiden Uwes. Ein Rechtsmediziner der Universität Jena trägt vor. Beide Leichen seien bekleidet gewesen, auffällig sei jeweils der Kopf gewesen. Bei Böhnhardt fiel eine erhebliche Deformierung mit großen Aufreißungen und einem Einreißen des Schädeldaches auf. »Das war eine typische Einschussverletzung an der linken Schläfenseite mit Schmauchspuren. Gegenüber befand sich eine strahlenförmige Aufreißung des Kopfes, das war der Ausschuss.« Es habe ausgesehen wie eine Explosion im Schädel. Im Kopf hätten sich bei ihm nur noch knapp 100 Gramm Gehirnmasse befunden, der Rest sei herausgeschleudert worden. Dies habe zu einer

sofortigen Handlungsunfähigkeit geführt. Tätowierungen am rechten Oberarm und am rechten Oberschenkel seien gut zu erkennen gewesen.

Götzl: »Was war die Todesursache?«

»Der Kopfdurchschuss.«

Götzl: »Wie sah die Lunge aus? Ist in dieser Situation noch Einatmung möglich?«

»Wir haben keine Spuren von Rauch oder Ruß gefunden. Das bedeutete: kein Hinweis auf Atmung.« Böhnhardt war also zu Tode gekommen, als das Wohnmobil noch nicht brannte.

Mundlos' Kopf sei noch massiver zerstört gewesen. Beim Öffnen des Mundes seien Schmauchspuren aufgefallen. Er muss sich durch den Mund erschossen haben. »Praktisch war kein Knochen mehr heil. Das Gehirn war größtenteils herausgeschleudert.« Auch hier habe eine »Explosion des Kopfes« vorgelegen. Ebenfalls keine Rußeinatmung. Im Saal ist es totenstill.

Götzl gewährt eine kurze Pause. Obduktionsergebnisse, und mögen sie noch so sachlich vorgetragen werden, regen die Fantasie an. Noch unter dem Eindruck der dabei entstehenden Bilder beobachtet Nebenklageanwalt Alexander Hoffmann etwas, was ihm und den anwesenden Opfern schier die Sprache verschlägt. E. trägt ebenfalls Schwarz unter der obligaten Lederweste, die er jahrelang nicht wechselt. Hoffmanns Interesse aber gilt E.s Kapuzenpulli mit Aufdruck. Er beantragt, den Pulli beschlagnahmen zu lassen, weil eine vermummte Person mit Sturmgewehr darauf abgebildet sei, darüber der Reichsadler mit drei umgedrehten Kreuzen, dem Symbol von Satanisten. Eine Internetrecherche zeige, so Hoffmann, dass der Pullover wohl noch den Schriftzug »Gas Chambers« aufweise. Dies sei als Statement zu werten, was E. über den Prozess denke, wenn er den bewaffneten Kampf sogar im Gerichtssaal austrage.

Götzl, noch heiter: »Dann lassen Sie mal sehen!« E. macht keine Anstalten aufzustehen. Bundesanwalt Diemer spottet: »Die Frage ist, welche Beweisbedeutung der Pulli für diesen Prozess hat.«

Hoffmann erregt: »Der Angeklagte schweigt. Es geht auch um seine innere Einstellung und sein Nachtatverhalten. Es ist beweiserheblich, wenn ein Angeklagter hier für den bewaffneten Kampf posiert. In diesem Verfahren!«

E.s Verteidiger Michael Kaiser hält es für eine Geschmackssache, was ein Angeklagter am Leib trägt. E. ziert sich noch immer.

Götzl wird ungeduldig: »Also jetzt interessiert es mich doch!« E. muss die Lederweste ablegen. Derartige Kapuzenpullis würden im einschlägigen Versandhandel an Neonazis verkauft, fügt Hoffmann hinzu. Götzl unterbricht die Verhandlung.

Anwalt Kaiser erklärt, sein Mandant habe diesen Pullover schon mehrmals im Gerichtssaal getragen. Der Aufdruck stamme aus der Metal-Szene, die sich durch Überzeichnung und Überschreitung von Grenzen auszeichne. »Ich halte eine Beschlagnahme für unzulässig.«

Hoffmann beharrt auf seinem Beschlagnahmeantrag.

Götzl: »Wir haben das T-Shirt in Augenschein genommen. Wozu eine Beschlagnahme?«

Diemer: »Ich sehe keinen Grund dafür.«

Nebenklageanwalt Stephan Lucas: »Der Angeklagte hat ein Signal gesetzt, wofür dieses T-Shirt stehen soll! Das ist natürlich ein Statement.«

Wohlleben-Verteidiger Olaf Klemke: »Ich trete einer Beschlagnahme entgegen. Das Tragen eines T-Shirts ist kein

Straftatbestand. Ein Anfangsverdacht ist völlig abwegig. Mögliche Kontexte kann ich nicht erkennen.«

Götzl: »Das T-Shirt ist fotografisch gesichert. Der Antrag dürfte sich damit erledigt haben.«

E. ist der einzige Angeklagte, der sich während des gesamten Prozesses konsequent nicht äußert. Der sich wegduckt und trotzdem ungeniert seiner politischen Überzeugung Ausdruck verleiht, und sei es durch die Kleidung. Dem Senat entgeht das nicht. Nach Anzeichen von Reue oder Einsicht sucht man bei E. vergebens.

Nächster Zeuge ist ein Polizeibeamter aus Eisenach, der damals den Auftrag hatte, wegen des Überfalls auf die Sparkasse nach einem Wohnmobil zu fahnden, das die Täter möglicherweise zur Flucht nutzen würden. Er erinnert sich an drei Schüsse im Innern des Wohnmobils. Er bekennt, »sehr aufgeregt« gewesen zu sein.

Götzl: »Gab es einen Schuss nach draußen?«

»Davon haben wir nichts gesehen. Mein Kollege sah das Dach wegfliegen und dass es im Innern brannte. Ich habe gar nichts gesehen.«

Eines aber weiß der Zeuge trotzdem sicher: dass niemand in das Fahrzeug eingestiegen sei und auch niemand es verlassen habe. Außer einer Dame mit Hund auf der Straße und einem Mann, der sein Auto vor dem brennenden Wohnmobil in Sicherheit brachte, sei »definitiv niemand« vor Ort gewesen.

Diese Aussage des Polizisten, so wenig professionell sie insgesamt erscheinen mag, passt nicht zu jenen außerhalb des Gerichtssaals geäußerten Gerüchten, die die Anwesenheit eines unbekannten Dritten beschwören, der beide Uwes umgebracht haben soll. Und der dann angeblich Zschäpe informierte. Denn, so die Argumentation der Anhänger dieser These: Ein Täter allein könne unmöglich den Kompagnon und sich selbst erschießen und gleichzeitig den Wohnwagen in Brand setzen. Dies wird allerdings einfach behauptet. Ein alternativer Geschehensablauf – Erschießen, Feuer legen, sich selbst töten – wird gar nicht erst in Erwägung gezogen.

Der Anschlag in der Kölner Probsteigasse

Am Morgen des 19. Januar 2001 war gegen 7.30 Uhr die Polizei informiert worden, in einem Lebensmittelgeschäft in der Kölner Probsteigasse habe sich eine Explosion ereignet, es gebe eine Verletzte. Als die Kripo anrückt, wird schnell klar, dass es sich um Sprengstoff gehandelt haben musste und nicht um einen Wohnungsbrand. Der kleine Laden ist total verwüstet, die Decke heruntergefallen, die Fenster sind zersplittert. Im Zentrum der Explosion in einem hinter dem Verkaufsbereich liegenden Aufenthaltsraum eine Christstollendose, rot lackiert mit weißen Sternen, und ein zerplatzter Druckbehälter.

Nebenklageanwältin Edith Lunnebach ist die Erste, die dem damaligen Ermittler die bis heute nicht aufgelöste Frage stellt, wieso dieser Laden zum Ziel wurde: »War ersichtlich, dass es sich um das Geschäft ausländischer Mitbürger handelte?«

»Nein«, antwortet der Beamte. Denn über dem Geschäft stand »Lebensmittel Getränkeshop Gerd Simon«.

»Und die Gegend? Viele Ausländer?«

»Nein. Die Probsteigasse liegt nicht in einem typischen Ausländerviertel.« Man habe über das Motiv gerätselt, über den Täter. »Wir ermittelten nach allen Seiten, auch, ob vielleicht eine iranische Organisation dahintersteht, denn der Ladeninhaber war Iraner. Ein Phantombild wurde angefertigt und in der Presse veröffentlicht, ebenso die Stollendose. Wir gingen von normaler Kriminalität aus, denn vom Staatsschutz kamen keine Hinweise, auch nicht vom Verfassungsschutz.«

Lunnebach: »Kam Ihnen nicht in den Sinn, ein politisches Motiv zu ermitteln?«

Der Ermittlungsleiter: »Der Anschlag hätte von links oder von rechts kommen können. Die meisten Sprengstoffanschläge kommen ja von links. Wir haben alle Spuren abgeklärt und weder ein Motiv noch einen Täter gefunden.«

Wenn der Anschlag dem NSU zuzurechnen ist, wovon der Senat am Ende des Prozesses überzeugt sein wird: Woher wussten Mundlos und Böhnhardt, dass der Laden nicht von Herrn Simon, sondern von der Familie Malayeri betrieben wurde? Hatten sie das Geschäft bei ihren Ausspähfahrten zufällig entdeckt und ausspioniert? Oder bekamen sie einen Tipp? Wenn ja, von wem? Wer stellte den Korb mit der Stollendose ab? Einer der beiden Uwes? Oder ein Unterstützer? Der Senat wird am Ende feststellen, dass André E. ein Fahrzeug vom 19. bis 21. Dezember 2001 gemietet hatte. Brachten die Uwes die Bombe damit nach Köln? Oder wurde sie dort – von wem? – gebaut? Fragen, die Zschäpe wohl beantworten könnte. Doch sie schweigt.

Die Dose sei zur Weihnachtszeit ein Massenartikel gewesen und habe sich mit anderen Dingen in einem Korb befunden, erklären Ermittler dem Gericht. Die Anleitung zur Herstellung einer solchen Bombe finde man im Internet. Der Gasdruckbehälter sei von einer Firma für Schweißtechnik in der Nähe von Frankfurt produziert worden. »Wir konnten uns den Anschlag nicht erklären«, sagt ein Kripobeamter als Zeuge. »Es hätte ja auch ganz andere Personen treffen können, etwa, wenn die Polizei die seltsame Dose geholt und geöffnet hätte.«

Man habe schon auch an Ausländerfeindlichkeit gedacht, aber kein Hintergrundwissen dazu besessen.

Laut Anklage soll Böhnhardt oder Mundlos vor Weihnachten den Laden betreten haben, in der Hand einen Korb mit einer Tüte Erdnussflips und jener mit einem blauen Geschenkband versehenen Stollendose. Für die Aufklärung des Verbrechens schien die Ausgangssituation günstig. Denn der Ladenbesitzer Djavad Malayeri stand dem Attentäter Aug' in Aug' gegenüber.

»Ich wollte meinen Laden schon schließen. Da kam ein Herr in weißem Hemd und Jeanshose, schmächtig gebaut, etwa 1,80 Meter groß, lockige, ziemlich lange Haare. Er hatte einen Korb in der Hand und wollte eine Flasche Jack Daniels und Chips kaufen. Beides zusammen kostet ungefähr 55 Mark. Er kam zur Kasse und sagte, es tue ihm leid, er habe sein Portemonnaie vergessen. Aber er wohne gleich um die Ecke und hole es gleich. Ich hatte den Mann noch nie gesehen. Wir leben schon lange in der Gegend, haben viele Stammkunden und kennen eine Menge Leute, auch Türken. Aber ihn kannte ich nicht. Der Mann hat sich ein bisschen komisch verhalten. Er ist weggerannt, richtig gerannt. Ich ging noch hinterher. Meine Tochter, die im Hinterzimmer war, hatte ihn auch gesehen. Wir haben dann bis 18.30 Uhr gewartet und, als er nicht zurückkam, den Laden geschlossen. Der Korb, den der Mann dagelassen hatte, blieb auf dem Boden vor der Kasse stehen.

Auch am Tag danach kam der Mann nicht. Daher haben wir den Korb nach hinten in den Aufenthaltsraum gebracht. Vor der Explosion am 19. Januar wollte schon mein Sohn schauen, was drin ist. Auch die Tochter wollte die Dose öffnen, tat es aber dann doch nicht. Ich habe den Korb nicht angerührt, denn er gehörte mir nicht.

Am fraglichen Tag war ich beim Großhandel, um einzukaufen. Meine Tochter – ihr Auto war kaputt – fuhr mit zum Laden. Wir waren zu fünft. Meine Frau, die jüngste Tochter und mein Sohn waren auch dabei. Wir öffneten um 7 Uhr wegen der Schulkinder, die bei uns einkauften.«

Er schlägt die Hände vors Gesicht. »Ich kann nur von Glück sagen, dass die Explosion passierte, als noch keine Kinder im Laden waren. Sonst wären vielleicht noch weitere Personen zu Schaden gekommen. Die große Tochter ging in den Aufenthaltsraum, um sich für die Schule zurechtzumachen. Sie wollte wissen, was in der Dose war. Sie öffnete den Deckel einen Spalt und bückte sich dabei zu einer Schublade, um Schminksachen herauszuholen. In dem Moment explodierte die Dose!

Es gab einen Riesenknall. Ich konnte erst gar nicht einordnen, ob der bei uns war oder in der Nachbarschaft. Auf einmal kam meine Frau und rief: Das ist bei uns! Hinten ist es dunkel, und alles ist voll Rauch! Die Tochter ist dort!

Wir rannten nach hinten. Ihre Haare waren fast ganz verbrannt. Die Decke brannte. Ich habe meine Tochter aufgehoben und mit Hilfe meiner Frau zum Auto gebracht. Nach ein paar Minuten kamen Feuerwehr und die Polizei.«

Ein Polizist spricht beim Anblick der Verletzten von »Grillfleisch«.

Der Vater fährt fort: »Von diesem Zeitpunkt an verbot man uns, den Laden zu betreten. Die Tochter wurde von einem Krankenwagen weggefahren. Die jüngste Tochter kam in einen Streifenwagen. Meine Frau und ich standen hilflos da …

Dann wurden wir bis 14 oder 15 Uhr vernommen. Anschließend erst durften wir ins Krankenhaus. Dort ließ man uns zuerst nicht zu ihr. Sie hatte die Augen geschlossen, war an ein Beatmungsgerät angeschlossen und bekam Infusionen. Man sagte uns, sie habe Schwarzpulver eingeatmet. Sie hat nur ein Wort gesagt: Passt auf euch auf!«

Götzl: »War sie mal bewusstlos?«

»Nein, komplett bewusstlos nicht, aber in einem sehr schlechten Zustand.«

Etwas nachdenklich habe ihn damals gemacht, fährt Vater Malayeri fort, dass der Mann den Korb unbedingt hatte dalassen wollen. »Ich dachte noch einen Moment lang, ob ich ihm nicht die Ware einfach geben soll. Zahlen hätte er ja später können. Doch er bestand darauf, den Korb dazulassen.«

Götzl: »Wie ging es weiter für Sie und die Familie?«

»Lassen Sie mich erst ganz herzlich bei meiner Frau bedanken. Denn sie hat durch ihre Pflege dafür gesorgt, dass meine Tochter am Leben blieb. In der Klinik bekam sie sehr starke Beruhigungstabletten und war ganz benommen von dem vielen Morphium. Ein iranischer Arzt dort legte uns nahe, die Tochter heimzuholen, sie würde andernfalls diese starken Medikamente nicht überleben. Stattdessen sollten wir sie peu à peu weglassen und durch Vitamine ersetzen. Wir hatten mit niemandem Probleme, waren sehr beliebt in der Gegend. Unseren Stammkunden brachten wir die Bestellungen nach Hause. Es gab Kunden, die bei uns Geburtstag feierten. Wir hatten viele persönliche Beziehungen.«

Götzl: »Wann begann Ihr Arbeitstag?«

»Meist gegen 3 Uhr, da fuhr ich zur Großmarkthalle. Gegen 6 Uhr kam ich zurück nach Hause und habe die Frau mitgenommen zum Laden. Meist war ich den ganzen Tag dort, hatte aber auch Ware aus anderen Märkten zu besorgen. Gegen 22, 23 Uhr fuhr ich nach Hause. Denn wir hatten ja auch noch einen Kiosk.«

Nach dem Anschlag sei seine Frau nicht mehr in der Lage gewesen, den Laden weiterzuführen. Sie habe nicht einmal die Gegend mehr betreten wollen. »Ich bin im Nachhinein sehr froh, dass nicht noch andere unschuldige Menschen zu Schaden gekommen sind«, sagt der Vater noch einmal. Er habe das Geschäft schließen müssen.

Götzl fragt nach dem Phantombild. Malayeri versucht zu erklären, was er selbst nicht versteht: »In so einer Situation stehen Sie neben sich. Das Bild, das gezeichnet wurde, hat nicht wiedergegeben, was ich in Erinnerung hatte. Die Haare stimmen nicht. Ich hatte in Erinnerung, dass der Mann Locken hatte und ein sehr dünnes, schmales Gesicht. Das Bild passt vorne und hinten nicht. Ich weiß nicht, ob es an mir lag. Jetzt, nach so vielen Jahren, kann ich mich an das Phantombild nicht mehr erinnern. Ich weiß nur, dass es nicht stimmte!«

Anwälte der Nebenklage spekulieren, ob nicht ein bekannter Kölner Neonazi der Überbringer gewesen sein könnte, der sein Haar lang und lockig trägt. Der Familie Malayeri werden Fotos vorgelegt, ein Passbild des Mannes von 2004 und eine Aufnahme von 2002. Weder Vater Malayeri noch die jüngere Tochter können ihn als den Kunden mit dem Korb identifizieren, zumal der Betreffende erheblich kleiner als 1,80 Meter ist. Beide sind sich sicher: Dieser Mann ist es nicht gewesen. Außerdem: Zur Tatzeit trug er die Haare kurz.

»Weitere Erkenntnisse über den Mann, etwa seine Vorstrafen oder seine Gesinnung, sind ohne Bedeutung für dieses Verfahren«, erklärt Oberstaatsanwältin Greger. Ermittlungen in Köln hätten keine weiteren Ansätze gebracht.

Dann tritt die ältere Tochter, Mashia Malayeri, heute Ärztin für Chirurgie, als Zeugin vor das Gericht, eine eindrucksvolle, elegante Erscheinung. Sie wäre beinahe gestorben. Eineinhalb

Monate lag die damals 19-Jährige im künstlichen Koma. Als sie aufwachte, wurde sie daran gehindert, in den Spiegel zu schauen. Dann tat sie es doch und erlitt einen Schock: keine Haare mehr, blau-grüne Verfärbungen, Schnittwunden, Bruch der Augenhöhle, beide Trommelfelle zerfetzt, durch Schmutz schwarze Tätowierungen. »Wenn ich abgeschminkt bin, sind die Narben noch zum größten Teil sichtbar.«

Götzl: »Wie ging Ihr Leben nach 2001 weiter?«

Sie habe die Schmerzmittel langsam abgesetzt, um nicht abhängig zu werden, habe nicht allein essen, sich waschen und kaum gehen können. Sie habe Sprachstörungen gehabt, und es habe Monate gedauert, bis sie psychisch in der Lage gewesen sei, nach draußen zu gehen. Im November 2001 habe sie dennoch Abitur gemacht. Anschließend wieder Krankenhausaufenthalte, Narbenkorrekturen über Jahre hinweg. Erst habe sie Chemie und Physik in Aachen studiert, später in Bayern Medizin. Gedanken, dass jemand frei herumlaufe, der morgen wieder vor der Tür stehen könnte, hätten sie nie verlassen. Ihre Eltern verbrachten damals Tag und Nacht an ihrem Bett. Sie spricht auch von den finanziellen Problemen, weil die Haupteinnahmequelle der Eltern, der Laden, geschlossen worden sei. »Eine Familie mit vier Kindern … wir sind hier aufgewachsen, haben alle akademische Abschlüsse.«

Im Paulchen-Panther-Video des NSU, das auch auf den Kölner Anschlag eingeht, heißt es dazu: »Jetzt weiß Mashia Malayeri, wie ernst uns der Erhalt der deutschen Nation ist …« Ohne diesen Hinweis – und Zschäpes spätere Angaben dazu – wüsste man bis heute nicht, wem der Anschlag zuzurechnen ist.

Zuschauer vergleichen in der Pause das Leben dieser arbeitsamen Familie und die Disziplin des Opfers mit dem verkorksten Lebensweg von Zschäpe und ihren Komplizen, die nie einer

Arbeit nachgingen, sondern herumlungerten, mit dem Judenvernichtungsspiel »Pogromly« die Zeit totschlugen und darüber nachdachten, wie man, am besten durch Banküberfälle, schnell zu viel Geld kommt – und wie man Ausländer beseitigt.

Zeugen, Zeugen, Zeugen … und der Nachweis des Beutemachens

Die Liste der Zeugen scheint endlos. Wohnungsvermieter. Zeugen aus Eisenach, die die Flucht von Böhnhardt und Mundlos nach ihrem letzten Überfall auf eine Sparkasse beobachtet hatten. Leute aus dem Milieu, von denen nur die Spitznamen bekannt sind. Die wenigsten aus der letztgenannten Gruppe sind nervös, wenn sie dem Senat Rede und Antwort stehen müssen. Im Gegenteil, manche treten geradezu dreist auf, geben sich gelangweilt oder machen sich lustig über dieses Strafverfahren. Sie verhehlen nicht, dass sie es für einen »Schauprozess« halten. Sie verharmlosen, weichen aus, manche lügen offensichtlich. Von den prozessualen Rechten aber, die ihnen der Staat gewährt, zum Beispiel die Aussage verweigern zu dürfen, machen sie weidlich Gebrauch, obwohl sie diesen Staat doch abschaffen wollen zugunsten einer Neuauflage der NS-Diktatur.

Ein Kriminalbeamter, der die Erkenntnisse aus dem letzten Überfall von Böhnhardt und Mundlos in Eisenach mit länger zurückliegenden ungeklärten Fällen zu vergleichen hatte, etwa mit einem Überfall in Ilmenau zwei Jahre zuvor, legt dar, was auf ein und dieselben Täter schließen ließ: Sie trugen ähnliche Kleidung und verwendeten die gleichen Waffen. Im Wohnmobil befanden sich die Beute aus Eisenach in Höhe von

71 915 Euro, 3000 Euro Registriergeld und zwei Bündel Scheine im Wert von 20 000 Euro aus einem Überfall in Ilmenau, noch eingeschweißt mit Banderolen. Dazu zweimal 5000 Euro und 6000 Euro in Dosen verteilt. In der Zwickauer Wohnung fand man Banderolen von weiteren Sparkassen sowie registrierte Reiseschecks aus einem Überfall in Chemnitz. Außerdem: die gleichen Fußspuren, einmal Größe 44 (Böhnhardt) und 46 (Mundlos), die selbstgebastelte Sturmhaube mit aufgedruckter Fratze, die Mundlos bei mehreren Überfällen trug. Die Fahrräder, die Fahrradhandschuhe. Die Tücher, mit denen sich die Täter vermummten und die auf den meisten Überwachungskameras gut zu erkennen sind.

Ehe einer der wichtigsten Zeugen zum Thema »Entstehung des NSU« auftritt, Tino Brandt, der Doppelspion, erfährt der Senat aus dem Mund eines offenbar noch immer strammen Neonazis etwas über die Ziele dieser radikalen Rechten. Der Mann, der einst zum Umfeld von Böhnhardt, Mundlos und Zschäpe gehörte, ist von Beruf Dachdecker und stellt sich mit der Aussage vor, er halte den Prozessbeginn für einen »Tag der Schande«. Seine Sorge gilt offenbar dem »Volkstod«.

Götzl: »Was verbinden Sie damit?«

»Nationale Kreise verbinden damit, dass das deutsche Volk wegen des Geburtenrückgangs zurückgedrängt wird von Ausländern. Unser Ziel war deren Rückführung in die Heimatländer und dafür die Unterstützung deutscher Familien, damit wieder mehr deutsche Kinder geboren werden. Die nationale Bewegung ist ja zurzeit nicht in der Lage, aktiv zu werden. Es bleibt nur der Aufruf, den Volkstod aufzuhalten. Jede Kameradschaft arbeitet in dieser Richtung.« Gewalt sei dabei allerdings nicht zielführend, auch nicht gegen Ausländer.

Nach dieser Rede will er nichts mehr sagen, denn: »Diese

Anwälte der Nebenklage schöpfen hier Informationen ab und leiten sie an die Antifa weiter. Unsere Leute verlieren dann ihre Arbeit und werden aus ihrem sozialen Umfeld gerissen. Ich weiß, wie die Antifa arbeitet! Ich will nicht verantworten, dass die Leute Probleme bekommen.« Er verstehe sehr wohl, dass das Gericht an Informationen interessiert sei, und sehe den Konflikt. Doch er könne es mit seinem »Wertegefüge« nicht vereinbaren, mehr zu sagen. Dann zitiert er Wolfram von Eschenbach: »Die Tafelrunde ist entehrt, wenn ein Falscher ihr angehört.« Auf Nachfrage eines Opferanwalts, was das soll, wird er deutlicher: »Sie können das so verstehen, dass ich mein Verhalten als ritterlich empfinde.«

Der Zeuge Tino Brandt – Unterstützt vom Verfassungsschutz

Der Doppelspion Tino Brandt ist kein attraktiver Mann. Er ist klein, korpulent und wirkt oft verschwitzt. In den neunziger Jahren war er »das« Gesicht der rechtsextremen Szene Thüringens. Er wird gefesselt in den Saal gebracht. Brandt ist Zschäpes Jahrgang: 1975. Gelernter Einzelhandelskaufmann, wohnhaft »zurzeit JVA Gera«, verurteilt wegen eines nicht im Zusammenhang mit dem NSU-Verfahren stehenden Deliktes. Maßgeblicher Unterstützer und schillernder Organisator der Neonazis im Osten, Mitbegründer des »Thüringer Heimatschutzes« – und zugleich hochgeschätzter Spitzel des Verfassungsschutzes, bis er 2001 aufflog. Er kennt den Sumpf, aus dem die Verbrechen des NSU erwuchsen, am besten. Er kennt sie alle, »den Wohlleben, die Beate, die zwei Uwes« und auch all die Randfiguren. Offensichtlich war er sich für kaum etwas zu schade.

Und gerissen ist er. Fragen nach Namen oder noch unge-klärten Punkten, etwa Ralf Wohllebens Unterstützung der drei, weicht er mit dem Argument aus, dass das alles sehr lange her sei. Was hingegen schon in den Medien erwähnt wurde oder in Untersuchungsausschüssen Thema war, gibt er freimütig preis. Vor Gericht spielt er sich als Politiker auf. Der Eindruck, dass er mit Hilfe der Unterstützung des Verfassungsschutzes maßgeblich zur Radikalisierung von Teilen der rechtsextre-men Szene beigetragen hat, wird von Stunde zu Stunde stärker. »Ich habe niemanden ins Gefängnis gebracht«, rühmt er sich. Stand einer von Brandts Gesinnungsgenossen vor Gericht, zahlte der Verfassungsschutz angeblich den Verteidiger. »Das Landesamt selbst also trug durch die finanzielle Ausstattung dafür Sorge«, resümiert Nebenklageanwalt Thomas Bliwier, »dass das Umfeld erstarkte, aus dem sich die terroristische Vereinigung NSU rekrutierte.«

Von seinem V-Mann-Führer wird Tino Brandt vor Gericht als »Rechtsextremist bis in die Haarspitzen« beschrieben, der sich gern als »großer Zampano« aufgespielt habe. Ein wei-terer V-Mann-Führer stellt ihm dagegen ein gutes Zeugnis aus. Brandt habe den Eindruck erweckt, dass alles, was er sagt, der Wahrheit entspreche. Bliwier hingegen traut Brandt nicht über den Weg. Er beantragt beim Gericht, einen bay-erischen V-Mann als Zeugen zu laden, der bekunden werde, dass Brandt den »Thüringer Heimatschutz« auf Betreiben des Landesamtes organisiert habe, »um die rechte Szene zu militarisieren und für den bewaffneten Kampf aufzubauen«. Man habe eine Organisation nach dem Vorbild der SA ange-strebt.

Götzl: »Wie kam es dazu, dass der ›Thüringer Heimatschutz‹ aktiv wurde?«

»Das war für uns die Alternative zu den Gruppen, die es schon gab«, antwortet Brandt. »Die Älteren hatten die DDR erlebt, dann die BRD und festgestellt, dass es in der Zensur kaum Unterschiede gab.«

Götzl: »Was meinen Sie damit?«

»Eine freie Presse hat es nach 1989 meiner Meinung nach nicht gegeben. Und einen freien Rechtsstaat habe ich mir anders vorgestellt.« Darunter verstehe er einen Staat, »der politische Einstellungen nicht durch Gesetze einengt«. Auf Nachfrage Götzls wird er deutlicher: Durch den Volksverhetzungsparagrafen zum Beispiel fühle er sich eingeengt. »Wenn man sich mit den KZs wissenschaftlich beschäftigt«, doziert er, »stellt man fest, dass man bestimmte Zahlen nicht nennen darf, ohne sich strafbar zu machen.«

Götzl: »Auf welche Quellen greifen Sie zurück?« Brandt nennt Namen von Holocaust-Leugnern.

Immer wieder versucht Brandt, Thesen zum politischen Kampf um Deutschland loszuwerden, den er und seine Gesinnungsgenossen damals angeblich geführt hätten. Götzl aber interessiert sich für Informationen über Zschäpe und über das Weltbild von Mundlos und Böhnhardt, über deren Einstellung zu Gewalt, zu Waffen, zu Wehrsportübungen und zur nationalsozialistischen Ideologie.

Zschäpe wird von Brandt als »ruhig und zurückhaltend« beschrieben. Eine »dumme Hausfrau« sei sie nicht gewesen. Bei Schulungen habe sie gezeigt, »dass ordentliches Wissen da war«, etwa über das Germanentum, über die NS-Zeit, über Rechtskunde (»was ist gerade noch erlaubt?«) und weltanschauliche Themen. »Sie stand nie im Vordergrund, trat im Gegensatz zum uniformierten Böhnhardt relativ zivil auf, nahm aber an Aktionen durchaus teil. Sie war ein Mädchen, das in

Ordnung war und an politischen Sachen interessiert.« Und: »Sie konnte sich in Diskussionen immer einbringen. Auch wenn sie nicht dem Klischee des Skinhead-Girls entsprach.«

Götzl: »Sie haben mal gesagt, dass sie immer zwischen den beiden Uwes wechselte?«

»Das war meine Einschätzung. Aber Händchenhalten gab es nicht.«

Götzl: »Und Ihr Verhältnis zu den dreien?«

»Wir waren durchaus befreundet.« Und Wohlleben? Der sei ebenfalls in Ordnung gewesen, kameradschaftlich, verlässlich, vor allem, als er sich dann als NPD-Pressesprecher um ein kommunalpolitisches Mandat in Jena bemüht habe.

Als die drei abtauchten, sei er verblüfft gewesen: »Wegen zwei, drei Jahren Knast alles im Stich lassen?« Er habe Geld gesammelt bei jenen Leuten, von denen man gewusst habe, dass Geld da sei.

Götzl: »Wer ist ›man‹?« Brandt überhört die Frage und erklärt, dass sechs bis sieben Mal Geld geflossen sei – »Spenden und was das Land Thüringen dazugegeben hat«. Auch sei das Spiel »Pogromly« für jeweils 100 Mark verkauft worden. Einen Teil habe das Landesamt für Verfassungsschutz erworben, einen Teil habe er, Brandt, weiterverkauft.

Götzl, ungläubig: »Der Freistaat Thüringen hat das Spiel gekauft?« Ja, für 1000 oder 2000 Mark, genau wisse er das nicht mehr. 2001 sei für ihn dann die Sache abgehakt gewesen. Da wurde er enttarnt.

Am folgenden Tag, dem 16. Juli, wird Brandts Befragung fortgesetzt,

Götzl: »Bitte berichten Sie über Ihre Tätigkeit für das Landesamt. Warum sind Sie überhaupt zum Verfassungsschutz gegangen?«

Brandt nennt das Jahr 1994, als in der Presse berichtet wurde, die jungen Rechten hätten sich von der Gewalt abgewandt und wollten »Politik machen«. Da sei er angesprochen worden. Man habe wissen wollen: Was passiert wo? Wie viele Personen marschieren auf? Wer trifft sich mit wem? »Irgendwann war man drin gefangen.« Das sei jahrelang gut gegangen. »Bis sie sich einmischten: Ich sollte dies und das tun oder nicht tun, sonst würde ich abgeschaltet. 2001 war dann Ende, nach einer Veröffentlichung in der Presse.«

Götzl: »Mit wem haben Sie zusammengearbeitet?«

»Mit zwei Leuten, deren Klarnamen ich nicht kenne.«

Götzl: »Wie wurden Sie entlohnt?«

»Das wurde im Lauf der Zeit mehr. In der Presse stand mal: insgesamt 140 000 Euro. Ich weiß es nicht. Denn wenn man Politik macht, kostet das – Autos, Hotels, Telefonrechnungen, Aufkleber, Strafbefehle, die ich übernommen habe.« Er habe seinen Auftraggebern erzählt, was politisch gelaufen sei, wo ein Konzert stattfinde und wie viele Leute kämen. Das Landesamt habe mal eine Sonderprämie ausgelobt für die drei, 5000 Mark.

Götzl: »Entsprachen die Informationen, die Sie weitergaben, der Wahrheit?«

Brandt antwortet mit einem festen »Ja«. Allerdings, schränkt er ein, wisse er natürlich nicht, was der Verfassungsschutz notiert habe. Aber für ihn habe der Grundsatz der »Quellenehrlichkeit« gegolten.

Hauptthema sei stets gewesen, ob die drei im Ausland, etwa in Südafrika, untergeschlüpft seien. Und ob sie zurückkämen, wenn die Garagensache verjährt sei. »Beate, die ja nichts zu befürchten hatte und nicht ins Ausland wollte, hätte sich nach Abreise der beiden Uwes stellen wollen«, sagt er.

Mitgehen wollte Zschäpe nicht, weil sie die Sprache nicht sprach, die Hitze fürchtete, sich nicht auskannte. Ihre Abneigung gegen die Fremde war offenbar stärker als die Angst vor dem weiteren Zusammenleben mit zwei Mördern, die sich letztlich fürs Bleiben entschieden.

Der Bruch mit den Verteidigern – Hinter dem Rücken der Anwälte

Die Mittagspause nach Tino Brandts Vernehmung dauert ungewöhnlich lange. Dann betritt Beate Zschäpe entschlossenen Schrittes den Saal und setzt sich nicht wie üblich, sie bleibt am Platz stehen. Das kam schon mehrfach vor, und immer war es ein schlechtes Zeichen: Sie hat etwas vor. Von ihrem Gesicht lässt sich nichts ablesen. Doch Anwalt Wolfgang Stahl redet aufgeregt auf sie ein. Um 14.25 Uhr erscheint der Senat. Götzls Stimme zittert leicht. Das gab es noch nie.

»Ein Polizeimeister teilte soeben mit, Frau Zschäpe habe kein Vertrauen mehr in ihre Verteidiger«, sagt er. Sie habe den Beamten gebeten, dies ihm, dem Vorsitzenden, auszurichten. Atemlose Stille.

Götzl dreht sich zur Angeklagten: »Könnten Sie dies bitte näher erläutern?«

Zschäpe schweigt. Der Vorsitzende richtet den Blick auf die Verteidiger. Denen steht der Schrecken ins Gesicht geschrieben.

»Die Sitzung heute wird nicht fortgesetzt. Bis Donnerstag 14 Uhr können Sie, Frau Zschäpe, ihr Misstrauen begründen. Der Termin morgen entfällt.« Der Senat erhebt sich und verschwindet im Richterzimmer.

Mit gefalteten Händen und versteinertem Gesicht sitzt Zschäpe da. Dann steht sie wortlos auf und wartet, bis ein Justizbeamter ihr die Türe zur Vorführzelle aufschließt. Kein Wort, kein Blick zu ihren Verteidigern.

Verwirrung allerorten. Ratlose Gesichter auf der Zuschauertribüne. Die Anwälte reden aufgeregt durcheinander. Was war geschehen? Gerüchte gab es schon lange, dass Zschäpe eigentlich eine Aussage machen wolle, aber die Verteidiger seien dagegen. Warum der Vertrauensentzug ausgerechnet jetzt, an diesem Punkt des Prozesses, in dieser Mittagspause? Haben Heer, Stahl und Sturm den Zeugen Brandt nicht so in die Mangel genommen, wie sie es wünschte? Die Fragen an ihn waren mehr Small Talk denn Kreuzverhör. Zschäpe, das ließen ihre Verteidiger durchblicken, sieht in Brandt einen Verräter, eine Hassfigur. »Keine dumme Hausfrau« – der Senat schrieb eifrig mit, als Brandt sie so charakterisierte. Hatte sie von ihren Verteidigern etwas verlangt, was diese nicht leisteten? Oder gibt es noch einen anderen Grund? Stimmt es, dass sie sich hinter dem Rücken ihrer Verteidiger von einem anderen Anwalt beraten lässt? Auch solche Gerüchte kursieren unter den Prozessbeteiligten schon seit längerem.

Differenzen über die Frage, ob Schweigen die probate Taktik in diesem Prozess ist, sind kein Grund für den Entzug des Vertrauens. Die Angeklagte selbst entscheidet darüber. Sie konnte dem Rat ihrer Anwälte folgen oder auch nicht. Wenn sie reden wollte, dürfte niemand dies verhindern. Ihre Anwälte – und das Gericht – müssten diese Entscheidung respektieren. Andererseits könnte Zschäpe so argumentieren: Wenn ich mich äußere, fühle ich mich durch diese Anwälte nicht mehr so verteidigt, wie es nötig wäre, denn sie haben mir ja davon abgeraten. Ich weiß nicht, ob sie mich weiter engagiert verteidigen. Ich will andere Anwälte.

Worauf will sie hinaus? Aus der Einbindung in die verschworene Gemeinschaft mit den beiden Uwes, mit denen sie 13 Jahre lang zusammenlebte, kommt sie kaum noch heraus. Es gibt keinen einzigen Hinweis, auch nicht in den Jahren vor dem Abtauchen, dass sie Widerstand geleistet hätte oder anderer Meinung gewesen wäre, im Gegenteil. Ihre Verteidigung hat bisher keinen Zeugen beigebracht, mit dessen Aussage die Anklage des Generalbundesanwalts widerlegt oder auch nur angekratzt werden könnte. Gäbe es einen einzigen belastbaren Anhaltspunkt dafür – Heer, Stahl und Sturm würden wohl alles tun, um den Senat davon zu überzeugen. Aber offenbar fehlt es daran.

Zschäpe erscheint unzufrieden und unschlüssig, wie sie diesen Zustand beenden könnte. Mit Hilfe anderer Anwälte?

Götzl ging mit Brandt nicht unfreundlich um. So verfährt er immer, wenn er von einem Zeugen etwas wissen will. Anwälte der Nebenklage kritisieren ihn oft dafür. Doch sie durchschauen seine Taktik nicht. Götzl trieb Brandt nicht in die Enge, was Zschäpe vielleicht erfreut hätte, sondern ließ ihn seine Sicht der Dinge so darstellen, wie er es wollte. Hätten Heer, Stahl und Sturm dies verhindern müssen? Hätten sie es verhindern können? Götzl lässt sich nicht in seine Verhandlungsführung hineinreden.

Wie soll es nun weitergehen? Etwa 300 Zeugen sind inzwischen vernommen, zahllose weitere Beweise erhoben worden. Im Parkett tauschen die Kollegen von Heer, Stahl und Sturm ihre Erfahrungen aus: Wie sie Angeklagte verteidigten, die von Anfang an kein Wort mit ihnen sprachen. Oder Angeklagte, von denen sie belogen wurden. Es geht vor Gericht selten harmonisch zu. Und wo steht geschrieben, dass der Angeklagte zu seinem Anwalt ein besonderes Vertrauensverhältnis haben soll? Mit dem verlorenen Vertrauen aber zwischen der Angeklagten und ihren Verteidigern, das ist schon jetzt klar, verhält es sich wie mit der verlorenen Ehre. Dahin ist dahin.

Tino Brandt muss noch zweimal vor Gericht erscheinen, weil die Anwälte ihn befragen wollen. Oft lautet seine Antwort: Ich erinnere mich nicht, ich habe keine Ahnung, Namen könne er sich nicht merken. Auf Frage des Verteidigers von André E., Herbert Hedrich, sagt er, ohne das Geld des Verfassungsschutzes hätte die Szene technisch nicht so ausgestattet werden und auch nicht eine solche Bedeutung erlangen können.

Die nächste Sitzung, der 129. Verhandlungstag, ist für den 22. Juli 2014, angesetzt. Beginn erst um 13 Uhr, offensichtlich, damit sich die Anwälte mit ihrer Mandantin besprechen können. Eine heikle Angelegenheit.

Götzl, als ob nichts gewesen wäre, dabei ist von nun an nichts mehr, wie es war, eröffnet die Sitzung: »Dann setzen wir im Verfahren gegen Zschäpe und andere fort. Grüß Gott alle zusammen.« Dieses »Grüß Gott« kommt ihm sonst nicht über die Lippen. Es zeigt, dass die Situation doch eine klein wenig andere ist als sonst.

Götzl weiter: »Ich gebe mit Verfügung vom 21. Juli bekannt, dass der Antrag von Frau Zschäpe, ihre Anwälte von der Bestellung als Pflichtverteidiger zu entbinden, abgelehnt wird. Konkrete Hinweise, dass das Vertrauensverhältnis – für den Vorsitzenden erkennbar – nachhaltig gestört ist, liegen nicht vor. Die Angeklagte ist durch anwaltliche Vertreter ihrer Wahl beraten.« Damit spielt Götzl auf die Anfangssituation an, als es

Zschäpe freistand zu entscheiden, von wem sie verteidigt werden wollte. Sie wählte Wolfgang Heer. Der zog Wolfgang Stahl hinzu. Später kam Anja Sturm als dritte Verteidigerin dazu. Zschäpe hatte die Wahl gehabt und entschied sich für die drei.

Vorerst ändert sich also nichts. Heer, Stahl und Sturm genießen weiterhin das Vertrauen des Senats und der Bundesanwaltschaft. Damit ist aber die für den Prozess brisante Situation nicht entschärft. Eine nachhaltige Störung des Vertrauensverhältnisses zwischen der Angeklagten und den Verteidigern sei nicht ersichtlich, sagt Götzl. Das ist seine Sicht. Aber wird sich Zschäpe künftig noch in guten Händen wissen, wenn sie sich zwangsweise auf Anwälte verlassen muss, die sie loswerden will? Andererseits: Ein Angeklagter darf nicht einen Prozess torpedieren können allein durch die Behauptung, er habe kein Vertrauen mehr zu seinem Verteidiger.

Als Götzl nach Bekanntgabe der Senatsentscheidung weitere Zeugen vernimmt – Urlaubsbekanntschaften von Fehmarn –, sitzt Zschäpe mit verschränkten Armen da und enthält sich jeglichen Kontakts mit den Anwälten. Kein Flüstern, kein Lächeln, keine Vertraulichkeit, wie man sie bisher beobachten konnte. Die Aussagen der Zeugen bestätigen erneut, was in der Anklage steht: dass Zschäpe offensichtlich die Urlaubskasse verwaltete, dass zwischen den drei »Ossis« ein »inniges, liebevolles Verhältnis« geherrscht habe und dass sie eine »eingeschworene Urlaubsgemeinschaft« gebildet hätten.

Am Ende dieses Sitzungstages blickt Zschäpe zu André E., ihrer bewährten Stütze in schwieriger Lage. Er erwidert den langen Blick. Sie zieht die Brauen hoch und verdreht die Augen. E. wird diese Botschaft zu deuten gewusst haben.

Neue Koalitionen – Wohlleben bleibt in Haft

Ein weiterer wichtiger Schritt in Richtung Urteil ist die Reaktion des Senats auf einen Antrag der Verteidiger Ralf Wohllebens zwecks Entlassung aus der U-Haft. Ihrem Mandanten, der bereits zweieinhalb Jahre einsitze, sei eine objektive Beihilfehandlung zum Mord an neun Personen (Michèle Kiesewetter war nicht mit der Ceska 83 getötet worden) bisher nicht nachzuweisen, tragen die Anwälte vor. Es sei nicht belegt, dass Wohlleben über die Mordpläne des NSU Bescheid gewusst habe. Die drei Untergetauchten seien bis dato lediglich mit Delikten aufgefallen, die Gewalt nur androhten, etwa mit nicht zündfähigen Bombenattrappen. »Es ist nicht ersichtlich«, so die Wohlleben-Verteidiger, »warum Herr Wohlleben damit rechnen musste, dass das sogenannte Trio dazu übergehen sollte, Ausländer anzugreifen oder gar zu töten.« Der Senat weist den Antrag zurück. Die Verteidiger stellen daraufhin einen Befangenheitsantrag gegen das Gericht, der ebenfalls scheitert. Ähnliche Anträge werden in den kommenden Jahren noch vielfach gestellt werden – stets erfolglos.

Bemerkenswert ist hier nicht der negative Bescheid, damit war zu rechnen. Das Gericht lässt sich vielmehr nach mehr als einem Jahr Verhandlungsdauer erstmals in die Karten schauen, indem es die Beweislage bewertet. Und danach sieht es weder für Wohlleben noch für Zschäpe günstig aus.

Die Bundesanwaltschaft sieht in einer Stellungnahme zur Aussage von Carsten Sch., dem Überbringer der Waffe, den dringenden Tatverdacht gegen Wohlleben nicht nur bestätigt, sondern sogar intensiviert. Es sei »dringend davon auszugehen«, dass es sich bei der übergebenen Waffe um die Tatwaffe der »Ceska-Mordserie« gehandelt habe, selbst wenn Unsicherheiten blieben. Es bestehe auch weiterhin der dringende Verdacht, dass Sch. auf Weisung Wohllebens gehandelt habe. Die Bundesanwaltschaft schätze Carsten Sch.s Aussage als »in objektiver Hinsicht« glaubhaft ein. Wohlleben habe auch am Vertrieb des menschenverachtenden »Pogromly«-Spiels maßgeblich mitgewirkt. Und er habe den Mitangeklagten Holger G. veranlasst, eine weitere Schusswaffe nebst Munition nach Zwickau zu den dreien zu transportieren. Wohlleben habe die potenzielle Gefährlichkeit des Trios sehr wohl gekannt, der Einsatz von Waffen habe alles andere als ferngelegen.

Am 30. September 2014 gibt Zschäpe-Verteidiger Stahl eine Erklärung zu Tino Brandt ab: »Zu Brandt gäbe es einiges zu sagen. Wir beschränken uns auf das, was er über unsere Mandantin sagt. Wir halten ihn für einen notorischen Lügner. Er musste zugeben, sowohl seine Kameraden als auch das Landesamt angelogen zu haben. Seine Angaben zu Frau Zschäpe sind völlig unergiebig und widersprüchlich.« Demnach soll sie »politisch interessiert und nicht im Hintergrund« gewesen sein und gleichzeitig »nie im Vordergrund«. Brandts Aussage fehle jeder Erlebnisbezug, sei substanzlos und für eine Einschätzung Zschäpes »unbrauchbar«. Nebenklageanwalt Alexander Hoffmann widerspricht: Brandt sei nicht ein notorischer Lügner, sondern er lüge »interessengeleitet«. Möglicherweise ist das dasselbe.

Die nächsten Wochen verstreichen mit langatmigen Zeugenbefragungen durch einige Nebenklageanwälte. Immer wieder geht es um Kennverhältnisse, um Kontakte zu »Blood and Honour« und anderen rechtsradikalen Gruppen, um angebliche Ermittlungsmängel, um die Herkunft des Geldes, mit dem Mundlos, Böhnhardt und Zschäpe anfangs unterstützt wurden. Irgendwann fragt Verteidiger Stahl, was dieser »Szenevoyeurismus« noch mit der Anklage zu tun habe. Auch Bundesanwalt Herbert Diemer platzt der Kragen: »Die Vermutungen, wer noch alles unterstützt haben könnte, ist Sache von Ermittlungsverfahren. Alle wissen, dass es Unterstützer gab. Wir werden dieses Verfahren nie zu Ende bringen, wenn das so weitergeht.«

Durch die unübliche Rolle der Nebenklage als dritter Prozesspartei, wie sie im NSU-Prozess deutlich wird, ergeben sich zuweilen unerwartete Koalitionen. Stahl springt oft Diemer bei, wenn dieser wieder einmal an die Nebenklage appelliert: »Die Bundesanwaltschaft führt zahllose weitere Ermittlungsverfahren gegen Personen, die mit der Anklage hier nichts zu tun haben. Hier geht es um zehn Morde, die auf grausamste Weise begangen wurden. Wer sonst noch militant war in Thüringen, ist im Augenblick nicht relevant, ebenso wenig die Zusammenarbeit von ›Blood and Honour‹ in Sachsen und Thüringen!«

Stahl: »Es gilt, die Rolle von Frau Zschäpe zu ermitteln. Was Herr Bundesanwalt Diemer sagt, trifft zu. Sie wollen eine Ermittlungsarbeit in der Hauptverhandlung leisten, die nicht zulässig ist. Der Prozess wird als Ermittlungsbühne missbraucht. Es kann nicht sein, dass die Nebenklage den von der Strafprozessordnung vorgegebenen Rahmen mit der Brechstange aufbricht!«

Götzl lässt der Nebenklage immer mehr Raum. Das ist nicht Taktik oder Wohlwollen gegenüber den Opfern. Er will genau und nicht nur ungefähr wissen, worüber er zu verhandeln hat, er will kein sinnvolles Argument übergehen. Ein schwieriges Unterfangen. Den einen geht seine Großzügigkeit zu weit; denen, die sie einfordern, längst nicht weit genug.

Ermahnungen, immer den Zusammenhang mit der Tat- und Schuldfrage zu wahren, beeindrucken einen Opferanwalt wie Yavuz Narin nicht. »Tino Brandt bestritt hier«, hält er einem Zeugen vor, »je gesagt zu haben, Zschäpe sei die ›Matratze‹ der Szene gewesen. Hat er das nun gesagt oder nicht?« Der Zeuge bestätigt, Brandt habe dies sogar mehrfach gesagt. Götzl verzieht keine Miene.

Die Verlesung von alten Urteilen eröffnet den Blick zurück in die neunziger Jahre des Trios. In der Nacht vom 12. auf den 13. April 1996 – der Vorsitzende des Zentralrats der Juden Ignaz Bubis bereiste damals die Gegend – fuhr Uwe Böhnhardt zum Beispiel mit dem Auto seiner Eltern zu einer Brücke über die Autobahn A4, um dort einen Puppentorso mit Davidstern aufzuhängen, womit er offenbar Hass gegen Juden und das Judentum zu schüren beabsichtigte; der Kopf der Puppe befand sich in einer Schlinge. Daneben war auf der Brücke ein Karton platziert, aus dem Kabel zu dem Puppentorso führten. Verkehrszeichen an der Auffahrt trugen die Aufschrift »Durchfahrt verboten« und »Vorsicht Bombe«. Damit sollte vor einer drohenden Explosion gewarnt werden. Auf der Bombe, die sich als Attrappe herausstellte, wurde ein Fingerabdruck Böhnhardts gefunden.

Vor dem Landgericht in Gera bestritt Böhnhardt die Vorwürfe und behauptete, nach einer Geburtstagsfeier unter anderem mit Wohlleben, Mundlos und Zschäpe umgehend in deren Wohnung gefahren zu sein, um Skat und andere Spiele zu spielen. Er sei »national« und »fühle deutsch«, habe aber mit dem Vorfall nichts zu tun. Weil die Tat nicht nachweisbar war, wurde Böhnhardt in diesem Punkt der Anklage freigesprochen. Die Zeugen hatten für ihn gelogen, darunter auch Zschäpe.

Am Ende verhängten die Richter unter Einbeziehung früherer Urteile eine Gesamtstrafe von zwei Jahren und drei Monaten, »um erzieherisch auf Böhnhardt einzuwirken«. Eine gewisse Reifeverzögerung sei nicht auszuschließen, urteilten sie, schädliche Neigungen lägen vor. Man hoffe, so das Gericht, dass er unter dem Eindruck des Strafvollzuges nachreife.

Daraus wurde bekanntlich nichts, im Gegenteil. Böhnhardts Abscheu vor einer Inhaftierung führte geradewegs in die Katastrophe.

Nicole Schneiders, Verteidigerin von Ralf Wohlleben, befragt einen der V-Mann-Führer Tino Brandts: »Hatten Sie Erkenntnisse über eine Gewaltbereitschaft der Szene?« »Nein«, antwortet der Zeuge. Er wisse nicht, ob das überhaupt Thema gewesen sei Ende der neunziger Jahre. Er meine, eher nicht. Auch an Diskussionen über den Einsatz von Gewalt erinnere er sich nicht.

Schneiders Kollege Olaf Klemke fragt in der gleichen Richtung: »Gibt es rückblickend Anhaltspunkte dafür, dass die Untergetauchten schwere Straftaten begehen würden?«

»Nein!« Der Zeuge schüttelt vehement den Kopf. »Für mich war es unvorstellbar, dass Kleinkriminelle wie Böhnhardt solche Taten begehen!«

Die Aussage dieses und weiterer Zeugen vor allem aus der V-Mann-Szene beantwortet die Frage vieler Nebenkläger, wie es zu den Verbrechen trotz Involvierung des Verfassungsschutzes hatte kommen können: Es trafen aufeinander Naivität, Inkompetenz, eigenmächtiges Verhalten und die Fehleinschätzung, bei den dreien handle es sich um Kleinkriminelle. Damals sei in München bei einer Konferenz des bayerischen Verfassungsschutzes gefragt worden, erinnert sich der Zeuge, wie man die Anwerbung von Quellen koordinieren könnte, um einen besseren Zugang zur rechten Szene zu bekommen. »Denn jeder hat ja für sich gewurstelt.« Im »Thüringer Heimatschutz« etwa hätten sich 19 Quellen befunden – »und wir haben das nicht gewusst«. Es habe auch keinen Kontakt zu anderen Diensten gegeben. Und wenn man jemanden angesprochen habe, dann sei gelogen worden.

Die »hohen Werte« und die weiße Vorherrschaft

Auch in den Blick genommen wird die rechte Musikszene damals. Eine Zeugin schwärmt von Ian Stuart, dem britischen Sänger und Gründer von »Blood and Honour«, einem Netzwerk von Neonazi-Bands. »Dieses Ehrenvolle, das er verkörperte! Die hohen Werte, dass wir uns ein Stück weit zurückbesinnen sollen! Dass man wieder ehrlicher wird und erkennt, was Demut ist! Dass man sich selber treu ist und, ja, auch moralisch lebt und Recht von Unrecht unterscheidet! Und die Musik war toll!«

Götzl, trocken: »Die Musik lassen wir mal beiseite. Worum ging es inhaltlich?«

Die Frau, von Beruf Erzieherin, dreht und windet sich. Inhalte habe es nicht gegeben, nur Musik, Musik, Musik. Sie sei das einzige Mädchen gewesen, und man habe sie nicht teilnehmen lassen an Gesprächen. Denn Frauen gehörten an den Kochtopf.

Götzl: »Und das Ehrenhafte?«

Das sei ihr Beweggrund gewesen, sich dafür zu interessieren. Aber bald habe sie gemerkt, dass es letztlich doch nur ums Geldverdienen gegangen sei. Sie habe sich vorgestellt, dass alle gemeinsam mit den Kindern – sie selbst hat vier – etwas unternehmen. »Aber dann ging's nur um Geld, Kinder spielten gar keine Rolle!«

Götzl: »Was waren die politischen Ziele?«

Die habe es nicht gegeben. Oder, vielleicht eine weiße Welt. Die weiße Kraft. Dass die weiße Hautfarbe erhalten bleibt.

Götzl: »Das klingt nach Idylle, Musikliebhaber mit Kindern, Krabbelgruppe.«

Ihr persönlich sei es nur um die Musik gegangen.

Und den anderen?

Ja, schon auch rechtes Gedankengut, weiße Rasse, so in dem Sinne.

Götzl: »Was heißt das? Sie werfen mir hier Schlagworte hin. Was war gemeint?«

»Das sind alles Floskeln«, redet sich die Erzieherin heraus, »plakatives Zeug. Ich weiß gar nicht, ob es je einen Sinn dahinter gab.« In jener Zeit, kurz nach der Wende, habe man Dinge gesagt, deren Sinn man nicht verstanden habe.

Götzl: »Mit ›man‹ meinen Sie sich?«

»Nee. Man hat zum Beispiel ein Bierglas genommen und angestoßen mit den Worten ›White power‹, dass man sich also nicht vermischt. Das waren andere Zeiten, die man mit den heutigen nicht vergleichen kann.« Dann beschwert sie sich: »Wenn der Begriff ›rechts‹ fällt und man wird damit in Zusammenhang gebracht, ist das gleich negativ. Der Mensch dahinter wird nicht mehr gesehen.« Im Übrigen kenne sie Mundlos und Böhnhardt nur aus der Presse und Zschäpe überhaupt nicht.

Der Vorsitzende hält ihr eine Reihe von Erkenntnissen des sächsischen Verfassungsschutzes vor, etwa dass sie Gelder für die Untergetauchten besorgt habe. Sie streitet alles ab.

Ihr geschiedener Mann nimmt sie in Schutz. Seine Ex-Frau sei halt »irgendwie« mit dabei gewesen in diesem Männerverein. »Jede Anwaltskanzlei schmückt sich mit einer schönen Vorzimmerdame. Und sie dachte, sie könnte da so ein romantisches Ding durchziehen. Wir sprachen oft darüber, dass ich das nicht wollte. Aber sie ließ sich nicht abbringen.«

Einzelne Anwälte der Nebenklage glauben ihm nicht. Seine damalige Frau sei doch Mitbegründerin von »Blood and Honour«! In Wahrheit sei es doch nur um die Frage gegangen, wie man die weiße Vorherrschaft vorantreiben könne! Die einzige Sorge, die seine Ex-Frau geplagt habe, sei gewesen, dass ihre Kinder im Kindergarten mit nichtweißen Kindern in Kontakt kommen könnten! Und er, der Ehemann, rede von Romantik.

Das zweite Prozessjahr neigt sich dem Ende zu. An manchen Tagen zeigt sich die Anspannung der Beteiligten deutlich. Bisweilen liegen die Nerven blank. Beate Zschäpes Gesundheitszustand verschlechtert sich. Als Bundesanwalt Diemer wieder einmal mahnt, es seien nur Themen relevant, die mit der Anklage in Verbindung stünden, wirft Nebenklageanwalt Narin ihm vor: »Bei dieser Bundesanwaltschaft muss sich kein lügender Nazizeuge Sorgen machen, strafverfolgt zu werden!« – ein Satz, der fortan wie Pech an den Anklägern klebt. Da hilft auch Diemers »Klarstellung« nichts, dass der Bundesanwaltschaft Unterstützungshandlungen durchaus bekannt seien: »Aber was verjährt ist, kann nicht mehr verfolgt werden. Es gibt ein Strafrecht in Deutschland, Herr Rechtsanwalt!«

Ein Kollege springt Narin sogleich bei: »Es geht nicht um die Verfolgung weiterer Personen, sondern um die terroristische Vereinigung NSU – die Waffenbeschaffung, um Unterstützungshandlungen hierzu, um Spenden!« Ein weiterer Kollege stimmt mit ein: »Es geht um die Hintergründe der Taten und die Gefährlichkeit der terroristischen Vereinigung. Es *muss* einen Ansprechpartner gegeben haben für die Unterstützer. Wer waren die Vermittler?«

Götzl versucht zu schlichten: »Alle Meinungen sind ausgetauscht. Probleme tauchen stets bei Fragen auf, die zu weiträumig sind. Ich bitte um mehr Konzentration! Es soll nicht jeder reden, was ihm gerade einfällt!« Ein Kunstgriff des Vorsitzenden. Denn jetzt sind alle beleidigt und stellen das Hickhack ein.

Viele Prozessbeteiligte fühlen sich inzwischen ausgelaugt. Das Jahr war anstrengend. Zum Schluss bindet der Vorsitzende noch einen Strauß an Gerichtsbeschlüssen, der sowohl der Verteidigung als auch der Nebenklage klarmacht, dass mit diesem Senat nicht zu spaßen ist. Abgelehnt, abgelehnt, rechtlich ohne Bedeutung, bereits erwiesen, Beweisermittlungsantrag, ohne Bedeutung für die Entscheidung – das sind die Vokabeln, mit denen das Gericht eine ganze Reihe von Beweisanträgen abschlägig bescheidet.

Zschäpe, von Tag zu Tag blasser, bricht regelrecht zusammen, als sie die weitere Terminierung des Verfahrens erfährt. »Der Erholungswert in einer Vorführzelle von gefühlt zweieinhalb Quadratmeter Größe ist gleich null«, moniert Verteidiger Heer. Götzl lässt den Landgerichtsarzt holen.

Unerbittlich verliest er weiter bis zum allerletzten ablehnenden Beschluss. Die zweite Weihnachtspause kann beginnen.

2015, das dritte und entscheidende Prozessjahr

Zu Beginn des neuen Jahres geht es zunächst unerwartet zügig voran. In der Presse tauchen die ersten Berichte auf, in denen schon über ein Ende des Prozesses in absehbarer Zeit spekuliert wird. Die Verteidiger stellen kaum noch Befangenheitsanträge, nur selten fallen Verhandlungstage aus. Man scheint mit neuer Energie den Verfahrensstoff bewältigen zu wollen. Beate Zschäpe schweigt jetzt schon 172 Sitzungstage lang.

Die Nebenklage – Gründe und Abgründe

Grundsätzlich sieht das Strafverfahren keine direkte Beteiligung des Opfers vor, sondern beschränkt es auf seine Zeugenrolle. Allerdings gibt es die Möglichkeit, gemäß Paragraf 395 Absatz 1 Strafgesetzbuch als Nebenkläger samt Anwalt zum Prozessbeteiligten zu werden und zur Bestrafung des oder der Angeklagten beizutragen. Allerdings bedarf es dazu einer besonderen Schutzwürdigkeit, die beim kleinen Ladendiebstahl nicht, bei Kapitaldelikten aber in der Regel vorliegt. Auch nahe Angehörige von Opfern können das Recht der Nebenklage wahrnehmen, wenn diese nicht mehr in der Lage sind, sich selbst zu Wort zu melden. Als solche gelten die Eltern, die Geschwister, die Kinder sowie die Ehe- und Lebenspartner.

Nebenkläger üben damit eine Art privater Kontrolle der staatsanwaltschaftlichen Strafverfolgung aus. Normalerweise unterstützten die Anwälte der Opfer die Aktionen der Staatsanwaltschaft und geben den Geschädigten eine Stimme. Im NSU-Prozess hingegen fochten sie eine Kontroverse nach der anderen mit den Anklägern des Staates aus. Bundesanwalt Diemer warnte fast routinemäßig vor einer Ausweitung des Verfahrensstoffs, mit der Folge, dass Teile der Nebenklage der Bundesanwaltschaft ebenso regelmäßig ein borniertes Bemühen unterstellten, staatliche Institutionen zu schützen und nichts über die Verstrickungen des Verfassungsschutzes hören zu wollen.

Vor allem im NSU-Prozess kristallisierten sich bestimmte Typen unter den Nebenklagevertretern heraus: die von ihrer jeweils selbstdefinierten Mission Durchdrungenen, die dabei zunehmend die professionelle Distanz aufgaben. Die Verächter der Verteidigung, die das Eintreten für die Angeklagten als Kumpanei diskreditierten. Die mehr an Selbstinszenierung denn an ihrer Aufgabe Interessierten. Die überwiegend finanziell Motivierten, denen die Vertretung eines Opfers ein regelmäßiges Einkommen aus dem Staatssäckel ohne großen Aufwand bescherte. Und die politisch Getriebenen, die der Staatsanwaltschaft die Verdeckung von Staatsversagen nachweisen wollten.

Es gab andere, die angetreten waren, Lücken in der Anklage mit eigenen Ermittlungen zu füllen und die Angeklagten der Lüge zu überführen, was mit enormem persönlichem Einsatz und einer akribischen Aktenkenntnis verbunden war. Dieser Mühe unterzogen sich die wenigsten. Aber die es auf sich nahmen, machten sich um den Prozess verdient.

Je länger das Verfahren dauerte, desto sichtbarer wurde noch etwas anderes: Es hatten sich Fronten unter den Nebenklageanwälten gebildet. Da waren die einen, die »echte« Verletzte und Hinterbliebene vertraten und vom Senat eine umfassende Aufklärung der Verbrechen forderten. Daneben andere, deren Mandanten nur theoretisch Opfer hätten werden können. Diese Anwälte fielen ihren Kollegen bisweilen in den Rücken mit dem Argument, man müsse sich vor Gericht auf das Wesentliche, nämlich die Verurteilung der Angeklagten, konzentrieren. Und dann gab es noch jene, die Forderungen nach mehr und gründlicherer Aufklärung regelrecht ablehnten, weil ihre Mandanten nicht mehr an die Erlebnisse von vor zehn und mehr Jahren erinnert werden wollten.

Von manchen Anwälten hieß es überdies, sie hätten sich ihre Opfer »gebastelt«, indem sie ihren Mandanten zum Beispiel ein »Knalltrauma« andichteten, von dem diese, wie sich vor Gericht zeigte, gar nichts wussten. Es gab Anwälte, bei denen es fragwürdig war, mit welchen Versprechungen sie an das Mandat gekommen waren und ob sie es nicht einem Kollegen abgekauft hatten. Und, ja, einer vertrat, wie sich später herausstellte, ein Opfer, das gar nicht existierte. Dazu gab es den einen oder anderen Anwalt, der regelmäßig als Vertreter von Opfern auftrat, die längst in die Heimat zurückgekehrt waren und dort unter unbekannter Adresse leben, so dass sogar die regelmäßige Information über den Prozessfortgang entfiel.

Der großen Mehrheit der Nebenklagevertreter gemeinsam aber war das Interesse, ein Verhandlungstag möge länger als bis 15.30 Uhr dauern. Dann nämlich erhöhte sich das Tageshonorar von 356 Euro um weitere rund 200 Euro. Auch die opulente Pauschgebühr, die nach dem Prozess beanspruchen konnte, wer regelmäßig in München erschien, trug zu dem Eindruck bei, dass die Nebenklage im NSU-Prozess von so manchem Anwalt auch als eine willkommene Geldbeschaffungsmaschine angesehen wurde.

Das Attentat in der Keupstraße in Köln

Der erste Sitzungstag im neuen Jahr ist zugleich der erste, an dem es um den Nagelbombenanschlag in der Kölner Keupstraße am 4. Juni 2004 geht. Wenn eine der Taten des NSU schon auf den ersten Blick das Motiv »Ausländerhass« oder »Terrorismus« nahelegte, dann war es dieses Bombenattentat. Denn es galt offensichtlich nicht einer Einzelperson, sondern es sollten möglichst viele Personen zu Schaden kommen, egal, um wen es sich dabei handelte. Doch der damalige Bundesinnenminister Otto Schily (SPD) erklärte ohne nähere Begründung bereits am Tag danach, es gebe keinen terroristischen Hintergrund, mit der Folge, dass die Ermittler jeder anderen Täterhypothese eher nachgingen als der Frage, ob nicht Ausländerhass hinter dem Attentat stecken könnte. Die Bundesanwaltschaft, zuständig für Terrorverfahren, die schon einen Prüfvorgang eingeleitet hatte, wurde daher nicht eingeschaltet. Den Strafverfolgern drängte sich auch eine Parallele zu dem Anschlag in der Probsteigasse zweieinhalb Jahre zuvor nicht auf. Nach der Enttarnung des NSU entschuldigte sich Schily im April 2012 wegen seiner damaligen Fehleinschätzung.

In der Keupstraße, gelegen in einem von türkischstämmigen Einwohnern geprägten Viertel in Köln-Mülheim mit vielen kleinen Läden, ging die mit fünfeinhalb Kilo Schwarzpulver und Hunderten Zimmermannsnägeln gefüllte Bombe auf einem Fahrrad vor dem Haus Nr. 29 hoch, in dem sich im

Erdgeschoss ein Friseurgeschäft befand. Ihre Wirkung war verheerend. Menschen brannten, Fensterscheiben zerbarsten aufgrund der starken Druckwelle, Wände bekamen Risse, was nicht niet- und nagelfest war, flog zerfetzt durch die Luft. Manche der zehn Zentimeter langen Nägel gelangten im Umkreis von 200 Metern über die Dächer bis in die Hinterhöfe. Sie drangen in Wände und Türen ein und verletzten Menschen zum Teil schwer. Dass »nur« 22 Personen Verletzungen davontrugen und nicht auch Tote zu beklagen waren, ist dem Zufall zu verdanken. Es ist fast ein Wunder. Denn im Abstand von fünf Metern, so ein Sachverständiger, habe man mit tödlichen Verletzungen rechnen müssen.

Der Senat hört erst jene Beamten, die den Tatort gesichert, analysiert und vermessen hatten. Dann sind die beiden am schwersten verletzten Opfer an der Reihe: ein junger Mann namens Sandro und sein damaliger Begleiter Melik. Wie auch bei den anderen, später auftretenden Verletzten geht es nicht nur um das Geschehen vor Ort, sondern auch um die Folgen des Anschlags, unter denen manche Opfer lebenslang leiden werden.

Sandro: »Ich war mit meinem Freund Melik unterwegs und wir überlegten, eine Kleinigkeit zu essen. Also gingen wir zu einer Dönerbude. Als wir mit dem Essen auf die Straße gingen, ein Knall! Druck von hinten, als ob mir jemand die Beine weggeschossen hätte! Alles war voller Qualm. Man sah nichts mehr. Melik lag auf dem Boden. War er tot? Ich hörte nichts. Man zog mir meine Jacke aus, sie brannte. Ich konnte mich nicht verständigen, weil ich nichts hörte. Beide Trommelfelle waren kaputt. Dann lag ich auch schon im Krankenhaus. Erst drei Tage später wachte ich wieder auf. Ich wusste nicht, ob jemand auf mich geschossen hatte oder was sonst war. Ich befand mich eine Woche auf der Intensivstation, hatte Nägel in den Beinen, ein Oberschenkel war gebrochen, zwei Finger waren fast ab. Man sagte mir nichts. Ich wusste nicht, ob Melik noch lebt. Denn wir wurden verdächtigt, das Rad, das explodiert war, dort abgestellt zu haben, es sei nur zu früh hochgegangen. Wir standen etwa eineinhalb Meter von diesem Rad entfernt, direkt vor dem Friseur, ich habe nicht darauf geachtet. Wer rechnet denn mit so etwas Schlimmem? Es war wie in einem schlechten Stummfilm.«

Sein behandelnder Arzt schildert die Verletzungen: Verbrennungen zweiten Grades, durch den Oberschenkel ging ein Riss, Nägel im Fleisch, einer im Knochen steckend. Sechsmal musste Sandro operiert werden, abgestorbenes Gewebe am Arm wurde mehrfach abgetragen. Hauttransplantationen.

Meliks Haare standen damals in Flammen, eine Stichflamme brannte sein Trommelfell aus. Jemand schüttete Wasser über ihn. Rund hundert Splitter steckten in seinem verbrannten Gesicht, die Netzhaut war verletzt, die zerfetzten Wunden an seinen Beinen reichten bis auf die Knochen. Im Krankenhaus wurde er in ein künstliches Koma versetzt. Als er aufwachte, blickte ihm im Spiegel ein unter Verbänden verborgener Zombie entgegen. Ein Verbandswechsel war nur unter Vollnarkose möglich.

Melik musste seine Ausbildung abbrechen. Es blieben Rückenbeschwerden, eine Hörstörung. Alpträume, Schlafstörungen. »Die Bilder brennen sich ein«, sagt er. Anfangs ging er jede Woche zur Psychotherapie. »Doch es hat mir geschadet, als ich immer wieder drüber reden sollte.«

Bei der Polizei erfuhr Sandro, es sei wohl ein Anschlag auf den Friseurladen gewesen, vermutlich wegen Schutzgeldes. »Ich sagte den Polizisten: ›Wenn jemand etwas gegen den Friseur gehabt haben sollte, dann hätte er ihn abgeknallt, aber nicht Hunderte Nägel auf offener Straße …‹ Die einzige Möglichkeit, die ich mir vorstellen konnte, war das Attentat eines Ausländerhassers. Um darauf zu kommen, muss man aber kein Ermittler sein!«

Zahlreiche Verletzte aus der Keupstraße leiden bis heute unter Schwindelgefühlen, sind halb taub, haben noch Splitter im Körper. Ihr Leben ist nicht mehr das von früher, sie haben Angst, unter Menschen zu gehen, sind arbeitsunfähig. Einer beschreibt, wie er als politischer Flüchtling vor vielen Jahren nach Deutschland gekommen sei, weil er in der Türkei »meine Gedanken nicht äußern durfte«. Sein Resümee: »Die Leiden, die ich in der Türkei nicht erlitten habe, wurden mir in Deutschland zugefügt.«

Viele waren lange krank, selbst wenn sie körperlich nicht verletzt worden waren, verloren ihre Arbeit. Die meisten klagen heute noch über Probleme beim Hören, die auf die starke Druckwelle zurückzuführen sind. Über ihre psychischen Probleme sprechen sie nicht oder nur ungern. Denn: »Bei uns fragt man: Bist du verrückt? Es ist besser, es zu verheimlichen.«

Die Aussagen der Verletzten gleichen sich. Götzl drückt auf das Tempo. Neunzehn Geschädigte sind für die kommende Woche als Zeugen vorgesehen: der Rentner, der mit seinem Fahrrad durch die Keupstraße fuhr und gerade noch davonkam, mit einem Knalltrauma allerdings; der Mann mit türkischem Namen, der auf die Frage, wo er geboren sei, in breitestem Dialekt antwortet: »in Kölle«.

Der Besitzer des Friseursalons sagt aus: »Gegen drei, halb vier Uhr sah ich vor dem Geschäft eine Person, etwa 1,80 Meter groß, mit Baseballkappe und blonden Koteletten. Die Polizei fragte später, ob es nicht vielleicht dunkle Koteletten gewesen seien, ein Ausländer also. Der Mann stellte ein Fahrrad ab. Ich dachte, dass es vielleicht ein neuer Kunde ist. Wir sahen uns eine Sekunde lang an. Kurz darauf ein Knall, die Schaufensterscheibe ging komplett zu Bruch. Eine starke Druckwelle, Splitter, ich blutete überall. Menschen schrien. Jeder versuchte, sich selbst zu retten. Draußen sah es aus wie in einem Fernsehkrieg. Überall Trümmer. Ich hatte wahnsinnige Schmerzen und tiefe Schnitte mit Glassplittern drin. In der Zeitung kamen am nächsten Tag Berichte, dass wir uns gegenseitig umbringen wollten. Die Polizei hat uns vernommen, als ob wir Beschuldigte wären. Das war für uns die zweite Verletzung.«

Man habe ihm unterstellt, sagt der Friseur, die Bombe selbst platziert zu haben, um die Versicherung zu betrügen. »Dabei hatten wir gar keine Versicherung.« Man habe keine Hilfe bekommen, den Laden wieder in Betrieb zu setzen, von dem er und sein Bruder gelebt hätten.

Ein früherer Restaurantbesitzer, der jetzt Angestellter in einem seiner ehemaligen Lokale ist: »Ich hatte zwei Läden. Der Umsatz ging nach dem Anschlag zurück, vor allem Deutsche trauten sich nicht mehr zu uns. Ich bin seit dreißig Jahren deutscher Staatsangehöriger.« Ihm wurde damals gesagt, es seien Türsteher gewesen. »Doch ich war mir sicher, dass es niemand aus unserer Straße war. Denn es hätte dann ja jeden von uns treffen können!«

Der Angestellte aus dem Geschäft gegenüber dem Friseur: »Im Geschäft waren überall Nägel. Draußen lag einer bewusstlos auf dem Boden und brannte. Ich warf meine Jacke über ihn und redete ihm zu. Zum Glück hat ein Lieferwagen viele der Nägel abgehalten. Sogar ein metallener Türgriff war von einem Nagel durchbohrt. Tage später hat mich die Polizei vernommen. Es wurde von Anfang an darauf hingearbeitet, dass die türkische Mafia oder die Türsteherszene dahinterstecke. Ich sagte zu den Polizisten: ›Sie kennen uns seit vierzig Jahren und wissen genau, dass wir bei einem Streit nicht eine Bombe hochgehen lassen, sondern ihn immer Mann gegen Mann austragen!‹ Viele Ladenbesitzer hatten Angst, dass ihnen etwas in die Schuhe geschoben würde. Es gab Gerüchte wegen der PKK, jeder verdächtigte jeden.«

Der Offizier im Ruhestand, der seine Aussage damit einleitet, dass er aus der Türkei komme, wo es den meisten Terrorismus gebe. Er sei der Sohn eines Richters und gehöre »zu den Söhnen des ersten Sohnes der Osmanen«.

Verteidiger Heer interveniert angesichts der blumigen Eingangstirade. Götzl wehrt ab, er will den Mann anhören.

»Aufgrund meiner Ausbildung«, fährt dieser fort, »erteilte ich meinem Bruder den Befehl, als die Bombe explodierte: ›Wirf dich hin!‹ Ich wusste gleich, dass es sich um eine Bombe handelte. Ich sagte: ›Lass uns helfen!‹ Allah möge niemandem so ein Bild zeigen!« Man habe ihn gefragt, ob er vor Gericht aussagen würde. »Ich habe auf die Ehre eines Soldaten versprochen zu kommen«, versichert er.

Aber es tritt auch jene Frau vor den Senat, die sich, damals im achten Monat schwanger, mit ihrem Erstgeborenen im hinteren Teil eines der Häuser der Keupstraße aufgehalten hatte. Sie erschrak, als sie einen Knall hörte, und versuchte, aus dem Fenster zu schauen. Die Jalousien waren durch die Detonation beschädigt. Erst dachte sie, es habe eine Gasexplosion gegeben. Doch draußen schrien manche »Bombe!«, es roch nach Pulver. Eine halbe Stunde später ging sie auf die Straße, um zu sehen, was los ist. »Niemand wusste, warum das passiert war und dass es sich um einen Angriff gegen uns handelte«, sagt sie vor Gericht.

Laut ihren Angaben ereilte sie Jahre später, 2011, »eine große Krise« mit Panikattacken und Atemnot, Flugangst und Gefühlen der Bedrängnis in engen Räumen. »Es ist ein großer Erfolg für mich, hier in diesem Saal zu sein und eine Aussage machen zu können«, trägt sie vor.

Einer ihrer behandelnden Ärzte stellt ihre Beschwerden allerdings ein wenig anders dar: Die Patientin leide in bestimmten Situationen unter Phobien: in geschlossenen Räumen, in der Bahn, im Bus, auch in der Höhe. Einige dieser Ängste plagten sie schon lange vor dem Attentat. Andere entwickelten sich erst in letzter Zeit. So habe sie im Kino eine Panikattacke mit Herzrasen und Atemnot erlitten. »Von dem Anschlag in der Keupstraße sagte sie zu mir kein Wort«, berichtet der Arzt, »sondern sie sprach davon, den Tod ihrer Mutter nicht verarbeiten zu können. Sie kam nur drei Mal, dann nie wieder.« Trotzdem beanspruchte sie den Status als Nebenklägerin im NSU-Prozess und ließ sich fünf Jahre lang von einem Anwalt vertreten.

Einer als Zeugin geladenen Rentnerin fiel damals ein junger Mann auf einem Trampelpfad auf, einer Abkürzung für Fußgänger. Er habe sein silberfarbenes Fahrrad merkwürdig behutsam geschoben und sei ihr etwas unheimlich vorgekommen, angespannt. Auf dem Gepäckträger habe sich eine relativ große schwarze Box befunden. Als nach dem Auffliegen des NSU Fotos in den Zeitungen erschienen, erkannte sie Uwe Böhnhardt. »Ich bin Tage nach dem Attentat mit zwei Kripobeamten vor Ort gewesen, um die Szene nachzustellen.« Man habe sie gefragt, ob es ein Ausländer, vielleicht ein Türke oder Kurde gewesen sei. »Vom Aussehen her nicht«, habe sie damals gesagt.

Ein Feuerwehrmann berichtet, der an jenem Tag sein Motorrad von der Reparatur abholen wollte. »Da gab es eine

Detonation. Ein Monteur sagt noch: Das war mehr als nur 'n Knall!« Er habe sich auf sein Motorrad geschwungen, als ein Radfahrer aus Richtung der Detonation »wie ein Besessener« daherkam. »Panik stand in seinem Gesicht! Er trug eine Sonnenbrille, ein Käppi, ein T-Shirt. Ich hab ihn genauestens angesehen.« In der Vernehmung sei immer wieder gefragt worden, ob es nicht doch ein Südländer gewesen sein könnte. »Ich sagte jedes Mal: ein Deutscher! Dann hörte ich nichts mehr.« Er sei auch gefragt worden, ob nicht er der Bombenleger gewesen sei, obwohl sich die Hinweise auf junge, sportliche Radfahrer häuften. Warum schloss Otto Schily, ein auf diesem Gebiet wahrlich nicht unerfahrener Mann, so früh schon Terrorismus aus?

Die rasch aufeinanderfolgenden Vernehmungen werden einmal unterbrochen durch eine Nachricht, die manche Prozessbeteiligten erst gar nicht glauben wollen. André E., angeklagt wegen Beihilfe zum versuchten Mord und Unterstützung einer terroristischen Vereinigung, der sich vor Gericht fast unsichtbar zu machen versteht, wenn er nicht durch provozierende Kleidung mit rechtsextremen Aufschriften auffällt, wird am Münchner Hauptbahnhof an der Spitze schwarz gekleideter und mit Transparenten bewaffneter Neonazis gesichtet, die sich dort zur Teilnahme an einer Anti-Islam-Demonstration sammeln. Offensichtlich war er aus dem Gerichtssaal direkt zum Bahnhof geeilt, um seine Kameraden zu begrüßen.

Im Februar widmet sich der Senat zwischen den Vernehmungen der Opfer aus der Keupstraße erneut kurz der Tatwaffe Ceska 83, ein Thema, das vor allem für den Angeklagten Ralf Wohlleben von großem Interesse ist. Zeugen beschreiben die

Situation Anfang der neunziger Jahre in Chemnitz, wo mehrere sowjetische Armee-Einheiten stationiert waren. »Da wusste man, dass es Waffen zu kaufen gibt. Wer eine wollte, hätte sich dort eine besorgen können«, sagt einer, der sonst alles vergessen zu haben scheint. Doch dass »die Russen« alles verkauften, als sie aus der ehemaligen DDR abgezogen wurden, das ist ihm noch im Gedächtnis. Ein anderer antwortet ohne zu zögern auf die Frage des Vorsitzenden, wozu man denn damals Waffen brauchte: »zum Schutz vor Ausländern«.

Götzl: »Wen hatten Sie denn im Auge?«

»Alle! Wir waren doch alle ausländerfeindlich«, bricht es aus dem Zeugen heraus.

Götzl: »Welche Ausländer kannten Sie denn?«

Die Antwort, wie erwartet: keine. Auf dem Schwarzmarkt in Tschechien und Polen, fährt der Zeuge fort, habe man ebenfalls Waffen besorgen können.

Götzl: »Kennen Sie Herrn Wohlleben?«

Nein. Der Zeuge, von Ralf Wohllebens Verteidigern mit der Absicht geladen, den Angeklagten zu entlasten, kennt ihn anscheinend tatsächlich nicht. Nebenklageanwalt Thomas Bliwier: »Wieder ein völlig unergiebiger Zeuge, der nicht sagen konnte, ob Wohlleben nun die führende Zentralfigur im Umkreis des NSU war oder nicht.«

Der Prozess kehrt zur Keupstraße zurück. Zschäpe-Verteidiger Wolfgang Heer attackiert Nebenklagevertreter Alexander Hoffmann, der eine Geschädigte des Anschlags vertritt. Heer bezweifelt die Berechtigung zur Nebenklage bei jener damals schwangeren Frau, der nichts passiert war und die sich erst eine halbe Stunde nach dem Anschlag auf die Straße gewagt hatte. Er beantragt, die Beiordnung von Hoffmann als Nebenklagevertreter aufzuheben, und zitiert dessen Begründung, warum seine Mandantin gleichwohl durch den Anschlag verletzt wurde. Sie habe zwar über »erhebliche Schmerzen« bis zur Geburt geklagt, aber keine Arztberichte dazu vorgelegt. Die Geburt sei normal verlaufen. Eine Panikattacke habe sie erst im Jahr 2012 erlitten und sei danach erst zum Arzt gegangen. Nach dem Anschlag hingegen habe sie keine ärztliche Hilfe in Anspruch genommen. Ihre Ärzte hätten auch keinen Zusammenhang ihrer Beschwerden mit dem Anschlag festgestellt. Sie komme unter keinen Umständen als Opfer in Betracht. »Hypothetische Erwägungen, dass ihr etwas hätte passieren können, wenn sie sich an anderer Stelle aufgehalten hätte, sind unerheblich, da der Kreis der Verletzten sonst grenzenlos wäre.« Wenn überhaupt, handle es sich bei ihr um versuchte Körperverletzung – und die berechtige nicht zur Nebenklage. Außerdem wäre eine versuchte Körperverletzung längst verjährt. »Auch dies spricht gegen einen Anschluss als Nebenklägerin.« Der Zweck der Nebenklage sei das Verlangen des Verletzten nach Genugtuung. Hier aber fehle es an der Verletzteneigenschaft.

Jetzt schlagen die Wellen der Empörung hoch. Andere Nebenklageanwälte springen Hoffmann bei: »Wir weisen diese impertinenten und geschmacklosen Vorwürfe zurück! Hier werden in zynischer Weise Opfer zu Tätern, nämlich Lügnern, gemacht!« Der Antrag des Verteidigers Heer sei zurückzuweisen, da er »offensichtlich darauf gerichtet ist, einen unbequemen Anwalt aus dem Verfahren zu schießen und um ein Opfer noch einmal herunterzumachen«.

Die Auffassung des Generalbundesanwalts, der vor dem Prozess die Zulassung jener Frau als Nebenklägerin noch abgelehnt hatte, ist offenbar einer anderen Sicht gewichen. Denn Oberstaatsanwältin Greger trägt am nächsten Tag dazu vor:

»Wer Opfer ist, bestimmt sich nach dem Vorsatz des Täters. Hier fand ein nicht kontrollierbarer Anschlag mit möglichst verheerender Splitterwirkung statt. Die Täter wollten jeden treffen, der sich im potentiellen Streubereich der Bombe befand. Also auch Personen, die sich im Innern der Häuser aufhielten. Zumindest nahmen sie dies billigend in Kauf. Entscheidend ist die Vorstellung der Täter. Sie hatten einen Verletzungsvorsatz. Es obliegt der rechtlichen Würdigung des Senats, ob alle diese Personen vom Verletzungsvorsatz umfasst sind. Die betreffende Zeugin gehört dazu. Ein Widerruf der Bestellung von Rechtsanwalt Hoffmann ist daher nicht veranlasst.«

Der Streit geht weiter. Zschäpe-Verteidigerin Anja Sturm zitiert noch einmal Hoffmann, der behauptet habe, es sei zu einer Frühgeburt »infolge des Anschlags« bei seiner Mandantin gekommen (das Kind kam zwei Wochen vor dem errechneten Termin zur Welt). »Das weiß die Zeugin nicht mal selbst!«, so Sturm. Es stelle sich die Frage, ob überhaupt wahrheitsgemäß vorgetragen worden sei.

Wohlleben-Verteidiger Olaf Klemke dazwischen: »Die Frau war zu keiner Zeit in konkreter Gefahr!«

Alexander Hoffmann: »Sie war objektiv in Todesgefahr, auch wenn sie tatsächlich nicht verletzt wurde.«

Eine interessante These, weil sie zeigt, dass Juristen alles, aber auch das Gegenteil begründen können.

Dass Mundlos und Böhnhardt den Anschlag begangen haben, daran dürfte mittlerweile kein Zweifel mehr bestehen, enthält doch die Bekenner-DVD eine ausführliche Darstellung des Geschehens. Sie beginnt damit, dass die Comicfigur »Paulchen Panther« anlässlich der Keupstraße beschließt, gegen Ausländer vorzugehen. Am Schaufenster einer offenbar als Hauptquartier des NSU dienenden Hütte betrachtet der rosa Panther ein Plakat mit der makabren Aufschrift »Heute Aktion Dönerspieß«, das ein Foto von Anwohnern nach dem Anschlag zeigt. In ihren Köpfen stecken blutige Zimmermannsnägel.

Am 24. Februar 2015 wird der Prozess unterbrochen. Beate Zschäpe geht es schlecht, man bringt sie vorübergehend ins Krankenhaus. Am 2. März ist sie erneut verhandlungsunfähig.

Die Verteidigungskrise
Ein Wendepunkt, der doch keiner wurde

Unbeirrbar arbeitet der Senat in den folgenden Monaten den Berg der Anklagevorwürfe ab. Nach knapp zwei Jahren Hauptverhandlung fehlen nur noch jene 15 Raubüberfälle, die laut Anklage unter Einsatz von scharf geladenen Schusswaffen und Reizgas verübt wurden. Die Waffen dienten dabei als Drohmittel, wurden aber, wie Zeugen bestätigten, auch als Schlagwerkzeug eingesetzt. Eine Auflistung zeigt, dass die Täter seit ihrem Abtauchen zur Finanzierung ihres Lebensunterhalts mindestens einmal pro Jahr einen Raubzug unternahmen. Sämtliche Zeugen berichten von einem besonders brutalen Auftreten der Täter und von der Angst um das eigene Leben, da ihnen eine Waffe entweder an die Schläfe oder direkt vors Gesicht gehalten worden war und ja auch Schüsse abgegeben wurden. Bei sieben Überfällen waren die Täter mit Dreieckstüchern vermummt, die später in der Frühlingsstraße gefunden wurden. In zehn Fällen machten die Ermittler einen Linkshänder als Täter aus. Uwe Böhnhardt war Linkshänder.

Die Liste der Überfälle zeigt, dass die Ziele vor allem im Osten Deutschlands, mit einem Schwerpunkt in Sachsen, lagen. Es wurde dort also nach Bankräubern gesucht, nicht nach Mördern.

18. Dezember 1998, Edeka-Markt Chemnitz (circa 30 000 DM)

6. Oktober 1999, Postfiliale Chemnitz, Barbarossastraße (5700 DM)

27. Oktober 1999, Postfiliale Chemnitz, Limbacher Straße (62 800 DM)

30. November 2000, Postfiliale Chemnitz, Johannes-Dick-Straße (38 900 DM)

5. Juli 2001, Postfiliale Zwickau-Eckersbach (74 700 DM)

25. September 2002, Sparkasse Zwickau-Auerbach (48 500 Euro)

23. September 2003, Sparkasse Chemnitz, Paul-Bertz-Straße (435 Euro)

14. Mai 2004, Sparkasse Chemnitz, Albert-Schweitzer-Str. (33 175 Euro plus Reiseschecks in Höhe von 4250 Euro)

18. Mai 2004, Sparkasse Chemnitz, Sandstraße (73 815 Euro)

22. November 2005, Sparkasse Chemnitz, Sandstraße (ohne Beute)

5. Oktober 2006, Sparkasse Zwickau-Eckersbach (ohne Beute)

7. November 2006, Sparkasse Stralsund (84 995 Euro)

18. Januar 2007, Sparkasse Stralsund (169 970 Euro)

7. September 2011, Sparkasse Arnstadt (15 000 Euro)

4. November 2011, Sparkasse Eisenach (71 915 Euro)

Bis auf die erste Tat wurden Geldinstitute oder Sparkassen überfallen. Böhnhardt und Mundlos gingen dabei nach einem eingespielten Muster vor. Sie mieteten ein Fahrzeug, fuhren damit in die Nähe des Tatorts und benutzten für die letzte

Wegstrecke und zur anschließenden Flucht Fahrräder. Mundlos sicherte dann meist den Kundenbereich, während Böhnhardt über die Tresen sprang und hinter den Schaltern die
Öffnung der Kassen und Tresore erzwang, was sich aus den
Aufnahmen von Überwachungskameras ergab. Beide traten
laut Zeugenaussagen brutal, hektisch herumschreiend und
aggressiv auf.

Auch in diesem Stadium des Verfahrens gibt es immer mal
wieder abrupte Themenwechsel: Kaum dass die ersten Kas-
siererinnen und Ermittler zum Komplex »Raubüberfälle« als
Zeugen vernommen sind, betritt ein Jugendfreund von Uwe
Mundlos namens Alexander – Sohn einer Deutschen und eines
Bulgaren – die Bühne des Gerichts. Er liefert dem Senat ein
Bild Zschäpes, das sich mit der Einschätzung der Staatsanwaltschaft deckt: selbstbewusst, kein Mädchen, das »herum-
geschubst« wurde. Ein bisschen »ordinär« sei sie ihm vorgekommen, laut und mit Kraftausdrücken um sich werfend. »Sie
ist nicht dumm oder gutgläubig«, beschreibt er die Angeklagte,
»sie wusste genau, was sie wollte.« Ihm sei sie »durch und durch
unsympathisch« gewesen. Zschäpe schließt kurz die Augen.

Götzl: »Wie war Ihr Verhältnis zu Böhnhardt?«

»Unsere Biografien verhinderten nähere Diskussionen«, antwortet der Zeuge. Von Böhnhardt habe ihn emotional getrennt,
»dass ich nicht in sein Rassenbild gepasst habe mit meinem
bulgarischen Vater«. Kinder aus solchen Verbindungen seien
»schlechte« Kinder, habe Böhnhardt mal geäußert.

Wie schaffte es dann Zschäpe – Tochter einer Deutschen
und eines Rumänen –, mit Böhnhardts krudem »Rassenbild«
zu harmonieren? Diese Frage bleibt bis zum Schluss offen.

Zwischen den weiteren Vernehmungen zu den Raubüberfällen stellt Verteidiger Heer einen umfangreichen Antrag gegen

den psychiatrischen Sachverständigen Henning Saß, der, wie es üblich ist, an den meisten Verhandlungstagen anwesend ist. Dessen Verhalten im Gerichtssaal missfällt den Verteidigern schon seit langem. Nicht nur, dass sich sein Platz – auch bedingt durch die Enge im Saal – ziemlich nahe bei den Plätzen der Anwälte und ihrer Mandantin befindet, sodass er möglicherweise leise Gespräche mithören kann. Saß schlendert auch gern unmittelbar an Zschäpe vorbei und wieder zurück, wenn sie während kurzer Prozesspausen mit ihren Anwälten redet, ganz so, als wolle er wenigstens ein paar Wortfetzen aus ihrem Mund erhaschen. Manchmal setzt er sich danach hin und notiert etwas.

Heer: »Die Angeklagte kann sich der Beobachtung des Gutachters keinen Moment lang entziehen. Dies degradiert sie zum Objekt des Verfahrens und schränkt ihr Recht zu schweigen ein. Eine ungestörte verbale Kommunikation muss gegeben sein.« Er beantragt außerdem, Saß solle nur an jenen Tagen anwesend sein, an denen Zeugen über Zschäpes Verhalten berichten.

Die Bundesanwaltschaft sieht dies – naturgemäß – anders. Oberstaatsanwältin Greger: »An welchen Teilen der Hauptverhandlung der Sachverständige teilnimmt, ist ihm überlassen. Die Angeklagte hat überdies keinen Anspruch zu bestimmen, wer sie beobachtet. Bei längerem Beratungsbedarf kann sie sich mit ihren Verteidigern zurückziehen.«

Götzl, pragmatisch, schlägt einen Ausweg vor: »Wir handhaben es halt so – Herr Professor Saß kann einen Platz weiter wegrücken. Sofern Sie längere Gespräche wünschen, melden Sie sich einfach.«

Heer, seine Kollegin Sturm und sein Kollege Stahl sind damit nicht zufrieden. Hierauf wird Götzl deutlich, und jeder im Saal nimmt den Unterton wahr: »Wir alle sehen Sie und Frau Zschäpe und ihr Verhalten – und nehmen dies auch zur Kenntnis.«

Heer besteht weiter auf einer förmlichen Entscheidung über seinen Antrag, Saß' Anwesenheit einzuschränken.

Nun wird Götzl noch deutlicher und lauter: »Sie nehmen in Ihrem Antrag Bezug auf Herrn Professor Nedopil. Wir müssten diesen dann als Zeugen laden. Das würde bedeuten, den Verfahrensbeteiligten das Nedopil-Gutachten zur Kenntnis zu bringen!«

Heer: »Wieso? Wir haben nicht daraus zitiert.«

Götzl: »Wie stellen Sie sich das vor? Wir sollen bestimmte Dinge berücksichtigen, die in diesem Gutachten stehen – ohne sie hier zu erörtern?«

Hintergrund dieser Auseinandersetzung ist die Begutachtung Beate Zschäpes durch den Münchner Psychiater Norbert Nedopil im März 2015. Ihn hatte Götzl außerhalb der Hauptverhandlung beauftragt, die Angeklagte zu untersuchen und ihre Verhandlungsfähigkeit zu prüfen. Denn immer häufiger hatte sie über Stresssymptome wie Kopfschmerzen, Kraftlosigkeit und mangelnde Konzentrationsfähigkeit geklagt. Mehrmals fielen Verhandlungstage ganz aus. Die Verteidiger deuteten ihre Sorge an, der Prozess könnte vielleicht nicht fortgeführt werden. Da im Strafprozess wegen des Öffentlichkeitsgrundsatzes alles transparent darzulegen ist, hätte das Nedopil-Gutachten öffentlich erörtert werden müssen, wenn sich die Verteidiger darauf berufen. Dies wollte der Vorsitzende aber offensichtlich verhindern.

Nedopil ist ein freundlicher, zugewandter Herr, dem nicht der Ruf eines Scharfmachers vorauseilt. Von ihm hatte Zschäpe nicht zu befürchten, dass er sich zum Beispiel für

Sicherungsverwahrung aussprechen würde, im Gegensatz zu Saß. Mit Nedopil, dachte sie wohl, könne sie gefahrlos reden.

In seiner Expertise kommt Nedopil zu dem Schluss, dass die Angeklagte unter einer »chronischen Belastungsreaktion« mit Erbrechen, Übelkeit und einer Röschenflechte leide aufgrund der »extrem kraftraubenden Verteidigungsstrategie« und dass zu fragen sei, ob diese Strategie noch »in Relation zu den gesundheitlichen Beeinträchtigungen« stehe. Das Schweigen sei eine »enorme Belastung«, da die »üblichen Methoden zum Belastungsabbau« wie das Offenlegen eigener Probleme, die Erlangung mitmenschlicher Solidarität oder auch das einfache »nur darüber Reden« nicht möglich seien. Zschäpe wolle »die Fassade des Schweigens« zwar aufrechterhalten, so der Gutachter, aber dennoch »gerne mehr über sich und ihre Situation berichten«.

Der Münchner Psychiater ist für Zschäpe neben dem Ersten Kriminalhauptkommissar B. – der sie auf der Fahrt von Köln nach Jena zu ihrer Großmutter begleitet hatte – die zweite »Autoritätsperson«, die sie offensichtlich in ihrem Gefühl bestärkt, die falschen Anwälte zu haben und deren falscher Prozessstrategie ausgesetzt zu sein. Dass in der Untersuchungshaftanstalt Stadelheim schon seit Monaten heimlich, wie sich später zeigt, die Weichen für eine Änderung dieser Situation gestellt wurden durch Gespräche mit einem zunächst ungenannten Ratgeber, hinter dem Rücken ihrer Verteidiger, kommt noch hinzu.

Die einseitige Zuweisung der Verantwortung für Zschäpes schlechten Zustand an ihre Verteidiger und das Hineingrätschen des Münchner Psychiaters in deren Prozessstrategie wurde von Teilen der Fachwelt als noch nie dagewesene, unerhörte Grenzüberschreitung eines Gutachters kritisiert. Doch die Kritik versandete rasch angesichts der Ereignisse, die den Prozess bald vor eine Zerreißprobe stellen sollten.

Am 209. Verhandlungstag, es ist der 10. Juni 2015, tritt ein, was sich als Anfang vom Ende einer geordneten Verteidigung herausstellen sollte. Heer beantragt eine Stunde Unterbrechung.

Götzl: »Wegen Besprechung mit Ihrer Mandantschaft?«

Ja, er benötige mindestens eine Stunde.

Zschäpe scheint schlecht gelaunt zu sein. Sie verlässt wortlos den Saal. Auch die Verteidiger gehen.

Als die Angeklagte zur verabredeten Zeit wieder in den Saal geführt wird, sind ihre drei Anwälte Heer, Stahl und Sturm nicht da. Mürrisch zieht Zschäpe ein Kreuzworträtselheft aus der Tasche. Zwanzig Minuten sitzt sie allein auf der Anklagebank. Dann erscheint der Senat.

Götzl: »Es wird bekanntgegeben, dass Frau Zschäpe außerhalb der Hauptverhandlung einen Entbindungsantrag bezüglich Frau Sturm gestellt hat. Frau Zschäpe, wollen Sie etwas dazu sagen?«

Sie schüttelt den Kopf.

Was war passiert? Was hat Beate Zschäpe gegen Anja Sturm? Warum will sie ihre Verteidigerin loswerden? Wie soll es weitergehen? Wie wird sich Frau Sturm verhalten? Eine als Pflichtverteidigerin bestellte Anwältin kann ja nicht einfach den Prozess verlassen.

In dem mehrseitigen Schreiben an den Senat erhebt Zschäpe nicht nur Vorwürfe gegen die Anwältin, sondern auch gegen die beiden anderen Verteidiger. Unter anderem schreibt sie, die Anwälte hätten ihr mit der Niederlegung des Mandats gedroht, falls sie die von ihnen angeratene Strategie, strikt zu schweigen, ändern wolle. Die Verteidiger weisen dies in aller Öffentlichkeit umgehend als haltlos zurück.

Bundesanwalt Herbert Diemer sieht Bedarf für eine Beratung zwischen der Angeklagten und ihren Verteidigern: »Es wäre nicht ungerechtfertigt, der Mandantin eine Chance zur Klärung zu geben.«

Götzl: »Wir werden heute nicht fortsetzen.«

Am nächsten Sitzungstag ist Zschäpe auffallend blass. Kein Gruß, kein Blick in Richtung ihrer Anwälte, obwohl diese ihr wie üblich Bonbons und Gummibärchen zuschieben. Nichts rührt sie an. Mit zusammengepressten Lippen steht sie an ihrem Platz und starrt ins Leere. Später sitzt sie wie verstockt auf ihrem Stuhl, nicht einmal den Laptop klappt sie auf wie sonst. Auch die an die Wand geworfenen Tatortfotos aus einer Sparkasse in Zwickau ignoriert sie. Sie wirkt nicht wie eine Bedrängte, sondern wie eine Person, die darüber nachsinnt, wie sie ihre Anwälte ein für alle Mal loswerden und den Prozess damit torpedieren könnte.

Heer schreibt nicht mehr mit, wie er es sonst tut. Er flüstert mit Stahl. Zschäpe dreht sich demonstrativ weg.

Die Befragung eines Zeugen, den Götzl schon vernommen hat, übernimmt für die Verteidigung nun Wohlleben-Anwalt Olaf Klemke, obwohl sein Mandant mit der Materie nichts zu tun hat. Es geht um einen der Überfälle in Zwickau im Jahr 2002. Heer, Stahl und Sturm sitzen wie erstarrt da. Erst beim nächsten Zeugen rafft Wolfgang Stahl sich zu einigen Fragen auf. Heer und Sturm schweigen.

Götzl hofft wohl, die Situation zu entschärfen und wieder Ruhe einkehren zu lassen, indem er einen vierten Pflichtverteidiger bestellt, der offensichtlich Zschäpes Vertrauen genießt: den damals 31 Jahre alten Mathias Grasel, mit dem die Angeklagte in der U-Haft schon öfter Kontakt hatte. Bis dieser antrete, werde verfahren wie bisher, ordnet Götzl an, da Zschäpe von ihren angestammten Anwälten ja verteidigt werde.

Am 216. Verhandlungstag sitzt ein neuer Anwalt an Beate Zschäpes Seite. Sie strahlt und schäkert mit ihm. Heer, Stahl und Sturm sind fortan Luft für sie. Kein Gruß, kein Blick, kein Wort. Sie kommuniziert nur noch mit Mathias Grasel. Der ist zu jung, als dass er sich in München schon einen Namen hätte machen können. Ein paar Anwälte kennen ihn als studentische Hilfskraft oder als Referendar. In Kollegenkreisen amüsiert man sich über seinen Internetauftritt, wo er sich vor einem riesigen leeren Schreibtisch präsentiert. Er gilt weder als Konfliktverteidiger, der um jeden Preis die Auseinandersetzung mit dem Gericht sucht, noch als Anwalt, dem es auf ein harmonisches Miteinander vor Gericht ankommt. Er ist auch nicht auf schweigende Angeklagte spezialisiert. Er ist noch gar nichts, ein unbeschriebenes Blatt.

Bekannter ist da schon Hermann Borchert, der Ratgeber Grasels und Zschäpes im Hintergrund. Laut Eigenauskunft soll er »einer der erfahrensten Strafverteidiger« in München sein, spezialisiert auf »gehobene Ansprüche«. Von ihm erzählt man sich, dass der bisweilen von ihm genutzte Doktortitel, der in Wahrheit »JUDr.« lautet, einer sei, den man in der ehemaligen CSSR erwerben könne als eine Art »kleinen Doktortitel« bei Vorlage einer kurzen Abhandlung ähnlich einer Seminararbeit. Es gelte als »irreführende Werbung«, wenn er wie der deutsche Doktorgrad als Ausweis eigenständiger wissenschaftlicher Forschung geführt werde.

Bedenklicher noch ist Borcherts Ruf als »typischer Stadelheim-Anwalt«, einer, der im Untersuchungsgefängnis ein und aus geht und Untersuchungshäftlinge »berät«. Dies wurde vor allem 2012 im sogenannten Doppelmordfall von Krailling publik, in dem der Angeklagte vor Gericht geschwiegen hatte. Anstatt seinen Verteidiger plädieren zu lassen, erhob sich der Angeklagte plötzlich und bestritt – offenbar auf Anraten Borcherts – sämtliche Anklagepunkte, die ihm in der Beweisaufnahme nachgewiesen worden waren. Es war eine absurde Situation: Da redete sich ein Angeklagter um Kopf und Kragen. Und sein Verteidiger musste dann dem Gericht erklären, er sei es nicht gewesen, mit dem diese Aussage besprochen worden sei. Der Vorsitzende Richter sagte daraufhin in der mündlichen Urteilsbegründung: »Wenn die Kammer noch irgendeinen Zweifel an der Schuld des Angeklagten gehabt hätte – mit dieser Aussage wäre er ausgeräumt worden.«

Es dauert nicht lange, bis sich in der Münchner Justizszene herumgesprochen hat, wer der Urheber des Strategiewechsels hinter dem Rücken der Verteidigung war: Hermann Borchert.

Drei Verhandlungstage später. Heer, Stahl und Sturm beantragen die Aufhebung ihrer Bestellung als Zschäpes Pflichtverteidiger. Gründe dafür wollen sie nicht nennen. Nur dies teilen sie mit: Sie verstünden sich nicht als Sicherungsverteidiger, die nur dafür zu sorgen haben, dass der Prozess nicht platzt.

Götzl reagiert verwundert: »Also richtige Gründe habe ich nicht gehört!« An Heer gewandt sagt er: »Sie schreiben mir, Sie hätten mich mehrfach gewarnt vor dem Eintreten ›solcher Bedingungen‹. Was meinen Sie mit ›solchen Bedingungen‹?«

Heer weigert sich zu antworten. Es sei alles gesagt, und der Vorsitzende wisse genau, worum es gehe. Gemeint ist wohl eine Situation, in der die Verteidiger, wollten sie dem Gericht Rede und Antwort stehen, ihre anwaltliche Schweigepflicht verletzen müssten. Eine missliche Lage also. Nach stundenlanger chaotischer Debatte lehnt der Senat den Antrag ab. Wenn er nicht wisse, warum, könne er die Verteidiger nicht entpflichten, so Götzl.

Die Ereignisse überschlagen sich. Zschäpe gibt keine Ruhe. Ihre Unzufriedenheit mit ihren angestammten Verteidigern scheint sich in den letzten Tagen von Missmut über Ablehnung bis hin zu Hass gesteigert zu haben. Am 220. Verhandlungstag beantragt sie die Entpflichtung von Wolfgang Heer. Vor einer Entscheidung darüber muss sich das Gericht jedoch zunächst mit einem weiteren Störfeuer Zschäpes befassen – der von ihr gewünschten Änderung der Sitzordnung. Sie will nicht mehr neben Heer oder gar Sturm sitzen, sondern nur noch neben Grasel. Und Götzl macht's möglich. Zwischen ihr und den drei Altverteidigern bleibt künftig ein Platz leer.

Dann überzieht sie die angestammten Anwälte mit einer Strafanzeige – wegen eines angeblichen Verstoßes gegen die anwaltliche Schweigepflicht. Vor allem ärgert Zschäpe offenbar, dass die Verteidiger den Vorsitzenden hatten wissen lassen, sie, Zschäpe, hätte jederzeit aussagen können, wenn sie es gewollt hätte.

Doch je öfter Senat, die Bundesanwaltschaft und Vertreter der Nebenklage ihr erläutern, es stehe nicht im Belieben einer Angeklagten, ihre Pflichtverteidiger je nach Laune auszuwechseln, und Heer, Stahl und Sturm würden nicht entpflichtet, solange dafür kein Grund vorliege, desto störrischer scheint sie zu werden. Unterstützt Grasel sie dabei? Oder ist er aufgrund seiner Unerfahrenheit der Situation hilflos ausgeliefert? Bisweilen sitzt er genauso da. Sein Kompagnon Hermann Borchert tauchte bisher im Gerichtssaal nicht auf.

Das dritte Prozessjahr hält noch weitere Überraschungen bereit. Nicht nur die Verteidigung gerät in Turbulenzen, nein, wenig später auch die Nebenklage. Der Vorsitzende ist gereizt. Eine Frau, die durch das Bombenattentat in der Keupstraße Schnitt- und Platzwunden davongetragen haben soll, ist unauffindbar. Schon viermal wurde sie als Zeugin geladen, erschien aber nie. Atteste, die ihr Fernbleiben hätten begründen können, wurden nicht vorgelegt. Irgendwelche Dokumente, die ihre Identität bestätigen könnten, fehlen. Dafür bekam der Senat abenteuerliche Geschichten aufgetischt: Sie habe den Flug aus der Türkei verpasst. Oder sie sei auf dem Weg ins Gericht zusammengebrochen. Schließlich stellt sich heraus, dass das Attest, das zu Beginn vorgelegt worden war, als es um die Zulassung als Nebenklägerin ging, gefälscht war.

Diese Frau, die offenbar nur auf dem Papier existiert, lässt sich aber von einem Anwalt vertreten: von dem Eschweiler Advokaten Ralph W. 2014 hatte der CDU-Mann sein Mandat als Mitglied des Eschweiler Stadtrats niedergelegt, weil ihn unter anderem seine »berufliche Beteiligung am Münchner NSU-Prozess« zu sehr in Anspruch nehme.

Götzl erkundigt sich mit kalter Stimme: »Wann hatten Sie letztmals Kontakt mit Ihrer Mandantin?«

W. murmelt etwas von »Juni«. Er habe von Herrn Ö., einem anderen Geschädigten, gehört, die Frau befinde sich im Krankenhaus und wolle Ende des Jahres nach Deutschland kommen. Leider sei auch Herr Ö. momentan erkrankt.

Götzl: »Sie müssen doch Kontakt zu Ihrer Mandantin haben! Wann haben Sie denn letztmals versucht, mit ihr in Kontakt zu treten?« W. antwortet nicht.

Götzl, lauter: »Wenn Sie jetzt nicht Klartext reden, werden wir Ermittlungen anstellen!«

W. gerät ins Stottern. Götzl, jetzt richtig erbost, fällt ihm ins Wort: »Ich erwarte eine ausführliche Darstellung des Sachverhalts, und zwar bis morgen!«

Die Großzügigkeit gegenüber den Opfern zahlt sich für die bayerische Justiz nicht aus. Es kommt heraus, dass Herr W. von Beginn des Prozesses an Gebühren sowie Fahrt- und Hotelkosten bei der Gerichtskasse abgerechnet hat. An Tagen, an denen er verhindert war, schickte er einen Kollegen als Vertreter. Auch jene 5000 Euro Härtefallentschädigung aus der Staatskasse, die jedem Opfer des NSU-Terrors zustanden, nahm W. entgegen. Am Ende beläuft sich der Schaden nach Angaben des Oberlandesgerichts München etwa auf 211 000 Euro, die Anwalt W. zurückzahlen muss. Er scheidet nach 232 Sitzungstagen aus dem Prozess aus und wird wegen Betruges in einem besonders schweren Fall angeklagt. Mit standesrechtlichen Konsequenzen ist ebenfalls zu rechnen. Doch die Peinlichkeit, dass in diesem weltweit beachteten und penibel geführten Strafprozess eine nicht existente Person als Opfer durchgehen kann und dass dies erst nach zweieinhalb Jahren herauskommt – einigen Anwaltskollegen waren die näheren Umstände allerdings schon länger bekannt –, ist damit nicht aus der Welt geschafft. Von der Beschädigung des Ansehens der Nebenklage und ihrer Vertreter insgesamt ganz abgesehen.

Mathias Grasel ist in einer äußerst schwierigen Lage. Mehr als 200 Tage Prozessgeschehen – und er war nicht dabei. Die Anklagevorwürfe gegen seine neue Mandantin sind vom Senat weitestgehend abgearbeitet – und er hat keinen einzigen Zeugen dazu gehört. Und jetzt soll er eine ihr genehme Prozessstrategie erarbeiten. Dazu bräuchte er die Unterstützung von

Heer, Stahl und Sturm, die davon aber nichts halten. Auch Zschäpe scheint gegen jede Art von Kooperation zu sein. Heer, Stahl und Sturm bemühen sich, das Gesicht zu wahren. Doch morgens, vor Sitzungsbeginn, wenn die Beteiligten in den Saal strömen, werden sie von Grasel ebenso ignoriert wie von Zschäpe. Kollegiale Zusammenarbeit sieht anders aus.

Tags darauf beantragen die Wohlleben-Anwälte, den Prozess auszusetzen, da Heer, Stahl und Sturm nicht mehr in der Lage seien zu verteidigen – und Grasel noch nicht. Zschäpe sei seit dem 20. Juli 2015 nicht mehr ordnungsgemäß verteidigt. Dies sei ein »prozesswidriger Zustand«, der andauere und damit einen Revisionsgrund darstelle, trägt Olaf Klemke vor. Die Situation habe auch Auswirkungen auf den Angeklagten Wohlleben, da nicht auszuschließen sei, dass Beate Zschäpe sich unter anderen Umständen anders verteidigen würde, was wiederum für Wohlleben von Bedeutung wäre. Der Senat habe für eine sachgerechte Verteidigung zu sorgen.

Stimmengewirr im Saal. Wenn ein Angeklagter nicht mit seinen Verteidigern spricht, heißt das noch lange nicht, dass er nicht verteidigt sei. Sonst könnte ja jeder Angeklagte das Verfahren torpedieren. Zschäpe will es doch so, also muss sie auch die Konsequenzen tragen. Wozu den Prozess aussetzen? Da sitzen drei Verteidiger, die verteidigen könnten; wenn Zschäpe lieber auf einen Junganwalt setzt, der sie nicht optimal verteidigen kann, dann ist das ihre Entscheidung.

Die Kommunikation ist auf beiden Seiten gestört, besser gesagt: Sie findet nicht statt. Wie soll der Senat in einer solchen Situation für eine »sachgerechte Verteidigung« sorgen? Zschäpe will offensichtlich bestimmen, was vor Gericht geschieht. Sie meint wohl, es besser zu wissen als die drei Anwälte. Der Senat lehnt eine Aussetzung des Verfahrens –

natürlich – ab, ebenso eine Entpflichtung von Heer, Stahl und Sturm. Denn ohne die drei wäre eine sachgerechte Verteidigung nicht mehr gewährleistet – ein Revisionsgrund.

Auch jene bescheidenen drei Wochen Einarbeitungszeit, um die er gebeten hat angesichts von 280 000 Seiten Akten, werden Anwalt Grasel nicht zugestanden. Es ist wahrscheinlich die richtige Entscheidung, denn eine sachgerechte Verteidigung erwartet ohnehin niemand von ihm. Dafür hätten auch drei Monate Einarbeitungszeit nicht gereicht. Und noch einmal von vorn anzufangen, steht nicht zur Debatte. Grasel hatte sich aus eigenem Entschluss auf das Risiko dieses Mandats eingelassen, hatte A gesagt und eine Verteidigung »nach dem Wunsch der Angeklagten« angekündigt – und kommt nun halt um B nicht mehr herum. Zschäpe jedenfalls strahlt.

Und schweigt. Sie sei dünnhäutig geworden, wird kolportiert. Und abwechselnd wütend und aufbegehrend, dann wieder zermürbt und ausgelaugt, misstrauisch, unberechenbar, sprunghaft. Gerüchte kursieren, Borchert und Grasel bereiteten eine Aussage vor. Für wann? Welchen Inhalts? Welche Rolle spielt Borchert? Grasel sitzt jetzt als Erster auf der Verteidigerbank. Sein meist ratloser Blick und seine starre Haltung erzählen mehr von Überforderung und Unsicherheit als von verwegenem Mut, in dieser weit fortgeschrittenen Hauptverhandlung bestehen zu wollen.

Der Prozess dümpelt vor sich hin mit Vernehmungen von Kriminalbeamten, die Vermerke vorlesen, die sie über Vermerke von Kollegen angefertigt haben, in denen die Ermittlungen wiederum anderer Kollegen zusammengefasst sind. Nicht Grasel moniert hier die Verletzung des Unmittelbarkeitsgrundsatzes, sondern Stahl. Nicht Grasel protokolliert, was Zeugen aus dem rechtsradikalen Milieu oder verkleidete V-Leute zum Besten geben, sondern Sturm. Nicht Grasel beanstandet falsche Vorhalte, sondern Heer. Formal ist alles wie immer. Und doch hängt das verlorene Vertrauen wie ein Damoklesschwert über dem Verfahren. Langsam, über Wochen hinweg, braut sich ein Sturm zusammen.

Der *Spiegel* meldet am 9. November 2015: »Beate Zschäpe will am Mittwoch umfassend aussagen«. Heer, Stahl und Sturm wissen nichts davon, außer dass Zschäpe über die Idee einer »schlanken Einlassung«, also einer wenig detailreichen, schon lange nachdachte. Als sie noch mit ihren drei Verteidigern sprach, war sie keineswegs fest entschlossen dazu und ließ sich davon immer wieder abbringen. Aber nun, da ihr niemand mehr widerspricht? Die Nerven liegen bei allen Beteiligten blank. Es kommt an jenem Mittwoch dann doch nicht zu einer Aussage Zschäpes, denn die Wohlleben-Verteidiger lehnen den Senat wegen Besorgnis der Befangenheit ab. Wohlleben habe erst jetzt von dem Plan einer Einlassung erfahren, argumentieren sie, und fürchte, es werde ihm kein fairer Prozess gemacht.

Aus den dienstlichen Äußerungen der abgelehnten Richter aber geht hervor, dass die Wohlleben-Anwälte seit Ende September schon vom Plan einer Aussage wussten. Haben sie ihren Mandanten im Unklaren gelassen? Wohl kaum, denn auch der arbeitet schon an einer Einlassung, die er allerdings erst nach Zschäpe abgeben will. Dienen die taktischen Ränkespiele hinter den Kulissen vielleicht nur dem Zweck, sich etwas Luft zu verschaffen?

Mit einem umfassenden Geständnis Zschäpes rechnet kaum noch jemand. Dafür hatte sie lange genug Zeit gehabt. Ihre Anwälte hätten sie dabei unterstützt, wenn sie wirklich reinen Tisch hätte machen wollen, schließlich ist es »ihr« Prozess. Oder will sie nur wieder ihren Willen durchsetzen mit einer Aussage nach ihrem Gusto, so, wie sie sich es vorstellt gegen alle Vernunft? Bisweilen erweckt sie den Eindruck, als überblicke sie die Konsequenzen ihres Tuns nicht. Hauptsache: gegen Heer, Stahl und Sturm.

Götzl hat mit Grasel offenbar schon seit längerem über einen geeigneten Zeitpunkt für eine Aussage beraten, ohne dass die drei Stammverteidiger davon wussten. Seit dem 31. August stand der Vorsitzende überdies mit Hermann Borchert in Kontakt, der zu diesem Zeitpunkt nicht zu den Verfahrensbeteiligten gehört. Borchert berate die Angeklagte bereits seit einem Jahr, wird gemunkelt. Auf welcher Basis? Ohne Kenntnis der Akten? Eine seltsame Konstellation: Jene Anwälte, die laut Senat eine »ordnungsgemäße Verteidigung« gewährleisten sollen, wissen nichts von den Aktivitäten und den Plänen der neuen Vertrauensanwälte. Der Vorsitzende konspiriert »an der Akte vorbei«, wie Verteidigerin Sturm es nennt, mit Borchert, der erst jetzt, im November 2015, dem Gericht eine Vollmacht Zschäpes vorlegt. Bis dahin nahm er über den jungen Kollegen Grasel mittelbar Einfluss auf die Verteidigung.

Verteidiger Heer hält am 243. Verhandlungstag mit Kritik nicht hinter dem Berg: »Unsere Verteidigerbestellungen sind nur noch Fassade und dienen erkennbar nur der Aufrechterhaltung des Scheins einer ordnungsgemäßen Verteidigung.« Er und seine Mitverteidiger wollten entpflichtet werden, trägt er erneut vor. Stahl: »Wir laufen Gefahr, im Blindflug durch Aktivitäten unsererseits der Mandantin zu schaden.« Es folgt der nächste – erfolglose – Ablehnungsantrag gegen den Senat.

Wieder fallen vier Sitzungstage aus. Erst eine Woche später wird weiterverhandelt.

Götzl lässt auf Antrag der Nebenklage mehrere Texte aus einem Heft der Neonazi-Organisation »Blood and Honour«

verlesen, das aus Zschäpes Garage in Jena stammt. Darin wird zum Mord an Migranten und zum führerlosen Widerstand aufgerufen. »Vernichtet dieses Ungeziefer! Schlagt ihre schmierigen Köpfe ab«, tönt es aus den Lautsprechern im Gerichtssaal. Und: »Wenn ich dir in die Augen sehe, will ich dir in den Kopf schießen.« Es klingt wie eine Handlungsanleitung für den NSU.

Sitzungstag 248. Verteidiger Grasel gibt bekannt, wie Zschäpe sich den Fortgang des Verfahrens vorstellt. Am morgigen Verhandlungstag werde er eine Erklärung für sie vorlesen. Dann könne der Senat bis zur nächsten Woche einen schriftlichen Fragenkatalog vorlegen. Die Antworten würden er und Kanzleikollege Borchert besprechen und formulieren. Vorgetragen würden diese dann wieder von ihm, Grasel.

Götzl: »Wird Frau Zschäpe danach Fragen beantworten?« Er scheint das vorgeschlagene Prozedere noch nicht ganz verstanden zu haben.

»Nein«, Grasel schüttelt den Kopf. Die »Belastung« nach der Erklärung werde groß sein. »Ich schlage vor, den folgenden Sitzungstag ausfallen zu lassen.«

Hatte Zschäpe nicht unter der anfänglichen Schweigestrategie angeblich so sehr gelitten, dass ein Psychiater hinzugezogen werden musste? Hatte sie nicht auf neuen Anwälten bestanden, um eine Änderung ihres Prozessverhaltens durchzusetzen und auszusagen? Und jetzt sagt sie weiterhin kein Wort? Wie will sie am Dienstag schon wissen, dass der Donnerstag wegen »Belastung« am Mittwoch ausfallen müsse? Was mutet sie dem Senat noch alles zu? Und den Nebenklägern? Das Bild, das sie inzwischen abgibt, ist verheerend.

9. Dezember 2015, der 249. Verhandlungstag, der ein Wende-
punkt im Prozess hätte sein können, dann aber doch keiner
wurde. Lächelnd betritt Zschäpe den Saal. Sie trägt wieder den
schwarzen Hosenanzug wie zu Beginn des Prozesses. Das Haar
fällt offen auf ihre Schultern. Zum ersten Mal verzichtet sie
auf die Kehrtwende auf dem Absatz, um den Fotografen ihre
Rückseite zuzudrehen. An diesem Tag zeigt sie sich von vorn –
eine symbolische Abkehr von allem, was mit Heer, Stahl und
Sturm zu tun hat. Borchert redet auf Stahl ein, als wolle er den
von der Richtigkeit des Strategiewechsels überzeugen. Stahl
runzelt die Stirn.

Mehrere Nebenkläger sind anwesend: die Eltern Yozgat,
Frau Boulgarides, Mitglieder der Familie Şimşek, ein Verletzter aus der Keupstraße.

Grasel liest die Zschäpe-Aussage in der Ich-Form ab: »Nach
Beratung mit meinen zwei Verteidigern gebe ich folgende
Stellungnahme ab …« Ihre Herkunft: »Meinen Vater, der wohl
Rumäne war, habe ich nie kennengelernt.« Ihre Kindheit, die
Männerbekanntschaften ihrer Mutter, deren Alkoholproblem,
die Oma, die sich kümmerte. Der Hauptschulabschluss 1991,
die Gärtnerlehre 1995 abgeschlossen. Mundlos. Dann Böhnhardt, den sie geliebt habe. Das Hineinwachsen des orientierungslosen Mädchens in rechtsradikale Kreise. Die Garage,
die sie anmietete für die Lagerung von Propagandamaterial
und Schwarzpulver, später TNT. Der Puppentorso mit Juden-
stern, die vermeintliche Kofferbombe vor dem Theater. »Ohne
Tino Brandt wären diese ganzen Dinge nicht möglich gewesen«, lässt sie Grasel vortragen. Der ist kein begnadeter Vorle-
ser, sondern rattert den Text teilnahmslos herunter.

Was dann kommt, wird Wolfgang Stahl später »prozessualen Selbstmord« nennen. Zschäpe gibt sämtliche Taten zu, die der Generalbundesanwalt ihr und ihren Komplizen zuordnet – stereotyp ergänzt jeweils mit dem Hinweis, sie habe vorher davon nichts erfahren, sie habe die Taten nicht gewollt und sei nicht an deren Vorbereitung und auch nicht an der Durchführung beteiligt gewesen. Ganz so, als hätte sie in einer eigenen Welt gelebt, die von der Böhnhardts und Mundlos' Lichtjahre entfernt gewesen wäre.

Ein Anwalt der Nebenklage widerlegt diese Darstellung mittels Wohnungsgrundrissen, die zeigen, wie eng man doch zusammenlebte.

Zschäpe nennt nicht die Namen der Opfer, sondern nur Daten. Sie lässt Zahlen verlesen. Etwa: »27. 6. 2001«. Da wurde der türkische Obsthändler Süleyman Taşköprü in Hamburg umgebracht. Dass er eine drei Jahre alte Tochter hatte und Eltern, sagen die Ziffern nicht. Und dass dreimal in seinen Kopf geschossen wurde, auch nicht. Und dass er, schon in seinem Blut liegend, auch noch fotografiert wurde von den Tätern als Beleg ihrer Heldentat, ebenfalls nicht. Zschäpe will »einfach nur sprachlos und fassungslos und nicht in der Lage gewesen sein, darauf zu reagieren«. Sie habe es nicht hören wollen, was die beiden Männer ihr berichteten, liest Grasel ab.

Es teilt sich nichts mit. Kein Entsetzen, kein Mitleid, kein Bedauern. Verglichen mit dem schonungslosen Ringen Carsten Sch.s mit seinen Erinnerungen: welch eine blutleere, papierne Präsentation einer Aussage, die Zschäpe doch in einem etwas günstigeren Licht erscheinen lassen soll – als angeblich emotional abhängige, schwache Frau. Dass das angebliche »Entsetzen« und die »unendliche Leere in mir« immer wieder von fidelen Urlauben an der Ostsee unterbrochen wurden – auch dafür brachten Anwälte der Nebenklage vielsagende Fotos bei –, übergeht die Angeklagte. Sätze, die ernst genommen werden wollen? »Ich war unglaublich enttäuscht darüber, dass sie erneut gemordet hatten. Auch hatten sie mich erneut hintergangen, obwohl sie mir zuvor versprochen hatten, keinen Menschen mehr zu töten.« Stets geht es nur um sie. Sie war enttäuscht. Sie fühlte sich hintergangen. Sie konnte nicht unbeschwert Weihnachten feiern. Sie bekam kein Geburtstagsgeschenk.

Muss man Zschäpe zugutehalten, dass dieses Elaborat nicht von ihr stammt, sondern aus der Feder von Rechtsanwalt Borchert? In seinem Schlussvortrag wird er ausdrücklich dafür die Verantwortung übernehmen. Ein Versuch wohl, wenngleich ein ziemlich untauglicher, Schaden von seiner Mandantin abzuwenden. Nein, man muss Zschäpe gar nichts zugutehalten nach über 240 Verhandlungstagen. Sie hatte Zeit genug zu überlegen, wie sie sich am besten verteidigt und wie sie den Opfern gegenübertritt.

Die Prozessbeteiligten hätten Fragen über Fragen an die Angeklagte, auch zur Rolle von Ralf Wohlleben und André E. sowie dessen Ehefrau, die als die beste Freundin Zschäpes gilt. Doch sie wolle weder Fragen der Bundesanwaltschaft beantworten noch der Opfer oder ihrer Anwälte, lässt Zschäpe mitteilen. Auch keine Fragen des psychiatrischen Sachverständigen Saß. Fragen der Mitangeklagten erlaubt sie erst nach Absprache mit ihren neuen Verteidigern. Zu den Vorwürfen gegen die Mitangeklagten gebe sie keine Auskunft. Und der Senat möge seine Fragen schriftlich vorlegen. Sie würden erst nach Beratung mit Grasel und Borchert ebenfalls schriftlich beantwortet.

Es kommt, wie es kommen musste: Auf die erste Antwortrunde folgt eine zweite Antwortrunde, die wiederum Wochen in Anspruch nimmt. Es wird bis April des folgenden Jahres dauern.

Welch ein Theater! Und welch ein Risiko! Kein spontanes Wort, keine Regung, die auf Reue schließen ließe. Was muss jemand zu verbergen haben, wenn er keinen Spalt zu seiner Persönlichkeit öffnet? Oberstaatsanwältin Greger wird in ihrem Schlussvortrag die Einlassung der »Tochter zweier Zahnärzte« als verniedlichend und beschönigend und vor allem haltlos bezeichnen. Zschäpe habe um jeden Preis gewollt, dass Mundlos und Böhnhardt ihre Verbrechen unentdeckt und unversehrt begehen konnten. Seit dem Jahr 1996 sei sie Teil der rechtsextremen Szene gewesen und habe bis zuletzt, über den Tod der Uwes hinaus, an den gemeinsamen Zielen festgehalten. Erwähnen wird Anette Greger dabei, dass Zschäpe lieber ihre geliebten Katzen einer fremden Person auf der Straße überließ, als auf den Versand des Bekennervideos zu verzichten, dessen Inhalt sie angeblich nicht kannte. Wer hätte sie gehindert, nach dem Ende des NSU die Wohnungstür hinter sich zu schließen und auch für sich einen Schlussstrich zu ziehen? Aber nein. Sie erfüllt Plan B bis ins letzte Detail.

Bisher hing viel von der Bewertung einzelner Beweiserhebungen durch den Senat ab. Das war von Vorteil für Zschäpe, solange sie schwieg. Denn manche Frage musste offenbleiben, weil ein Nachweis nicht zu führen war. Ihre Rolle etwa in der Dreierbeziehung konnte so oder auch anders gesehen werden. Jetzt aber hat sie die Schutzhülle des Schweigens verlassen und sich auf die Behauptung versteift, alles gewusst, aber nichts verhindert zu haben.

Offenbar glaubt sie (oder ihre neuen Anwälte) davonzukommen, wenn sie das Dummchen gibt, das zu schwach war und zu verliebt, die Gemeinschaft zu verlassen. Grasel verliest Sätze wie: »Bis zum heutigen Tag weiß ich die wahren Motive der beiden nicht.« Er verliest Passagen, die es an Logik fehlen lassen und an Nachvollziehbarkeit. Sie will nicht gewusst haben, was die beiden konkret vorhatten, wenn sie auf Tour gingen. Andererseits lässt sie vortragen: »Mit dem Umstand konfrontiert, dass ich nun auch in einen Mord verwickelt war …« Wieso ging sie überdies davon aus, zu einer langjährigen Freiheitsstrafe »wegen der Raubüberfälle« verurteilt zu werden?

Sie gibt manches zu, was bis dahin niemand wusste oder nicht sicher zu beweisen war. Etwa wer die Täter waren in dem aus der Reihe fallenden, weil im Osten verübten, Mordfall Turgut. Oder dass Uwe Böhnhardt derjenige gewesen sei, der die mit einer Bombe versehene Keksdose kurz vor Weihnachten 2000 im Laden der Familie Malayeri in der Kölner Probsteigasse abgestellt hatte; Uwe Mundlos habe in Sichtweite draußen gewartet. Vom Bau der Bombe allerdings habe sie nichts mitbekommen. Von ihr nach dem Grund der Aktion befragt, hätten die beiden ihr geantwortet, sie hätten »Bock darauf gehabt«. Grasel verliest, dass ihr damals »erstmals Zweifel« gekommen seien, »wie ich beiden gefühlsmäßig gegenüberstand«. Erstmals. Da wusste sie schon vom Mord an Enver Şimşek.

Grasel trägt weiter vor: »Meine Gefühle kann ich im Ganzen nur so beschreiben, dass ich mich einerseits von den Taten abgestoßen fühlte, mich nach wie vor zu Uwe Böhnhardt hingezogen fühlte, keine Chance für mich auf eine Rückkehr in das bürgerliche Leben sah und mich deshalb meinem Schicksal ergab, mit diesen beiden Männern weiterzuleben, trotz ihrer furchtbaren Taten.« Sie habe sich in einem »Zwiespalt der Gefühle« befunden: Von den Raubüberfällen profitierte sie; gegenüber Mundlos hegte sie freundschaftliche Gefühle, Böhnhardt liebte sie; die Mordtaten lehnte sie ab; vor einer langjährigen Inhaftierung hatte sie Angst; vor einer Selbsttötung der beiden im Falle des Entdecktwerdens hatte sie noch mehr Angst. »Aus diesem emotionalen Dilemma fand ich keinen Ausweg und ließ die weiteren Geschehnisse auf mich zukommen.«

Wer soll das glauben? Dreizehn Jahre lang lebte sie mit zwei Männern zusammen, die einen Mord nach dem anderen begingen und lebensgefährliche Bombenanschläge verübten – und sie fand aus dieser Situation »keinen Ausweg«? Im Gegenteil: Sie tat alles, um die Taten zu ermöglichen, tarnte ab, verschaffte Ausweise, mietete Fahrzeuge, organisierte ein unverdächtiges Umfeld und kümmert sich, jedenfalls nach Überzeugung der Staatsanwaltschaft, um die Archivierung von Zeitungsartikeln über die Verbrechen ihrer Komplizen. Im Lauf des Prozesses sollten sich dank der akribischen Arbeit von Nebenklageanwalt Yavuz Narin starke Hinweise darauf ergeben, dass sie auch an der Herstellung des Bekennervideos beteiligt war. Denn Mundlos hatte eine genaue Handlungsanleitung zum Schneiden von Videoclips erstellt, die sich an einen blutigen Laien richtete. Für Zschäpe also wohl, für wen sonst? Ihre Behauptung, sie habe den Inhalt der DVDs nicht gekannt, als sie diese verschickte, entsprach demnach nicht der Wahrheit.

Am Schluss lässt sie Grasel vorlesen, sie fühle sich »moralisch schuldig«, weil sie zehn Morde und zwei Bombenanschläge »nicht verhindern konnte«. Warum ging sie nicht Ende 2000, nachdem sie angeblich von der ersten Tötung, dem Verbrechen an Enver Şimşek, erfahren haben will, sofort zur Polizei? Sie war ihren eigenen Angaben zufolge oft allein, wenn die Uwes zum Ausspähen unterwegs waren. Sie hatte also Gelegenheit genug. Sie hätte, wenn sie das Töten nicht gewollt hätte, als Kronzeugin aussagen und gravierende Folgen für sich vermeiden können, sie hätte die Strafverfolger auf die Suizidabsichten von Mundlos und Böhnhardt im Fall einer Festnahme hinweisen – und vor allem weitere Verbrechen an Leib und Leben von Ausländern verhindern können. Wie lange, dachte sie, würde es wohl weitergehen mit den Verbrechen? Noch fünf, noch zehn Jahre? Sie habe nie über die eigene Zukunft nachgedacht, lässt sie mitteilen, und mit dem Thema Haft habe sie sich nicht auseinandersetzen wollen. Wenn sie wirklich ein schreckliches Ende hätte vermeiden wollen, hätte sie das Töten und Rauben verhindern müssen. Sie hatte es in der Hand.

Auffallend an Zschäpes erster Einlassung ist, dass die Namen Wohlleben und E. so gut wie ausgespart sind. Auch in den schriftlichen Antworten auf Fragen des Senats kommen beide nur in unverfänglichem Zusammenhang vor. Kein Wort zu Wohllebens Waffenbestellung, zu seiner Kontaktvermittlung in der Anfangszeit des Lebens in der Illegalität. Kein Wort zu Unterstützungshandlungen durch E. Will sie niemanden verraten? Oder ist das Verschweigen der Preis für die Hilfestellung der Anwaltskollegen zugunsten des jungen Verteidigers Grasel? Es ist wohl eher ein Geschäft auf Gegenseitigkeit: Zschäpe und Wohlleben tun sich in ihren Aussagen derart auffällig gegenseitig nicht weh, dass man an Zufall nicht glauben mag.

Im März 2016 antwortet Zschäpe dann nach und nach und sehr vage auf Fragen des Gerichts nach André E. Ihre Version: E. habe gewusst, dass Böhnhardt eine Haftstrafe hätte antreten sollen und dass in der von ihr damals in Jena gemieteten Garage Sprengstoff gefunden wurde. Seit 2006 habe sie,

Zschäpe, sich etwa jede Woche einmal mit Frau E. oder auch mit dem Paar und seinen Kindern getroffen. »Wir vertrauten ihm nunmehr insoweit«, lässt Zschäpe vortragen, »dass wir ihm von den zurückliegenden Raubüberfällen berichteten. Von den Tötungsdelikten und Bombenanschlägen erfuhr er jedoch nichts.«

Nach der Brandlegung in Zwickau rief sie dreimal André E. an. »Ich habe ihm erzählt, dass ich die Wohnung mit Benzin angezündet habe, meine Kleidung deshalb stark nach Benzin roch und ich deshalb neue Kleider benötige.« Dabei erfuhr er auch, dass beide Uwes tot seien und dass es deren letzter Wille gewesen sei, den Brand zu legen. Sie sei mit E. nach Hause gefahren, und anschließend habe er sie zum Bahnhof nach Chemnitz gebracht. Er habe sie gefragt, ob sie flüchten, sich stellen oder umbringen wolle. Kurz habe sie erwogen, ob sie sich vor einen Zug werfen solle. »Ich blieb ihm eine Antwort schuldig, da ich diese Frage selbst nicht genau beantworten konnte.« Später sollte sich herausstellen, dass E. wohl jenes Fahrzeug angemietet hat, mit dem die Bombe des Anschlags in der Kölner Probsteigasse transportiert worden sein könnte.

Es passt so vieles nicht zusammen. Die Selbstdarstellung als abhängige, resignierte, ohnmächtige Frau voller Angst und Liebe zugleich, höchstens Böses ahnend, aber zu schwach, es zu verhindern – nach 250 Verhandlungstagen glaubt ihr dies niemand mehr. Zudem hatte Zschäpe selbst nach ihrer Festnahme zu den Ermittlern gesagt, sie sei von niemandem je unter Druck gesetzt worden. Jetzt, vier Jahre später und zweieinhalb Jahre nach Prozessbeginn, tragen ihre Anwälte eine andere Geschichte vor. Nun will Zschäpe sich von der Drohung ihrer Komplizen, sich im Fall der Entdeckung umzubringen, so unter Druck gesetzt gefühlt haben, dass sie nicht anders gekonnt habe, als dem mörderischen Treiben hilflos zuzusehen. Fielen denen, die diese Aussage konstruierten, die Widersprüche nicht auf?

In der dürftigen ersten Erklärung steht nur wenig über Zschäpes Alkoholkonsum, der in der Zeit vor der Brandlegung ziemlich hoch gewesen sei. Der Senat stellt auch zu diesem Thema Fragen über Fragen. Bemerkten die Vertrauensanwälte die Unvereinbarkeiten nicht? Demnach müsste die Angeklagte am Tag, als ihre Wohnung explodierte, extrem betrunken gewesen sein. Dies aber wird nicht von Zeugen bestätigt, die ihr auf der Straße begegneten, als sie sich auf und davon machte. Es passt ebenso wenig zum angeblich wohlüberlegten Klingeln bei der greisen Frau Erber wie zum angeblich aufmerksamen Lauschen auf Handwerkergeräusche im Haus vor der Brandlegung. Was haben sich die Anwälte Grasel und Borchert dabei gedacht? Sollten sie auf eine Schuldminderung wegen Alkoholisierung gesetzt haben, ging dies gründlich daneben.

Was hätte sich aus Beate Zschäpes Biografie machen lassen! Die Kindheit eines unerwünschten, hin- und hergeschobenen kleinen Mädchens ohne Vater, das mal Apel, mal Trepte, mal Zschäpe hieß, das immer im Weg war, dessen sich nur die Großmutter erbarmte; das Kindergärtnerin hätte werden wollen und Gärtnerin zu werden hatte; eine junge Frau, die nur in der grölenden Männerwelt der Rechten einen Platz fand, wo sie sich dem Intelligentesten anschloss und dann jenem Freund, dessen unkontrollierte Explosivität sie anzog. Es ist leicht, über eine verlorene Seele den Stab zu brechen. Durch die Lügen, die sie nicht bemerkten, durch die Widersprüche und die falschen Sentimentalitäten, für die sie kein Gespür hatten, ließen die Anwälte ein Bild entstehen, das es denen leichtmacht, die in der Angeklagten das personifizierte Böse sehen wollen. Die Chance, den Irrweg einer Beate Zschäpe in den Abgrund nachzuzeichnen samt der ungünstigen Umstände jener frühen Jahre, um hinter ihrer kalten Fassade ein menschliches Wesen sichtbar zu machen, haben sie nicht genutzt. Was Zschäpe getan hat, ist nicht zu entschuldigen. Was die sogenannten Vertrauensanwälte mit ihrer Mandantin gemacht haben, der Fortgang des Prozesses wird noch mehr davon zeigen, aber genauso wenig.

Ralf Wohllebens Einlassung – »Steuernde Zentralfigur« oder nur ein »Verehrer der Ahnen«?

Der ehemalige NPD-Funktionär wartet Beate Zschäpes Aussage ab. Am 16. Dezember 2015 ist es so weit. Anders als Zschäpe will er selbst vortragen und selbst Fragen beantworten, allerdings nicht solche, die, wie seine Verteidigerin Nicole Schneiders in Richtung Nebenklage sagt, »nur den Szene-Voyeurismus« bedienen. Dies sei ein Akt der Notwehr gegen Lügen und Unterstellungen.

Laut Anklage war Wohlleben die »steuernde Zentralfigur der gesamten Unterstützerszene«. Über ihn, so sagte eine ganze Reihe von Zeugen aus, seien anfangs die Kontakte mit den Untergetauchten gelaufen. Er managte die Telefonanrufe, an ihn wurden die Wünsche von Mundlos und Böhnhardt weitergegeben. Der Eindruck entstand, ohne Wohlleben gehe nichts. Er sei »ganz dicke« gewesen mit den dreien. Und glaubt man dem Angeklagten Carsten Sch., so hat Wohlleben schließlich auch die Sache mit der Ceska 83 eingefädelt. So hat sich der Verkäufer der Waffe, der Zeuge Andreas S., gut daran erinnert, wie Wohlleben und Carsten Sch. bei ihm erschienen, um eine scharfe Waffe mit Schalldämpfer zu bestellen. Mit Schalldämpfer.

Wohlleben, der sich ganz offensichtlich ungern selbst die Hände schmutzig macht, hält eine Rede um Aktenlage und Beweisaufnahme herum. Es muss nicht die Wahrheit sein, was er sagt, aber es klingt im Vergleich zu Zschäpes blutleerem, dilettantischem Anwaltskonstrukt zumindest authentischer. Und er nutzt die Aktualität des Flüchtlingszustroms, um seine Haut zu retten. Er gibt sich als friedliebender, der Völkerverständigung verpflichteter Politiker aus, der zwar den Umsturz wollte, aber doch niemals mit Gewalt. Und gegen Ausländer hat er selbstverständlich auch nie etwas gehabt (so lange sie in ihren Heimatländern bleiben). »In Frankfurt am Main sind ganze Stadtteile von Ausländern bewohnt; das wollte ich für Jena nicht.« Denn der »massenhafte Zuzug kulturfremder Ausländer«, doziert er, führe nur zu Spannungen unter der Bevölkerung – eine unverhohlene Anspielung auf Fernsehbilder, die zu jener Zeit der offenen Grenzen viele Menschen ängstigen. Er, Wohlleben, sei auch gegen die doppelte Staatsbürgerschaft – »wie CDU/CSU auch«.

Nicht er sei die Zentralfigur des Unterstützernetzwerks gewesen, sondern die Untergetauchten selbst hätten die Fäden in der Hand gehabt. Mit seinem Gegenspieler Carsten Sch., der ihn schwer belastete, geht er freundlich um, hält ihm eine womöglich falsche Erinnerung zugute, zustande gekommen durch eine andere Perspektive. Er sät nur ein paar Zweifel. Das klingt gut und macht ihn kleiner, als er ganz offensichtlich damals war.

Doch auf Fragen des Gerichts antwortet Wohlleben immer einsilbiger. Zur Aufklärung des Sachverhalts trägt er so gut wie nichts bei. Er erinnert sich nicht, weiß nichts. Die drei hätten ihn nicht interessiert, er habe sich nicht um sie gekümmert, habe vieles gar nicht wissen wollen, könne höchstens spekulieren. Der Senat zeigt sich von dieser Darstellung wenig beeindruckt.

Dann fällt auch noch seine Selbstdarstellung als Bewahrer deutscher Kultur und Verehrer der »Ahnen« wie ein Kartenhaus zusammen. Denn zu den deutschen Tugenden gehören schließlich auch Ehrlichkeit und Aufrichtigkeit. Wohlleben aber bestreitet, was kaum noch zu bestreiten ist. Er will nicht der Auftraggeber für die Tatwaffe Ceska gewesen sein; er habe gar nicht so viel Geld, 2500 Mark, gehabt, behauptet er. Vielleicht sei die Summe ja vom Verfassungsschutz gekommen, von Tino Brandt etwa … Und außerdem habe er, Wohlleben, schon deshalb keine scharfe Waffe für Böhnhardt und Mundlos besorgt, weil er nicht zu deren eventuellem Suizid habe beitragen wollen.

Demnach hat nicht er Carsten Sch. in jenen »Medley«-Szeneladen in Jena geschickt, in dem Sch. bei Andreas S. nach einer »deutschen« Waffe fragen und sich dabei auf ihn beziehen sollte. Der Senat hörte allerdings eine ganze Reihe Zeugen dazu, die genau dies bestätigten. »Ich ging davon aus«, sagt Wohlleben, »dass es dort keine scharfen Waffen zu kaufen gibt.« Wer soll das glauben? Und was war mit dem Schalldämpfer?

Niemand rechnet damit, dass der Senat am Ende des Prozesses Wohllebens Darstellung akzeptiert. Ein untrügliches Zeichen, dass dies so kommen wird, sind die zahlreichen Anträge seiner Verteidiger auf Aufhebung oder zumindest Außervollzugsetzung des Haftbefehls, die vom Gericht bis zuletzt abschlägig beschieden werden.

Die Jahre 2016 und 2017

Eigentlich könnte der Prozess, der 2015 am Rande des Scheiterns stand, nun zu einem raschen Ende kommen. Die Angeklagten haben sich alle geäußert, die Beweisaufnahme ist weitgehend abgearbeitet. Polizeizeugen, Ermittler und Kriminaltechniker in großer Zahl wurden angehört, die jedes Fetzchen Papier und Stoff sowie Festplatten aus der zerstörten Wohnung in der Frühlingsstraße ausgewertet haben. Ermittler haben im Brandschutt des Wohnmobils in Eisenach Waffen sichergestellt und aus den übermannshohen Trümmern der Frühlingsstraße die Tatwaffe Ceska 83 mit Schalldämpfer ausgegraben. Das ausgebrannte Wohnmobil war allerdings in Eisenach in die Lagerhalle eines Abschleppdienstes abtransportiert worden, ehe die Spurensicherung Zugriff hatte. Böse Absicht? Wer nicht an den Entschluss der Uwes glaubt, dass nun der Zeitpunkt für Plan B mit dem gemeinsamen Suizid gekommen sei, hält den unprofessionellen Abtransport für eine Aktion des Verfassungsschutzes. Wer sich an den Zeugenaussagen der Polizei orientiert, der sieht darin eine Fehleinschätzung der örtlichen Polizei, die die Dimension des Falls noch nicht erkannt hatte.

Gegen Beate Zschäpe und Ralf Wohlleben haben sich die Anklagevorwürfe verdichtet: Zschäpe und Uwe Böhnhardt wurden im Mai 2000 in unmittelbarer Nähe einer Berliner

Synagoge beobachtet. Zschäpe hat also wohl auch beim Ausspähen von Objekten mitgewirkt. Carsten Sch.s Andeutungen
bezüglich eines Gewaltausbruchs an einer Straßenbahnhaltestelle, an dem auch Wohlleben beteiligt gewesen sein soll,
bestätigen sich; monatelang hat der Senat immer wieder zu
diesem Punkt verhandelt, da es ihm um die Glaubhaftigkeit der
Angaben von Sch. ging. Es fehlen noch Zeugenvernehmungen
zu den Überfällen auf Geldinstitute und das Gutachten von
Henning Saß zur Schuldfähigkeit Zschäpes sowie zu der Frage,
ob Sicherungsverwahrung zu verhängen sei. Zunächst aber, so
scheint es, beginnt von neuem eine Phase der Sabotage des
Verfahrens.

Zschäpe hat beharrlich den Hinauswurf ihrer angestammten
Verteidiger beantragt, zum fünften Mal im Januar 2016. Immer
vergeblich. Dies hatte zur Folge, dass daraufhin entweder der
gesamte Senat oder einzelne Mitglieder, bevorzugt der Vorsitzende, wegen Besorgnis der Befangenheit abgelehnt wurden.
Wohlleben schließt sich dann jeweils an. Oder Zschäpe unterstützt seine Anliegen. Denn er bombardiert denn Senat ebenfalls mit Anträgen. Am 3. Dezember 2012, am 25. Juni 2014, am
22. Dezember 2014 und am 18. Januar 2016 versuchen seine
Verteidiger, ihn aus der U-Haft freizubekommen. Mittlerweile
tragen sie vor, es könne ihrem Mandanten höchstens Beihilfe
zum Totschlag mit einer geringeren Straferwartung nachgewiesen werden; also bestehe auch keine Fluchtgefahr mehr.

Der Senat weist diese Anträge mit stets den gleichen Argu-
menten zurück. Es gebe bei Zschäpe keinen Grund für eine
Entpflichtung, ein gestörtes Vertrauensverhältnis reiche dafür
nicht aus, es stehe nicht im Belieben der Angeklagten, ihre
Pflichtverteidiger einfach hinauszuwerfen. Heer, Stahl und
Sturm seien willens und in der Lage, weiter zu verteidigen.

Gegen Wohlleben sieht der Senat den Tatverdacht ebenfalls als weiterhin gegeben an. Im Lauf der Hauptverhandlung hätten sich sogar noch weitere Belastungsmomente ergeben, etwa seine Beteiligung am Aufhängen des Puppentorsos mit Davidstern an einer Autobahnbrücke. Das lasse darauf schließen, dass Wohlleben von Mundlos' und Böhnhardts Bereitschaft zu ideologisch motivierten Straftaten gewusst habe.

Wie kaum anders zu erwarten, folgen auf die ablehnenden Beschlüsse des Senats wiederum Befangenheitsanträge der Verteidigung. Auf die Zurückweisung dieser Anträge reagieren die Verteidiger erneut mit Befangenheitsanträgen. Verhandlungstage fallen reihenweise aus, da über manche dieser Anträge andere Senate des Oberlandesgerichts entscheiden, und diese müssen erst einmal zusammentreten. Es ist ein elendes, zähes und sinnloses Gegeneinander, das niemandem nützt. Kaum könnte weiterverhandelt werden, wird der nächste Ablehnungsantrag angekündigt. Die Verteidiger argumentieren, sie brauchten Zeit, um sich zu beraten. Zeit, um einen solchen Antrag zu formulieren. Stellungnahmen und dienstliche Äußerungen sind einzuholen. Es dauert. Wer will denn schon, dass der Prozess nach drei Jahren platzt?

Die einzige verbliebene Frau im Senat, Michaela Odersky, musste sich einmal gegen einen Ablehnungsantrag durch die Verteidigung Wohllebens wehren, weil sie angeblich durch einen hochgezogenen Mundwinkel und einem »verächtlichen Lächeln« ihrer Befangenheit Ausdruck verliehen habe. Stunden später nahmen die Wohlleben-Anwälte von ihrem Vorhaben wieder Abstand. Erneut war ein Sitzungstag ohne Ergebnis verstrichen.

Wie viele nutzlose, skurrile, abwegige Anträge haben den Prozess schon verzögert! Mal tut sich die Nebenklage damit hervor, mal die Verteidigung. Wohlleben-Verteidiger Wolfram Nahrath etwa will einen Historiker laden lassen zum Thema Rudolf Heß. Es soll bewiesen werden, dass der als Hitlers Stellvertreter nach England flog, um den Krieg zu beenden, in Gefangenschaft geriet und bis zu seinem Tod 1987 die Freiheit nicht wiedererlangte – was, aber das ist nur ein Teil der Wahrheit über Heß, in jedem Geschichtsbuch nachzulesen ist. Ein ehrenwerter Nazi also, so die Argumentation der Verteidiger, den man sehr wohl verehren dürfe. Oder Nahrath beantragt, einen Sachverständigen für Demografie zu laden zum Thema »drohender Volkstod« angesichts der »massenhaften Einwanderung Nicht-Deutscher«. Nebenklageanwalt Sebastian Scharmer: »Das ist wieder einer jener Propagandaanträge der Verteidigung Wohllebens, die deren Haltung zeigen.«

Oberstaatsanwalt Jochen Weingarten: »Da das Prozessverhalten der Verteidigung Wohlleben keinen Anlass bietet anzunehmen, dass sie nur versehentlich unsinnige Anträge stellt, ist nur die Schlussfolgerung möglich, dass es sich um reine Prozessverschleppung handelt.«

Bisweilen gelingt es, die Vernehmung einzelner verbliebener Zeugen zwischen die Auseinandersetzungen über die angebliche Befangenheit des Gerichts zu schieben. Am 17. Februar 2016 zum Beispiel geht es um den Überfall auf eine Sparkassenfiliale in der Zwickauer Kosmonautenstraße im Jahr 2006. Ein maskierter und bewaffneter Mann drang damals brüllend in den Schalterraum ein, schoss um sich und traf einen zwanzig Jahre alten Banklehrling. Der wurde durch einen Bauchschuss schwer verletzt und für sein Leben gesundheitlich geschädigt. Laut Zschäpes Einlassung hat Böhnhardt diesen Überfall allein verübt, und als Anlass gab sie an: »Wir hatten kein Geld mehr. Das Geld aus den Überfällen im Mai 2004 war verbraucht.«

Eine Zeugin sagt aus: »Der Täter stürmte herein, er wirkte sehr aufgeregt. Er trug eine Maske und hatte eine Waffe in der Hand. Ich bin in dem Moment erstarrt und sagte zu ihm: Is ja gut!« Dem Banklehrling habe der Täter die Waffe vor den Bauch gehalten. »Es ist schwer zu verkraften, wenn einem die Waffe an den Kopf gehalten wird und wenn man sieht, wie der Täter sie auf einen anderen richtet – und abdrückt!«, sagt sie mit zitternder Stimme. Ihr sei es vorgekommen, als habe der Mann einen Moment lang überlegt, ob er schießen solle. Dann schoss er. »Meiner Meinung nach ganz bewusst.« Sie habe »eine wahnsinnige Angst gehabt, dass er mich nach den Ziffern des Tresors fragt. Denn die wären mir in diesem Moment nicht eingefallen.« In Erinnerung geblieben seien ihr das laute Schreien des Mannes und seine »irren« Sprünge. Der Täter floh ohne Beute.

Der Verletzte habe unglaubliches Glück gehabt, erklärt ein Rechtsmediziner dem Gericht. Denn zufällig sei ein Arzt am Tatort gewesen, der sofort seinen Notfallkoffer aus seinem Auto holte und den jungen Mann versorgte.

Am Ende seiner Vernehmung will der damals schwer verletzte Zeuge noch etwas in eigener Sache sagen. Er klagt, Zschäpe habe sich zwar bei den Hinterbliebenen der Getöteten entschuldigt, nicht aber bei den Verletzten der Raubüberfälle. Stahl und Heer fallen ihm sogleich ins Wort: Erklärungen, die nicht zur Zeugenaussage gehörten, seien von der Strafprozessordnung nicht vorgesehen. Daraufhin, sie kann es nicht lassen, schreibt Zschäpe einen Brief an den Vorsitzenden und entschuldigt sich darin »ausdrücklich« für das ihrer Meinung nach inakzeptable Verhalten von Heer und Stahl gegenüber dem Zeugen. Dies sei mit ihr nicht abgesprochen gewesen. Es entspreche auch nicht ihrem Verständnis, wie man »dem

Opfer eines Raubüberfalls gegenüber auftritt«. Sie stellt sich damit einerseits als reuige Angeklagte dar (ohne allerdings diese Reue je selbst geäußert zu haben). Und sie versetzt ihren alten Anwälten zum wiederholten Mal einen Tritt. Es lässt ihr offenbar keine Ruhe, dass der Senat nicht ihrem Wunsch nachkam, die drei aus dem Prozess zu entfernen.

Die Anklagevorwürfe sind nun allesamt abgearbeitet. Der Prozess befindet sich tatsächlich auf der Zielgeraden, wie seit langem von Beobachtern prophezeit wurde. Doch auf dieser Strecke befindet sich noch ein Hindernis, das zu überwinden die Verteidigung einigen Schweiß kostet. Und den übrigen Prozessbeteiligten viel Geduld abfordert. Es droht das Gutachten von Henning Saß, der schon in einer vorläufigen Stellungnahme nicht nur den Weg zum Lebenslang gegen Zschäpe freimachte, sondern auch zur Sicherungsverwahrung.

Die Gutachten

Henning Saß, Jahrgang 1944, war vom Senat beauftragt worden, Zschäpes Schuldfähigkeit prüfen, ebenso die Frage, ob die Voraussetzungen für eine Unterbringung in der Sicherungsverwahrung vorlägen und ob der in ihrer Einlassung genannte Alkoholkonsum auch im Hinblick auf eine eventuelle Unterbringung in einer Suchtklinik zu berücksichtigen sei.

Saß ist eine Koryphäe seines Faches. Seine wissenschaftliche Vita ist makellos, die Zahl seiner Forschungen, Veröffentlichungen und Auszeichnungen beachtlich. Wer Gerichtspsychiater werden will, kommt um seine Beiträge im wichtigsten Handbuch des Faches nicht herum.

Dass der Münchner Senat Saß gewählt hat, liegt nicht nur daran, dass er Emeritus und also zeitlich flexibel ist. Sondern Saß leitete von 1987 bis 1990 die Abteilung für Forensische Psychiatrie an der Münchner Universität, ehe er den Lehrstuhl für Psychiatrie und Psychotherapie in Aachen übernahm und Vorstandsvorsitzender des dortigen Universitätsklinikums wurde. Für Götzl, Ende der achtziger Jahre in München Staatsanwalt, ist Saß kein Unbekannter.

Beate Zschäpe hat mit ihm kein Wort geredet. So verhalten sich meist Angeklagte, deren Verteidiger einen Freispruch anstreben. Oder die sich von einer Begutachtung nichts oder eine Verschlechterung ihrer Situation versprechen. Dies könnte bei Zschäpe der Fall sein. Denn dass sie nicht »verrückt« ist und nicht geisteskrank, dass sie sich in der langen Zeit der Illegalität auch nicht ständig in einem derart schwerwiegenden affektiven Ausnahmezustand befand, der ihre Schuldfähigkeit jeweils hätte beeinträchtigen können, oder dass sie wegen einer tiefgreifenden Bewusstseinsstörung nicht in der Lage gewesen sein soll, zwischen Recht und Unrecht zu unterscheiden – um dies festzustellen, bedurfte es keines Sachverständigen. Die Entscheidung, ob Sicherungsverwahrung anzuordnen sei, ist Aufgabe des Gerichts, nicht des Sachverständigen. Aber Beschreibungen zu liefern und den Sachverhalt so zu schildern, dass die Richter entscheiden können, ob bei der Angeklagten – auch nach Verbüßung einer etwaigen Freiheitsstrafe – noch ein Hang zu strafbaren Handlungen zu erwarten sei, dazu wird ein erfahrener psychiatrischer Sachverständiger sehr wohl gebraucht.

Erfahren, in hohem Maße sogar, ist Saß fraglos. Doch wie will er eine Anamnese erheben, wenn die Probandin auf seine Fragen nicht antwortet? Eine Begutachtung ohne ausgedehnte Exploration und ohne den Einsatz von psychologisch-psychopathologischem Instrumentarium, insbesondere was die Persönlichkeitsstruktur und die Rückfallgefahr angeht, wird in der Fachwelt unterschiedlich beurteilt. Es gibt Psychiater, die haben kein Problem damit, die Fragen des Gerichts zu beantworten, auch wenn sie mit dem Angeklagten nicht gesprochen und ihn nicht untersucht haben. Andere sehen zwar die damit verbundenen Schwierigkeiten, entscheiden aber von Fall zu Fall, ob sie dennoch genug Anhaltspunkte für ein Gutachten haben. Saß gehört offenbar zu Letzteren. Immerhin versprach er »Zurückhaltung« bei Fragen zur Schuldfähigkeit, zur

Unterbringung in einer Entziehungsanstalt und der eventuellen Sicherungsverwahrung.

Wieder andere Psychiater lehnen prinzipiell eine Begutachtung ohne Exploration und ohne den Einsatz ihres Handwerkszeugs ab. Solche Gutachter begründen ihre Haltung damit, eine Expertise »nach bestem Wissen und Gewissen« sei in einem solchen Fall nicht möglich oder zumindest äußerst heikel.

Bei Saß fiel auf, dass seine zunächst versprochene Zurückhaltung in seinem vorläufigen schriftlichen Gutachten bald einer ziemlich gewagten Persönlichkeitsdiagnose und einer unverhohlenen Empfehlung für Sicherungsverwahrung wich. Anlass für Heer, Stahl und Sturm zu beantragen, ihn wegen »fachlicher Ungeeignetheit« zu entpflichten. Und ein methodenkritisches Gutachten einholen zu lassen, dass Saß' Arbeit wegen ihrer »schweren methodischen Fehler« nicht den wissenschaftlichen Standards genüge. Das klang, als ob der Papst der Ketzerei beschuldigt würde.

Nun hat Saß an mehr als 300 Verhandlungstagen Zschäpe beobachten können, wie sie agiert und reagiert. Er hat Zeugen gehört und befragt. Er hat Aktenkenntnis, weiß einiges über ihre Biografie und den Weg in die Kriminalität. Er wurde, wenn er nicht anwesend war, vom Vorsitzenden und anderen Verfahrensbeteiligten informiert. Er hat miterlebt, wie die Angeklagte energisch ihren Willen durchsetzte, neue Anwälte forderte – und bekam –, wie sie die vorherigen Verteidiger abstrafte und vor allem: mit welcher Energie und Entschlossenheit sie die Fassade aufrechterhielt, hinter der sie sich verbarg. Jeder im Saal konnte dies wahrnehmen, die Richter, die Zuschauer und natürlich auch Saß. 773 Seiten Notizen hat er darüber angefertigt.

Völlig substanzlos war die Basis seiner Erkenntnisse also keineswegs, wenn auch nicht vergleichbar mit einer vertieften Exploration, dem wichtigsten psychiatrischen Instrument. Zu dieser gehören neben der Aktenkenntnis vor allem eine sorgfältige Untersuchung des Probanden, eine genaue psychologische und psychiatrische Diagnostik auch mit Hilfe von Tests und das ungestörte Gespräch zum Lebenslauf, zur angeklagten Tat, zu Gefühlen und Stimmungen und so fort. (Pikanterweise war es ausgerechnet Saß, der 2006 maßgeblich an der Erarbeitung von »Mindestanforderungen für Prognosegutachten« mitwirkte.)

Am 335. und 336. Sitzungstag erstattet Saß sein Gutachten. Auf die Intervention ihrer Verteidigung hin verzichtet er auf jegliche Interpretation von Zschäpes Mimik und Gestik im Gerichtssaal, etwa wie sie den Fotografen bis Dezember 2015 stets den Rücken zukehrte, wie sie demonstrativ die Arme vor dem Körper verschränkte, in bestimmten Situationen auf den Laptop schaute und wann sie ihre Haare so ins Gesicht fallen ließ, dass die Zuschauer auf der Tribüne ihr Gesicht nicht mehr sehen konnten. Das vorläufige Gutachten enthielt noch eine ganze Reihe spekulativer Erwägungen, was daraus zu schließen sei. Nun bietet Saß dem Gericht zwei Szenarien an, zwischen denen es sich entscheiden kann. Daran gibt es nichts zu kritisieren.

Das eine fußt auf den wenig lebensnahen und von ihren Anwälten formulierten Angaben Zschäpes, dass sie zwar von den Raubüberfällen Böhnhardts und Mundlos' gewusst und davon auch profitiert habe. Die übrigen Verbrechen aber, die Tötungen, seien ohne ihr Wissen und ohne ihre Zustimmung verübt worden. Das habe sie gegenüber den beiden Männern auch zum Ausdruck gebracht. Sie habe ihnen lediglich einen häuslichen Rahmen und einen familienähnlichen Rückhalt verschafft. Mit der Planung und Ausführung der Tötungsdelikte habe sie nichts zu tun gehabt. Nur die Brandlegung in der letzten Wohnung gehe auf ihr Konto; allerdings habe sie dabei nur den letzten Wunsch ihrer beiden Gefährten ausgeführt.

Saß' zweites Szenario folgt der Darstellung der Anklageschrift. Danach wäre Zschäpe, die immerhin 13 Jahre lang mit den Uwes zusammenlebte, über die Verbrechen informiert und aktiv in Planungen, Vorbereitungen und möglicherweise auch in die Nachbereitung der Taten involviert gewesen. Es wäre dann von einer »Akzeptanz und einem Mittragen des fremdenfeindlichen, rassistischen und nationalistischen Gedankenguts« auszugehen wie auch von einer Neigung zu dominantem, manipulativem Verhalten. Das spräche für eine ganz andere kriminelle Energie als nur ein widerwilliges Mitmachen aus Schwäche und für ein tief eingeschliffenes Verhalten. Denn bei Zschäpe sei dann Delinquenz bereits vor dem Abtauchen in die Illegalität festzustellen. Sollte er, erläutert Saß, auf Wunsch des Gerichts die Version zwei seinem Gutachten zugrunde legen, wäre wohl von einem »Hang« zu Straftaten bei der Angeklagten zu sprechen. Dann müsste auch mit ähnlichen Verhaltensweisen in Zukunft gerechnet werden. Das hieß: Sicherungsverwahrung – eine riskante Prognose.

Verteidiger Stahl fragt nach der Validität der Kriterien für den »Hang«. Saß spricht von seinem »Erfahrungsschatz«. Stahl fragt weiter, intensiver, bohrender. Der Boden, auf dem Saß sich bewegt, wird dünner. Woher stammen seine Kriterien, anhand deren er bei Zschäpe eine anhaltende Neigung zu Straftaten ausmacht? Sind seine Feststellungen nicht bloß eine Meinung, ein individueller Eindruck? Käme ein anderer Gutachter zum gleichen Ergebnis? Oder hängt dieses vom jewei-

ligen Gutachter ab? Stahl prüft jede einzelne Behauptung Saß',
um mit der Frage zu enden, was forensische Psychiatrie überhaupt sei. Wissenschaft? Saß entgegnet: »Erfahrungswissen-
schaft!« Er gesteht Stahl zu, dass es kein Messverfahren gebe,
das in jedem Einzelfall gleichermaßen gelte. Also doch eher
Kaffeesatzleserei? Am Ende »gewinnt« Saß: »Szenario 2 unterstellt, gibt es eine hohe Disposition für solche Straftaten und
keine Änderung der Haltung. Das bedeutet eine hohe Wahrscheinlichkeit für die Fortsetzung des Verhaltens.« Punktum.
Der Senat scheint von Szenario 2 überzeugt. Trotz alledem: Es
ist eine große Stunde der Verteidigung.

Es entspinnt sich im Folgenden ein schier endloser Streit
über die Notwendigkeit, Saß' Notizen vorzulegen. Doch wird
es darauf und auf sein umfangreiches Gutachten überhaupt
ankommen? Dass Zschäpe schuldfähig ist, bezweifelt kaum
jemand. Von der Kriminalprognose wird das Urteil nicht
abhängen. Der Entscheidung, ob Sicherungsverwahrung zu
verhängen sei, kann sich der Senat enthalten, wenn er die
Angeklagte zu einer lebenslangen Freiheitsstrafe verurteilt.
Denn dann wird ohnehin am möglichen Ende der Strafhaft
geprüft werden, ob eine Entlassung auf Bewährung in Frage
kommt. Das wird, falls die Schwere der Schuld festgestellt werden sollte – angesichts von zehn Toten und zahlreichen Verletzten –, wohl nicht vor Ablauf von zwanzig oder mehr Jahren
der Fall sein. Ob Saß' Einschätzung etwa der rechtsextremen
Szene dann noch zutrifft? Das ist mehr als fraglich.

Götzl erkundigt sich nach den Aussichten einer Behand-
lung während der Haft. Saß formuliert zurückhaltend. Eine
langjährige Gesprächstherapie verspreche allenfalls Erfolg,
wenn Zschäpe bereit sei, sich von ihren bisherigen politisch-
ideologischen Vorstellungen, falls diese noch bestehen sollten,

zu lösen. Dem stehe entgegen, dass schon früh abweichendes Verhalten, wenn es sich über zwei Jahrzehnte festgesetzt habe, meist tief in der Persönlichkeit verankert sei. Außerdem gebe es unter den Strafgefangenen kaum Frauen wie Zschäpe mit ihrer speziellen Entwicklung und Einstellung, denen vergleichbare Taten vorgeworfen würden. Es fehlten daher wissenschaftliche Erkenntnisse zu dieser Thematik. Aber als ganz aussichtslos würde er solche Bemühungen nicht bezeichnen.

Saß anzugreifen oder gar zu widerlegen ist ein schwieriges Unterfangen. Mit seiner Eloquenz, Unbeirrbarkeit und fachlichen Kompetenz kann es kaum einer seiner Kontrahenten aufnehmen, am wenigsten Hermann Borchert, der wie von Zschäpe ferngesteuert Fragen stellt, die sie ihm offenbar aufgetragen hat. Heer, Stahl und Sturm versuchen, Saß mit Hilfe einer methodenkritischen Stellungnahme des Bochumer Hirnforschers Pedro Faustmann in Bedrängnis zu bringen. Es dauert Wochen, ja Monate, bis Faustmann vor Gericht erscheint, um Saß Paroli zu bieten. Er hat keinen Erfolg damit. Denn für Saß ist es ein Leichtes, Faustmanns theoretische Einwände zu entkräften mit Hinweis auf die Erfordernisse und Besonderheiten einer forensischen Begutachtung. Noch leichter fiel ihm dies gegenüber dem von Borchert und Grasel beauftragten Freiburger Psychiater Joachim Bauer, obwohl Zschäpe mit diesem ein »vertrauliches ärztliches Gespräch« geführt hat – mit anderen Worten: ihm auf den Zahn gefühlt hat, ob er ihrer Ansicht nach für eine Begutachtung, so wie sie sie versteht, geeignet ist. Bauer hätte also dem Senat Informationen mitteilen können, die er exklusiv von der Angeklagten erlangte.

Das hat er auch getan. Allerdings auf doch sehr spezielle Weise. Denn Bauer ist zwar Arzt, aber kein Gerichtsgutachter.

Auf die Frage von Oberstaatsanwältin Greger, ob er die Mindeststandards für eine gerichtliche Begutachtung kenne, musste er zugeben: »eher nicht«. Ausgestattet offenbar mit ausgewählten Aktenteilen, in denen Zschäpe gut wegkommt, nimmt er alles, was die Angeklagte ihm erzählt, augenscheinlich für bare Münze. Wie bei einer Kranken, einer Patientin, der er helfen soll. Er macht daraus auch keinen Hehl, sondern wendet sich ihr empathisch zu, bringt ihr bei seinen Besuchen in der JVA Stadelheim sogar Pralinen mit und gibt vor Gericht als »Gutachten« wieder, was Zschäpe ihm als ihr Dilemma und Leiden ausmalte: als von ihrem Liebhaber Böhnhardt verprügelte, hilflose Person, die es trotz aller Misshelligkeiten einfach nicht schaffte, sich aus dem Dunstkreis dieser »Psychopathen« – Bauer liefert hier gleich deren gutachterliche Bewertung mit – zu lösen. Sein Fazit bei Zschäpe: schwere dependente Persönlichkeitsstörung, also eine krankhafte Abhängigkeit. Auf Fragen, wie dies denn mit ihrem dominanten, durchsetzungsstarken Auftreten im Prozess und laut entsprechenden Zeugenbeschreibungen zu vereinbaren sei, weiß Bauer auch die Erklärung: Gerade das Unpassende passe genau zu seinem Befund.

Senat und Bundesanwaltschaft sitzen da wie erstarrt. Wer hat je einen solchen Auftritt vor Gericht erlebt? Weil er dies merkt, beschwört Bauer gleichsam die guten Geister: Er sei ein hervorragender Arzt; auch Kollegen hätten ihm bescheinigt, dass sein Gutachten von ganz außergewöhnlicher Qualität sei. Nicht genug damit. Die verheerende mediale Resonanz verleitet ihn dazu, sein Gutachten unaufgefordert an »Welt online« zu schicken und einen Exklusivbericht über seine Teilnahme am NSU-Prozess anzubieten. Zu allem Überfluss vergleicht er den NSU-Prozess dann auch noch mit einem »Hexenprozess«.

Das war nun endgültig das Aus. Doris Dierbach, Anwältin der Familie Yozgat, lehnt den Freiburger Psychiater wegen Besorgnis der Befangenheit ab. Es ist der einzige Antrag dieser Art, dem in mehr als fünf Jahren Hauptverhandlung Erfolg beschieden ist.

Die Plädoyers der Ankläger
»Sie war der Stabilitätsfaktor«

Am 18. Juli 2017, es ist der 373. Sitzungstag, ist es – fast – so weit. Die letzten Beweisanträge sind gestellt und werden erwartungsgemäß abgelehnt. Der Senat hält an Saß fest, Pedro Faustmanns Zweifel haben ihn nicht beeindruckt. Wohlleben-Verteidigerin Nicole Schneiders beantragt noch einmal die Aufhebung des Haftbefehls gegen ihren Mandanten oder wenigstens die Außervollzugsetzung. Wohlleben sitzt inzwischen fünf Jahre und acht Monate in U-Haft. Selbst wenn ihr Mandant zu einer empfindlichen Haftstrafe verurteilt werden sollte, sei U-Haft nicht mehr zwingend, argumentiert Schneiders. Er habe einen festen Wohnsitz, eine Ehefrau, zwei schulpflichtige Kinder, ein Arbeitsplatz sei ihm zugesagt worden. Er könnte sofort zu arbeiten anfangen. Außerdem habe er dem Mitangeklagten Carsten Sch. nur einen Tipp gegeben: Geh ins »Medley« wegen einer Waffe. Er habe noch nicht mal gewusst, ob Sch. tatsächlich eine Waffe bekommen würde. Diese Tat liege überdies mehr als 17 Jahre zurück. »Noch nie wurde in der Bundesrepublik gegen einen wegen Beihilfe zum Mord Angeklagten so lange ein Haftbefehl aufrechterhalten!«, trägt sie mit kaum unterdrückter Empörung vor.

Heer, Stahl und Sturm, die trotz Ablehnung durch ihre Mandantin unverdrossen weiterarbeiten, versuchen, eine Aufzeichnung des Plädoyers der Bundesanwaltschaft durchzusetzen, weil man sich besonders gründlich mit den Argumenten und zitierten Fundstellen in der Rechtsprechung auseinandersetzen wolle. Diesem Antrag schließen sich ausnahmsweise alle Mitverteidiger an, sogar Grasel. Die Bundesanwaltschaft ist dagegen: Man sei kein Roboter. Versprecher könnten passieren, und dann werde wieder alles in der Öffentlichkeit ausgewalzt. Nein, man wolle keine Aufzeichnung. Man sage schließlich nichts Neues, »sondern nur, was hier vier Jahre lang passiert ist«.

Der Senat hält es, wie er es immer hält: keine Aufzeichnung, auch keine Herausgabe der Manuskripte der Staatsanwaltschaft.

Die letzten Formalien werden abgewickelt. Keiner der Angeklagten hat eine Eintragung im Bundeszentralregister, keiner ist also vorbestraft. Es gab auch keine Gespräche mit Verfahrensbeteiligten zwecks einer Verständigung, keinen Deal hinter den Kulissen. Wann kann die Bundesanwaltschaft mit ihrem Plädoyer beginnen? Morgen? Ungläubige Gesichter. Einige Nebenklageanwälte geben zu bedenken, dass ihre Mandanten gern kommen würden, für die Anreise allerdings Zeit bräuchten. Nebenklageanwalt Sebastian Scharmer, der die Familie Kubaşık vertritt, tut kund, seine Mandanten hätten »kein gesteigertes Interesse an den Schlussvorträgen der Staatsanwälte«. Sie erwarten offenbar wenig von der deutschen Justiz.

Götzl schließt am nächsten Tag die Beweisaufnahme. Die Bundesanwaltschaft kündigt an, etwa 22 Stunden lang plädieren zu wollen. Bundesanwalt Herbert Diemer springt auf, um seine Notizen zu holen. Gelächter im Saal. Nicht einmal er hatte geglaubt, dass es jetzt tatsächlich so weit ist.

Als Ranghöchster eröffnet er den Reigen der Plädoyers. Zum letzten Mal in diesem Verfahren zeigt der Bundesanwalt die Grenzen der Strafprozessordnung auf: »Mögliche Fehler staatlicher Behörden aufzuklären, ist eine Aufgabe politischer Gremien, nicht aber dieses Strafverfahrens.« Wie ein Leierkastenmann dreht er seine Kurbel, unbeeindruckt vom Widerstand jener, die ebenso störrisch behaupten, der Prozess habe seine Aufgabe nicht erfüllt, weil viele Fragen nicht beantwortet worden seien. Diemer warnt vor einer Verunsicherung der Opfer und der Bevölkerung, wenn immer wieder insinuiert werde, staatliche Stellen seien in die Verbrechen verstrickt. Hätte es dafür Anhaltspunkte gegeben, so Diemer, wären sie in gesetzlich vorgesehener Weise aufgeklärt oder ermittelt worden. Gegenstand dieses Prozesses seien allein die zur Anklage gebrachten Taten. »Diese klaren Strukturen müssen in einem Rechtsstaat eingehalten werden.« Die Hauptverhandlung sei ihrer systemrelevanten Bedeutung, aber auch der menschlichen, gesellschaftlichen und historischen Bedeutung in jeder Hinsicht gerecht geworden. »Sie war in ihrem Ausmaß, ihrer Gewissenhaftigkeit und Gründlichkeit das adäquate Pendant nicht nur zu dem ungeheuer komplizierten Verfahrensstoff, sondern auch zu den infamsten Taten seit den linksextremistischen Mordanschlägen der RAF.«

Zschäpe lässt sich nichts anmerken. Bundesanwalt Diemer beschreibt sie als Mitgründerin und Mitglied der terroristischen Vereinigung namens NSU, als Mittäterin bei neun Morden an Personen türkischer und griechischer Herkunft und beim Mord an einer Polizistin, beim Bombenanschlag auf das Geschäft einer deutsch-iranischen Familie in Köln, beim Nagelbombenanschlag in der Kölner Keupstraße. »Diese Mordanschläge hat sie auf einer DVD auf zynische und volksverhetzende Weise dargestellt und die Opfer damit verhöhnt«, resümiert er. Alles habe sich in der Hauptverhandlung bestätigt, auch die besonders schweren Raubüberfälle, bei denen eine Beute von insgesamt mehr als 600 000 Euro gemacht und zweimal auf Menschen geschossen worden sei in tödlicher Absicht. Und dazu noch die lebensgefährliche Brandlegung in der Frühlingsstraße.

Diemers Worte widerlegen die Kritik wegen mangelnder Aufklärung. Das Motiv, warum Menschen sterben mussten oder verletzt wurden – rechtsextremistische Ideologie, der Wahn von einem ausländerfreien Land, der Wunsch, »dieses freie, freundliche Land, in dem wir leben, zu erschüttern, um einem widerwärtigen Naziregime den Boden zu bereiten« – benennt Diemer ebenso wie die willkürliche Auswahl der Opfer. »Alle anderen Spekulationen selbsternannter Experten«, wieder einer jener Sätze Diemers, die für helle Empörung sorgen, »die so tun, als habe es die Beweisaufnahme nicht gegeben, sind wie Irrlichter, sind wie Fliegengesumme in den Ohren.«

Für Oberstaatsanwältin Anette Greger, die Zschäpe-Spezialistin in der Staatsanwaltschaft, scheint das Plädoyer wie eine Befreiung von dem jahrelangen Maulkorb gegenüber den Medien zu sein, der ihr verpasst wurde, nachdem zu Beginn des Prozesses eine Bemerkung von ihr über die Angeklagte – dass sie Zschäpe so, wie in der Anklage beschrieben, erlebt habe – Aufruhr unter den Verteidigern verursacht hatte. Unter dem Titel »Wie zwei erfolglose Narzissten und die Tochter zweier Zahnärzte ein Land terrorisierten« trägt sie nun drei Tage lang vor, was aus ihrer Sicht Zschäpe vorzuwerfen ist. Sie entkräftet die Darstellung der Angeklagten, wie unerträglich das Zusammenleben mit den beiden Männern angeblich war, wirft ihr vor, keine Verantwortung gegenüber den Opfern übernehmen zu wollen. Sie widerspricht Zschäpe, von den Taten Böhnhardts und Mundlos' nichts gewusst zu haben, zählt ihre Beiträge auf, die die Taten erst ermöglicht hätten. Zschäpe sei zwar »nicht eigenhändig« an den Morden beteiligt gewesen. Aber: »Sie war der Stabilitätsfaktor« und sei arbeitsteilig in die Organisation und Logistik eingebunden gewesen. »Rechtlich heißt das, ihr Tatbeitrag war so essentiell wie jede Tat der Männer.« Die Akribie, mit der Greger auch das kriminelle Vorleben der Angeklagten vor dem Untertauchen und ihre radikale Gesinnung analysiert, lässt ahnen, wie sie Zschäpes Mittäterschaft zu begründen entschlossen ist.

Durch die thematisch uneinheitliche, zeitlich zum Teil weit auseinandergerissene Beweisaufnahme war der Überblick verloren gegangen, aus wie vielen kleinstteiligen Details sich das Bild einer selbstbewussten, durchsetzungsstarken Zschäpe, das Greger jetzt zeichnet, tatsächlich zusammensetzt. Wie viele Details das Innenleben der Gruppe, das vertrauensvolle, arbeitsteilige Vorgehen belegen. Es ist von erstaunlicher Eindeutigkeit. Zschäpe, die laut Greger als »Tarnkappe« und als »Meisterin im Verschleiern« fungierte, die sich, schon wegen ihres auffallenden Äußeren, von Tatorten fernhielt, Zschäpe, ohne die das eingeschworene Team die Straftaten nicht hätten begehen können. Wer den Prozess verfolgt hat, kann Greger kaum widersprechen.

Von einzelnen Nebenklageanwälten wurde die Oberstaatsanwältin mehrfach scharf kritisiert, weil sie die These von der isolierten Dreiergruppe stütze, die sich im Jahr 2000 aus Chemnitz nach Zwickau abgesetzt und die Kontakte zur rechtsextremen Szene abgebrochen habe. Dabei habe es doch auch dort Unterstützer wie Holger G., Ralf Wohlleben und

André E. gegeben. Nur: Diese Unterstützer sitzen mit Zschäpe auf der Anklagebank. Eine Beteiligung an den Tötungsdelikten oder das Wissen darum konnte ihnen nicht nachgewiesen werden.

Als »frontaler und dreister Angriff auf die Nebenklage« wird von einzelnen Nebenklageanwälten in ihren Schlussvorträgen bezeichnet werden, was Greger unter anderem in ihrem Plädoyer sagte: »Eine Existenz von rechten Hintermännern an den Tatorten, die einige Rechtsanwälte ihren Mandanten offensichtlich versprochen hatten, hat sich bislang weder in den seit sechs Jahren laufenden Ermittlungen und der Hinweisbearbeitung, noch in der 360-tägigen Beweisaufnahme, wo wieder jedem Hinweis darauf nachgegangen wurde …, noch in den breit angelegten Beweiserhebungen der zahlreichen Untersuchungsausschüsse bewahrheitet.«

Nach Greger nimmt sich Oberstaatsanwalt Weingarten zunächst die Angeklagten Ralf Wohlleben und Carsten Sch. vor. Es war zu erwarten, dass er den Beitrag Wohllebens zu der Verbrechensserie des NSU nicht wie Verteidigerin Schneiders bloß auf den »einen Tipp« zu einer höchst ungewissen Waffenbeschaffung beschränken würde. Weingarten beschreibt eingehend das »klandestine Kontaktsystem«, das Wohlleben aufgrund seiner »hervorgehobenen Vertrauensstellung« aufgebaut habe mit treuen Gefolgsleuten und Mittelsmännern, wozu auch Carsten Sch. gehörte. Die umfangreichen Ausführungen machen noch einmal jene unübersehbaren Ungereimtheiten in Wohllebens Selbstdarstellung deutlich, die einem Vergleich mit den Ergebnissen der Beweisaufnahme nicht standhalten.

Dass Wohlleben nicht erkannt haben will, dass die Ceska 83 womöglich zum Erschießen von Menschen zum Zweck »einer rassisch-völkischen Reinerhaltung des deutschen Volkes« dienen sollte, nimmt ihm die Staatsanwaltschaft nicht ab. Und dass diese Waffe auch jene war, die Carsten Sch. den dreien überbrachte, dafür zitiert Weingarten Beleg über Beleg. Tagelang zeichnet er den Weg der Waffe lückenlos nach, geht auf jeden Einwand der Wohlleben-Verteidigung ein, dass Carsten Sch. womöglich nicht die spätere Tatwaffe, sondern eine andere, der Ceska 83 ähnliche Waffe beschafft und übergeben haben könnte. Und vor allem setzt er sich mit der Frage auseinander, welche Vorstellungen Wohlleben und Carsten Sch. vom Zweck der Waffenbeschaffung für die Untergetauchten gehabt haben mögen. Haben sie den heimtückischen, ausländerfeindlich motivierten Einsatz vorhergesehen? Haben sie die Tötung von Migranten in Kauf genommen und, wenn ja, warum? Oder haben sie gehofft, es werde schon nichts Unrechtes mit der Ceska 83 plus Schalldämpfer und viel Munition passieren? Wenn ja, wie kamen sie darauf? Und vor allem: Warum ließ Wohlleben sich überhaupt auf die Lieferung der Ceska 83 ein?

Fazit: Die Bundesanwaltschaft hält Wohllebens Einlassung für unglaubwürdig und durch die Beweisaufnahme für widerlegt. Und so, wie Weingarten argumentiert, ist anzunehmen, dass der Senat ihm folgen wird. Carsten Sch.s eindrucksvolles Schuldbekenntnis und sein schambesetztes Ringen um Erinnerungen an eine Vergangenheit, die er offensichtlich in den seelischen Untergrund verschoben hat, findet bei Weingarten ebenfalls wenig Gnade. Nichts als »Taktik«, befindet der Oberstaatsanwalt.

Nach der Sommerpause 2017 setzt die Staatsanwaltschaft ihr Plädoyer fort. Weingarten beschäftigt sich nun mit André E. und knüpft fast schon vergessene Anhaltspunkte, die für dessen detaillierte Kenntnis des Lebens der drei im Untergrund »von der ersten bis zur letzten Stunde« sprechen, kunstvoll zusammen. Es ergibt sich ein Bild, das auf nichts Gutes schließen lässt für den Angeklagten. Weingarten wertet E.s Beteiligung an dem Bombenanschlag in der Kölner Probsteigasse als Beihilfe zum versuchten Mord. So stand es allerdings bereits in der Anklageschrift. Doch in der Hauptverhandlung war davon so gut wie nicht mehr die Rede. Weingarten hält E. auch das Löschen der »Turner-Tagebücher« auf dessen Computer vor, die gleichsam als fiktionale Vorlage für die Vorgehensweise des NSU gelten mit ihrer Ideologie der »leaderless resistance«, des »führerlosen Widerstandes«. Er zitiert E.s Tätowierung auf dem Bauch: »Die Jew Die!« (Stirb, Jude, stirb), seine Bewunderung der amerikanischen Terrorgruppe »The Order« sowie sein Bekenntnis zu einer »zutiefst rassistischen Ideologie«.

»Wir sind überzeugt«, so Weingarten, »dass die drei ihm sagten, was sie beabsichtigten. Wir gehen davon aus, dass ihm kommuniziert wurde: Wir planen, Ausländer zu vertreiben, und finanzieren uns durch Überfälle. Jetzt mal im Ernst: Man kann nicht glauben, dass E. von 1998 bis 2007 neben Mundlos, Böhnhardt und Zschäpe hertrottelt, sie mit anderen Namen anspricht, sie nicht arbeiten sieht und nie fragt, wovon sie eigentlich leben und was sie so treiben!« Im Gegensatz zu Holger G. sei E. kein »unsicherer Kantonist« gewesen. Aber war er, wie die Nebenklage unterstellt, auch ein weiteres Mitglied des NSU? Er mietete nachweislich im Jahr 2000 jenes Auto an, mit dem Böhnhardt und Mundlos nach Köln fuhren, um die lebensbedrohliche Keksdose im Laden der Familie Malayeri zu platzieren. Aber war er eingeweiht in das perfide Vorhaben? Das verneinen nicht nur E.s Verteidiger. Einen Nachweis dafür gibt es jedenfalls nicht.

Und dann schwingt Weingarten sich zu einer kühnen Interpretation eines Beweisergebnisses auf: »Es gibt ein Geständnis von Herrn E.!« Am 10. April 2013 fiel einer Ermittlerin bei der Durchsuchung der E.-Wohnung in Zwickau eine Porträtzeichnung der verstorbenen Mundlos und Böhnhardt auf, versehen mit einer Todesrune und dem Zusatz »Unvergessen« in altdeutscher Schrift. Sie stand »an hervorgehobener Stelle über dem Fernseher neben den Fotos seiner Söhne« – eine »ehrende Gedenkstätte« also im Wohnzimmer. »Das ist nicht bloß eine postmortale Solidaritätsbekundung, das ist Heldenverehrung!«, ruft Weingarten. Und dies zu einer Zeit, als der NSU-Prozess unmittelbar bevorstand.

Was der Oberstaatsanwalt in seinem Plädoyer dem Angeklagten Holger G. an Wissen unterstellt – dass er von der Absicht seiner Freunde, tödliche Verbrechen zu begehen, selbstverständlich gewusst habe –, trifft objektiv wohl zu. Die Beweisaufnahme hatte ergeben, dass G. offenbar manches gar nicht wissen wollte. Für Weingarten der Beleg, dass G. sich insgeheim Sorgen machte. »Er hielt die Begehung schwerster Straftaten nicht nur für möglich, sondern für wahrscheinlich«, doziert Weingarten. Er habe den dreien gerne geglaubt. Doch das sei ein untauglicher Versuch eines Selbstbetrugs gewesen.

Wer Holger G. beobachtet hat, gewann jedoch nicht den Eindruck, dass er einer ist, der lange nachdenkt. Dagegen Weingarten: »Er wusste, dass die drei ein Waffenarsenal besaßen und sich von ihrer bürgerlichen Existenz verabschiedet hatten.« Ja, sicher. Aber welche Schlüsse zog er daraus? Stellte er den dreien eine Frage, so seine eigene Aussage, hieß es: »Das willst du doch gar nicht wissen.« Dass G. mit Zschäpe und ihren Uwes über so viele Jahre befreundet war, ist für Weingarten ein Beweis ihrer »Übereinstimmung in der politischen Grundhaltung«. Es fehle bei G. »an jeder Distanzierung von rechtsradikalem Gedankengut«. Also befand er sich »im ideologischen politischen Gleichklang mit Zschäpe, Mundlos und Böhnhardt«, auch wenn er für sich den bewaffneten Kampf abgelehnt habe. Harte Worte, die vielleicht doch etwas über das Ziel hinausschießen.

Dienstag, 12. September 2017. Die Gesichter so mancher Prozessbeteiligter erscheinen wie schockstarr. Jetzt steht bevor, was die einen gefürchtet und die anderen so lange vergebens erhofft haben: die rechtliche Bewertung der Taten durch die Ankläger und am Ende der Strafantrag. Nach mehr als 600 Zeugen, zig Gutachtern und zahllosen kleinen und kleinsten Indizien, die ausgebreitet und analysiert wurden, schwenkt der Prozess um 11.50 Uhr auf die Schlussgerade ein. Dieser Tag kommt einem Meilenstein gleich.

Noch ist alles ruhig auf der Anklagebank. Wie werden die Strafanträge lauten?

Bundesanwalt Diemer beginnt mit Beate Zschäpe. Wie zu erwarten war: lebenslang mit Feststellung der besonderen Schwere der Schuld und Anordnung von Sicherungsverwahrung. Für die mittäterschaftliche Begehung der Morde, der beiden Sprengstoffanschläge und der zahlreichen Überfälle zur Geldbeschaffung sowie für das Inbrandsetzen des Wohnhauses in der Frühlingsstraße seien insgesamt 14 lebenslange und 14 zeitige Einzelstrafen zu der beantragten Gesamtstrafe zusammengeführt worden, trägt Diemer vor. Mehr Strafe ist nicht möglich.

Wohlleben: zwölf Jahre wegen Beihilfe zum Mord in neun Fällen.

Carsten Sch.: wegen Beihilfe zum Mord in neun Fällen unter Anwendung von Jugendstrafrecht eine Jugendstrafe von drei Jahren.

Holger G.: fünf Jahre wegen Unterstützung einer terroristischen Vereinigung in drei Fällen.

André E.: wegen Beihilfe zum versuchten Mord und der Herbeiführung einer schweren Sprengstoffexplosion und wegen Beihilfe zu zwei Fällen des bewaffneten Raubes sowie wegen Unterstützung einer terroristischen Vereinigung in zwei Fällen – Diemer legte eine Kunstpause ein – eine Gesamtfreiheitsstrafe von zwölf Jahren.

Zwölf Jahre! So viel wie Wohlleben! Das bedeutet Untersuchungshaft! Bisher war E. auf freiem Fuß gewesen.

Diemer: »Ich beantrage, gegen den Angeklagten E. Haftbefehl zu erlassen.« Nunmehr bestehe Fluchtgefahr.

Unruhe auf der Anklagebank. E.s Verteidiger Michael Kaiser ist fassungslos. Doch die Bundesanwaltschaft hatte in ihrem Plädoyer den Bombenanschlag in der Kölner Probsteigasse bereits als Beihilfe zum versuchten Mord gewertet. Das war Alarmstufe rot.

E. wird in Gewahrsam genommen und in die Untersuchungshaftanstalt Stadelheim gebracht. Götzl setzt für den Fall, dass der Senat den Haftbefehl erlassen sollte, für den kommenden Tag einen sogenannten Verkündungstermin im Gerichtssaal an. Die Hauptverhandlung fällt wieder einmal aus.

Am nächsten Tag wird André E. tatsächlich der Haftbefehl eröffnet. Zwar war er von Prozessbeginn an zuverlässig zu den Sitzungen erschienen. Doch nun drohen nicht nur theoretisch, sondern konkret zwölf Jahre Gefängnis. Das ist eine neue Situation. Seinerzeit hatte der Haftrichter beim BGH den Vorwurf der Beihilfe weniger schwer als der Generalbundesanwalt in

Gestalt von Weingarten bewertet und E. auf freien Fuß gesetzt. Jetzt lächelt Weingarten kaum merklich. Ein wenig Genugtuung ist das schon.

Von da an werden das Gericht, der Vorsitzende sowie einzelne Senatsmitglieder mit einer Flut von aussichtslosen Befangenheitsanträgen überzogen. Am 4. Oktober sind sieben derartige Anträge der Verteidiger E.s und Wohllebens noch nicht beschieden, zwei weitere sind bereits angekündigt. Der Umgang mit den Anträgen ist umständlich und langwierig und verhindert, dass der Prozess vorangeht. Immer wieder werden Sitzungstage abgesagt, bis es Anfang Oktober Spitz auf Knopf steht: Die Unterbrechungsfrist droht abzulaufen.

Das Ziel solcher Aktionen ist offensichtlich. Der NSU-Prozess soll platzen. Nach viereinhalb Jahren Hauptverhandlung, nach mehr als 380 Verhandlungstagen. Ein Verhandlungstag kostet rund 150 000 Euro, das summiert sich inzwischen auf fast 60 Millionen Euro.

Für E. und Wohlleben, der jetzt sechs Jahre in U-Haft sitzt, gibt es anscheinend keinen anderen Weg mehr in die Freiheit. Nur wenn der Prozess scheitert, dürften sie auf die Öffnung der Gefängnistore hoffen. Also liefern sich ihre Anwälte gleichsam auf den letzten Metern einen erbitterten Krieg mit dem Senat, von dem ein mildes Urteil kaum noch zu erwarten ist. Sie überhäufen die Richter mit Befangenheitsanträgen, Beanstandungen, Rügen, Gegenvorstellungen in der klammheimlichen Erwartung, dass der Senat irgendwann einmal, entnervt und ausgelaugt, in eine der ausgelegten Fallen tappt: indem ihm zum Beispiel bei der Einhaltung von Fristen für eine zulässige Unterbrechung der Hauptverhandlung ein Fehler unterläuft. Es geht, so scheint es, längst nicht mehr um engagierte Verteidigungsaktivität, sondern nur noch um Destruktion.

Bis dahin waren ausgerechnet André E. und seine Verteidiger bemüht gewesen, sich fast unsichtbar zu machen. Rechtsanwalt Kaiser hatte in den zurückliegenden Jahren zwar ab und zu beanstandet, wenn sich Anwälte der Nebenklage zu Themen äußerten, die über die Interessenvertretung ihrer Mandanten hinausgingen. Der Senat aber, der der Nebenklage hier entgegenkam, ignorierte Kaisers Bedenken stets mit Hinweis auf die gängige Rechtsprechung. Weitere Verteidigeraktivitäten zugunsten E.s waren nicht zu beobachten. Kaiser und sein Kollege Herbert Hedrich befragten kaum je Zeugen, sie stellten keine Anträge. Sie verhielten sich so unauffällig wie der Angeklagte, der nur außerhalb des Gerichtssaals von sich reden machte, wenn er sich mit Gesinnungsgenossen traf oder an Festen der rechtsextremen Münchner Szene teilnahm. Und jetzt plötzlich eine Flut von Befangenheitsanträgen.

Doch darauf zu hoffen, dass der durchaus reizbare Vorsitzende Richter irgendwann die Fassung verliert, wenn er nur gehörig gepiesackt wird, ist eine trügerische Hoffnung. Manfred Götzl hütet sich.

Die Plädoyers der Nebenklage – Weiter verunsichert und enttäuscht

Woche um Woche vergeht, ohne dass der Prozess vorankommt. Als keinem Verteidiger weitere Gründe für Befangenheitsanträge einfallen, beginnen am 15. November 2017 die Anwälte der Opfer zu plädieren. Einige haben ihre Mandanten mitgebracht. So manchem Zuschauer im Gerichtssaal treibt es Tränen in die Augen, als Abdulkerim Şimşek am 403. Verhandlungstag über seinen Vater spricht. Der Nürnberger Blumenhändler, das erste Opfer des NSU, entsprach genau jenem Hassobjekt, das die Täter eliminieren wollten: fleißig, ein Familienvater im Alter von 38 Jahren, der es zu etwas gebracht hatte in Deutschland.

Als der Sohn zu ihm in die Klinik kam, lebte der Vater noch: »Ich sah blutverschmierte Löcher in seiner Brust und im Gesicht. Ein Auge war zerfetzt. Dann fingen die Apparate zu piepsen an, und wir mussten alle raus aus dem Krankenzimmer. Wir hatten Angst, dass die Täter noch einmal kommen, um ihre Tat zu vollenden.« Am nächsten Tag sei der Vater tot gewesen. Der Leichnam wurde in die Türkei gebracht. »Als Sohn musste ich ihn mit Verwandten zu Grabe tragen. Er war in ein Leintuch gehüllt. Ich sah, dass es an seinem Hinterkopf blutig verfärbt war. Als ich Erde auf ihn warf, begriff ich, dass ich meinen Vater nie wiedersehen würde. Ich war 13 Jahre alt!«

Fortan hatte er, ein Kind noch, der Mutter beizustehen. Er dreht sich zu den Angeklagten: »Können Sie verstehen, was es für uns heißt, dass unser Vater stundenlang blutend auf dem Boden lag, nur weil er Türke war? Was es heißt, ihn so im Bekennervideo des NSU zu sehen?«

Als er endet, herrscht beklemmende Stille. Der Vorsitzende aber ist schon wieder bei der Tagesordnung: »Noch Fragen? Anträge?« Er blickt in die Runde. »Dann schließe ich die Sitzung.« Steht auf, packt seine Akten unter den Arm und geht.

Drastischer können Bilder und Stimmungen nicht aufeinanderprallen: hier der aufgewühlte Sohn, dort Richter, die routiniert ihre Pflicht tun. Für Emotionen ist im Strafprozess kein Raum. Sie stünden der ohnehin nur begrenzt möglichen Annäherung an die Wahrheit im Wege.

Was bedeutet für Götzl ein Mann wie İsmail Yozgat, der im Namen Allahs durch den Saal schreit, er erkenne das Urteil nicht an, solange sich der Senat nicht auf den Weg nach Kassel mache, wo sein Sohn starb? Rein rechtlich sind die berührenden Momente, in denen die Opfer ihre Leiden schildern, ohne Belang. Denn sollte Beate Zschäpe entsprechend dem Antrag des Generalbundesanwalts wegen Mittäterschaft an zehn Morden verurteilt werden, kommt es auf die Schwere der Tatfolgen nicht an. Mehr als ein besonders langes Lebenslang kann gegen sie nicht verhängt werden.

Manche der Hinterbliebenen bedanken sich beim Senat dafür, dass sie sprechen dürfen. Andere greifen ihn an, weil er ihnen die erwartete Aufklärung schuldig geblieben sei. Auf das Urteil wird dies alles keinen Einfluss haben. In fast allen Plädoyers wird über die Polizeiarbeit geklagt, die allzu lange in die Irre führte und vor allem die Opfer belastete, da die Ermittler einen rechtsterroristischen Hintergrund ausschlossen. Drogengeschäfte, Geldwäsche oder andere kriminelle Machenschaften als Motiv hielten sie für wahrscheinlicher. Hierfür gab es Beispiele, an denen sie sich orientierten, nicht aber für Terrorismus. Sie fanden nichts, verdächtigten die Angehörigen aber trotzdem weiter. Auch das spielt für das Urteil gegen Zschäpe und die Mitangeklagten keine Rolle.

Was hat die ungewöhnlich umfangreiche Nebenklage also bewirkt? Es kommt zum Eklat in den Reihen der Nebenklage, als die Hamburger Rechtsanwältin Angela Wierig Zweifel an der Schuld Carsten Sch.s äußert. Als ein weiterer Vertreter der Nebenklage zweifelt, ob eine Mittäterschaft Zschäpes zu begründen sei, regt sich hingegen kein Widerspruch. Auch nicht, als die Kollegin Edith Lunnebach meint, dem Angeklagten E. sei der unterstellte Tatbeitrag nicht nachzuweisen, gleichwohl sei E. aber zu verurteilen. Bisweilen wähnt man sich in einem Tollhaus.

Meistens wird Zschäpe von den Nebenklägern oder deren Anwälten direkt angesprochen, mit der Wahrheit doch noch herauszurücken. Oder sie bekommt zu hören, dass es mit ihrer Reue nicht weit her sein könne, so lange sie sich den Fragen der Opfer verweigere. Darauf reagiert Zschäpe, wie sie immer reagiert: gar nicht. In manchen Plädoyers wird sie als das Gehirn des NSU dargestellt, in anderen als Frau ohne eigene Persönlichkeit. Wird es für das Urteil auf derlei Bewertungen ankommen? Der Senat dürfte sich längst seine Meinung gebildet haben.

Die Nebenklage hat das Verfahren erheblich in die Länge gezogen, bei allem Respekt für die Leistung einzelner Vertreter, die Anklage mittels eigener Ermittlungen zu stärken. Es wurden mehr Zeugen gehört, als der Senat für nötig befand, nicht alle konnten zum Nachweis der Schuld der Angeklagten etwas beitragen. Die Nebenklage hat auch viel Geld gekostet. Rechnet man mit nur 356 Euro pro Anwalt und Tag und einer durchschnittlichen Anwesenheit von mindestens 40 Nebenklagevertretern, kommt man bei 400 Verhandlungstagen schon auf rund 5,7 Millionen Euro. Bis zum Urteil werden die Kosten noch steigen.

Die Hinterbliebenen fragen auch in diesem Stadium des Verfahrens noch, warum ausgerechnet ihr Angehöriger als Ziel ausgewählt wurde. Sie sind weiterhin verunsichert und enttäuscht. Zschäpe trägt nach wie vor nichts zur Aufklärung bei, die Anwälte der Opfer können daran nichts ändern. Akten verschwanden oder wurden gesperrt, Zeugen haben gelogen, der Verfassungsschutz hat wohl vieles gewusst, aber nichts unternommen, den Ermittlern unterliefen Fehler über Fehler – nichts Ungewöhnliches und vor allem nichts NSU-Prozess-Spezifisches. Das ist die Bilanz nach bald fünf Jahren Verhandlung.

Inzwischen ist es März 2018, der 414. Verhandlungstag. Götzl betritt den Saal, begrüßt, stellt die Anwesenheit der Beteiligten fest, wie immer. Nein, nicht wie immer. Er hat offensichtlich etwas vor.

Sichtlich zufrieden verkündet er letzte Gerichtsbeschlüsse. Anträge der Verteidigung: abgelehnt, abgelehnt, abgelehnt. Auch dem jüngsten Entpflichtungswunsch von Heer, Stahl und Sturm entspricht der Senat nicht. Wie gehabt.

Und nun? Wohlleben-Verteidiger Olaf Klemke beantragt eine Stunde Unterbrechung: »Wir haben Besprechungsbedarf, was Sie« – er schaut zu Götzl – »nicht erstaunen wird«. Auch Heer, Stahl und Sturm haben Redebedarf, nicht mit der Angeklagten, aber untereinander.

Nach der Stunde verlangt Klemke eine weitere Unterbrechung »bis morgen 11.30 Uhr, damit wir einen Befangenheitsantrag gegen sämtliche Mitglieder des Senats verfassen können«. Begründung: Der Senat verweigere die Aufklärung eines möglicherweise alternativen Weges der Waffe. Dies sei für Wohlleben von herausragender Bedeutung.

Am Dienstag, dem 20. März 2018, wäre der Prozess mit den Plädoyers der Verteidigung fortgesetzt worden, wenn – ja, wenn von der Wohlleben-Seite nicht ein weiterer Befangenheitsantrag eingegangen wäre, resultierend aus den dienstlichen Erklärungen der Richter zu den vorigen Anträgen.

Mittwoch, 21. März 2018. Tag 416. Kommt es nun endlich zu den Plädoyers der Verteidigung? Götzl beginnt den Tag –

unüblich – mit einem herzhaften »Grüß Gott«. »Wer möchte beginnen?«, fragt er in die Runde.

Hermann Borchert fühlt sich angesprochen und erklärt, dass seine Mandantin unter starken Kopfschmerzen und Übelkeit leide. Der Amtsarzt wird geholt, die Sitzung unterbrochen. Fortsetzung tags darauf. Da ist Zschäpe krank. Ostern steht vor der Tür.

Die Plädoyers der Verteidigung
Ein »normales« Leben?

Am 14. April 2018 beginnt Zschäpe-Verteidiger Hermann Borchert mit seinem Plädoyer. Es mag ja nicht alles falsch sein, was er sagt. Doch die Kanonade an Beschimpfungen, mit denen er die Vertreter des Generalbundesanwalts überzieht, will gar nicht enden. Ob so etwas zum Vorteil für die Angeklagte ist – denn sich darum zu bemühen, sollte ja das Ziel eines Strafverteidigers sein –, erscheint zweifelhaft. Die Staatsanwälte hatten in ihren Schlussvorträgen begründet, warum sie ihre Anklage nach 375 Hauptverhandlungstagen als bestätigt ansehen, eine Anklage, die der Senat zur Hauptverhandlung zugelassen hatte. Borcherts Rundumschlag trifft somit auch den Senat.

Ein Jahr lang, so Borchert, habe er Zschäpe immer wieder besucht und »beraten«, richtiger wohl: ihr von der Schweigestrategie ihrer Anwälte abgeraten, hinter deren Rücken. Wie im Blindflug offenbar, denn Akten hatte er da ja noch nicht zur Verfügung, und von der Hauptverhandlung konnte er nicht mehr wissen, als die Medien und die Angeklagte berichteten.

So hangelt er sich an der Anklageschrift entlang anhand von Zschäpes Erzählungen, die er mit ihr und für sie formuliert hat. Für dieses »literarische Werk«, wie er es nennt, und dessen »Stil« will er die Verantwortung übernehmen und wundert sich, warum die Bundesanwaltschaft in ihren Plädoyers auf sein Opus nicht eingegangen ist. Kein Wunder: Er hat die ersten zwei Jahre der Beweisaufnahme nicht mitbekommen und weiß nicht, wie viel von Zschäpes Darstellung längst als widerlegt gilt. Doch er pocht auf 33 Jahre Berufserfahrung, die ihm sage, dass Zschäpe zum Beispiel niemals der greisen Nachbarin einen qualvollen Tod hätte bereiten wollen. Irgendwann schreibt keines der Senatsmitglieder mehr mit. Zum Vergleich: Die Plädoyers der Staatsanwaltschaft etwa haben alle fünf Richter des Senats, inklusive Götzl, notiert.

Borcherts Kollege Grasel versucht im Anschluss neben einer rechtlichen Argumentation gegen eine Mittäterschaft Zschäpes die Bundesanwaltschaft dadurch zu widerlegen, dass er Alternativszenarien entwirft. Das ist nicht ungeschickt, leidet aber unter dem gleichen Mangel wie das Plädoyer Borcherts. Auch Grasel war nicht dabei, als Hunderte Zeugen und Sachverständige aussagten. Vieles, was ihm als Spekulation vorkommt, ist in den ersten 250 Verhandlungstagen bewiesen worden. Er wirft der Bundesanwaltschaft zum Beispiel vor, sie könne nicht belegen, ob bei der Angeklagten eine rechtsradikale Gesinnung, die sie in den neunziger Jahren gehabt haben mag, auch in den späteren Jahren noch vorhanden war. Aber hätten Böhnhardt und Mundlos mit einer Frau zusammengelebt, die nicht absolut verlässlich ihrer Meinung war? Hätten die beiden Männer die Taten ohne Zschäpes Zustimmung und ohne ihre Tatbeiträge begehen können? Grasels Fazit: Die Angeklagte habe keinen Einfluss auf die Auswahl der Tatorte, der Opfer und die Ausführung der Taten gehabt. Das heißt: Mittäterschaft sei zu verneinen, ebenso Beihilfe. Bloßes Dulden von Straftaten sei noch nicht Beihilfe.

»Dem nachvollziehbaren Wunsch der Opfer und der Öffentlichkeit, Zschäpe allein für die Taten verantwortlich zu machen, darf nicht nachgekommen werden.« Sagt Grasel. Der Staat werde es aushalten müssen, dass die eigentlichen Täter nicht mehr belangt werden können. Mehr als zehn Jahre Freiheitsentzug insgesamt seien nicht angebracht.

Götzl, geschäftsmäßig wie immer: »Zum Prozedere. Können Sie, Herr Heer, Herr Stahl und Frau Sturm nächste Woche plädieren?«

Heer: »Wir benötigen zwei bis drei Sitzungswochen, da wir ja die Schlussvorträge von den Herren Borchert und Grasel hier erstmals zur Kenntnis nehmen konnten.« Und man wolle auch nicht direkt im Anschluss plädieren. Das Gericht willigt ein. Also kommen zunächst die Verteidiger der übrigen Angeklagten zu Wort.

Dass die Verteidigung von Carsten Sch. Freispruch anstreben würde, ist schon den ersten Worten von Rechtsanwalt Jacob Hösl zu entnehmen. Freispruch für einen Angeklagten, der die Tatwaffe bestellte, abholte und den Tätern überbrachte? Hösl zitiert Sch.s jugendliches Alter, das diesen damals davor bewahrte, an politischen Diskussionen teilgenommen zu haben. Das nur kurze Zwischenspiel in der rechtsradikalen Szene Jenas, wo Sch., dem im Elternhaus nur Unverständnis und Ablehnung entgegenschlugen, Geborgenheit und Anerkennung fand. Weitere Pluspunkte: Sch.s Ringen um seine Erinnerungen, die in ihm Scham und Entsetzen ausgelöst hätten. Seine glaubhafte Reue, mit der Sch. als Einziger die Opfer beeindruckt habe.

Verteidiger Johannes Pausch weist Oberstaatsanwalt Weingartens zuvor geäußerte Skepsis vehement zurück, Carsten Sch. habe nur aus taktischen Gründen mehrfach um Denkpausen gebeten: »Nicht, weil er sich Antworten zurechtlegen wollte, sondern um sich zu erinnern!«, trägt Pausch entrüstet vor. Es gebe keinen Erfahrungssatz, wonach radikale Neonazis selbstverständlich auch Menschen töten. Sch. habe dies nicht vorhersehen können oder gar müssen. »Den Quantensprung zur Annahme rassistisch motivierter Morde hat unser Mandant nicht vollzogen!« Pausch wendet sich den Opfern und deren Anwälten zu: »Sollte der Senat uns folgen, wird das für Sie sicher eine Enttäuschung sein. Denn er hat Schuld auf sich geladen. Sie wissen aber auch, dass er ehrlich bereut und sein weiteres Leben mit dieser Schuld belastet ist.«

Dass sich die Wohlleben-Verteidiger, alle drei ausgewiesene Szeneanwälte, auf Carsten Sch. einschießen würden, um ihn, den gefährlichsten Belastungszeugen und gleichzeitig Mitangeklagten, unglaubwürdig zu machen, war zu erwarten gewesen. Doch am Ende war es des Guten – oder Schlechten – zu viel. Olaf Klemke, Nicole Schneiders und Wolfram Nahrath feuerten aus allen Rohren auf einen, bei dem der Senat schon hatte durchblicken lassen, dass man ihm grundsätzlich Glauben schenke. Das konnte nicht gutgehen. Schon den vielen ablehnenden Bescheiden des Senats nach Anträgen auf Aufhebung des Haftbefehls war jeweils zu entnehmen, dass die Richter bereits relativ früh keine Zweifel mehr am Weg der Tatwaffe Ceska 83 hegten, so wie ihn die Ankläger beschrieben. Was bleibt in einer solchen Situation noch für die Verteidigung? Zweifel zu säen, ob ein Schalldämpfer bestellt wurde? Zweifel, ob wirklich die Tatwaffe von Sch. beschafft wurde und ob es nicht vielleicht doch eine andere Waffe gewesen sein könnte? Oder eine Kriegserklärung an das Gericht?

Nicole Schneiders greift den Senat frontal an. »Herr Wohlleben ist unschuldig, die Beweisaufnahme ergab das. Aber es geht ja nicht an, ihn freizulassen. Denn die Haupttäter sind tot, und man braucht jemanden, Hauptsache, die Presse und die Öffentlichkeit sind befriedigt. Aber sind Sie nicht Richter geworden, um die freiheitlich-demokratische Grundordnung zu verteidigen? Sie können sich nicht freimachen von dem öffentlichen Druck! Sie werden bedrängt, ein politisch gewolltes Urteil zu fällen. Wäre dieser Prozess nicht ein Politikum, wäre unser Mandant längst auf freiem Fuß. Aber er sitzt nun schon sechseinhalb Jahre. Ein nicht vorbestrafter Familienvater, der sich eingelassen hat – das gab es noch nie!« Der Senat habe sich gegen alles gesperrt, was der Entlastung Wohllebens hätte dienen können.

Schneiders taktiert. Sie übernimmt einen Großteil der Kritik der Nebenklage am Prozess, um damit die angebliche Unschuld ihres Mandanten zu belegen, was bei vielen Opferanwälten nicht gut ankommt. Sie zählt die vielen abgelehnten Beweisanträge auf, wirft dem Senat vor, sein Hauptaugenmerk nicht auf die Wahrheit, sondern auf die Verurteilung Wohllebens gelegt zu haben. »Sie meinen, Sie seien nicht befangen? Befangener geht es nicht mehr!«, ruft sie. Schneiders nimmt Oberstaatsanwalt Weingarten persönlich ins Visier: »Er offenbarte eine totale Unkenntnis der rechten Szene. Hätte er die, wäre er wohl nicht im Amt!« Und dann geht es wieder gegen den Senat: »Wenn Sie Herrn Wohlleben verurteilen, um den Medien und der Öffentlichkeit entgegenzukommen, versündigen Sie sich nicht nur an Ihrem Richtereid, sondern auch an Ihrem Gewissen. Denn dereinst werden Sie sich vor dem Richterstuhl des Ewigen verantworten müssen.« Richterstuhl des Ewigen. Mehr Pathos geht kaum.

Schneiders Kollege Olaf Klemke, einer der gewieftesten und wortmächtigsten Anwälte unter den insgesamt 14 Verteidigern, zieht es vor, sich erst voller Hohn und Spott an Weingarten abzuarbeiten, dann an den Medien und am Zeitgeist. Er zitiert die »Lobby sogenannter Migranten«, die von »institutionellem Rassismus« redeten und vom »Schuldkult« der Deutschen, die sich in den Untergang manövrierten, »und das auch noch bezahlen«. Er zieht alle Register, um den Mandanten zu entlasten, ist sich zugleich aber sicher, dass der »als vorverurteilter Nazi einen satten Gesinnungszuschlag« bekommen werde. Klemke dreht sich zu Götzl: »Wir können Sie nicht abhalten von einer Verurteilung. Aber wir können Ihnen ein möglichst schlechtes Gewissen machen!« Er, Klemke, habe eigentlich nicht plädieren wollen (wie auch Schneiders). Doch er tue es »schon wegen Ihrer offen zur Schau gestellten Arroganz!«

Wolfram Nahrath, dritter Wohlleben-Verteidiger sowie langjähriger Funktionär der Neonazis und bis 1994 Vorsitzender der inzwischen verbotenen Wiking-Jugend, ein Mann, der gleichsam einer Nazidynastie entstammt, hält eine seiner berüchtigten Kampfreden voller historischer Anspielungen und Hitler-Zitate. Am Ende schmäht er Böhnhardt und Mundlos, die »nicht im Feuergefecht, im Krieg mit dem System auf der Walstatt« geblieben seien, sondern einen erweiterten Suizid begangen hätten nach einem profanen Banküberfall. »Wenig heroisch!«, sagt er abfällig. Dann wird er laut: »Ich wage die Behauptung, dass der NSU sicher U war, aber nicht NS!« Denn Mundlos, Böhnhardt und Zschäpe hätten keine Ahnung vom Nationalsozialismus gehabt. Und so geht es weiter und weiter. Cui bono? Wohlleben hat von einer solchen Verteidigung nichts.

Ganz anders Herbert Hedrich und Michael Kaiser, die Verteidiger André E.s. Zwar verschreckt Hedrich gleich zu Beginn die Zuhörer mit dem strammen Bekenntnis: »Unser Mandant ist Nationalsozialist, der mit Haut und Haaren, ja bis in die Haarspitzen zu seiner politischen Überzeugung steht! Kein Zeuge, kein Angeklagter ist so offen mit seiner Überzeugung umgegangen. Keiner hat sie beim Namen genannt!« Seine Gesinnung erscheine jedermann ausreichend für eine Verurteilung. Ein Tat- und Schuldnachweis sei nicht nötig, weil einem »solchen« eh alles zuzutrauen sei.

Doch die angebliche Unterstützung einer terroristischen Vereinigung, wie die Bundesanwaltschaft meine, habe sich nicht in dem für eine Verurteilung nötigen Maß konkretisiert. Denn E. habe geschwiegen und werde auch weiter schweigen. Das T-Shirt mit dem Aufdruck »Brüder schweigen«, die Zeichnung der Verstorbenen im Wohnzimmer – dies seien alles nur Einlassungssurrogate. »Was bei unserem Mandanten fehlt, ist die Königin des Beweises, ein vollumfängliches Geständnis! Niemand kann über innere Vorgänge eines anderen Auskunft geben!« Doch die Bundesanwaltschaft tue so, als habe sie die alleinige Deutungshoheit. Hedrich zitiert spöttisch die Ankläger: »Er erkannte die Möglichkeit, dass die drei aufgrund ihrer rassistischen Ideologie schwerste Straftaten begehen würden.« Offenbar habe der Mandant demnach »allumfassendes Sonderwissen« gehabt. »Der Angeklagte E. wusste von Anfang an alles, und was er nicht wusste, konnte er ahnen. Und das im Alter von 18 Jahren.«

So alt sei E. gewesen, fährt Mitverteidiger Michael Kaiser fort, als er die drei 1998 kennenlernte. Zu der Zeit habe er eine Maurerlehre absolviert und bei der Bundeswehr gedient. Aufgewachsen sei E. in Johanngeorgenstadt, sein Vater war Skispringer. E. habe einen Zwillingsbruder, der ihm so ähnlich sehe, dass kaum jemand die beiden unterscheiden könne.

Wann er sich den Bauch habe tätowieren lassen, so der Verteidiger, sei nicht bekannt. »Soll das T-Shirt, das er 2014 in der Hauptverhandlung trug, etwas über seine Gesinnung im Jahr 1998 aussagen?« E. sei nie Mitglied von Neonazi-Netzwerken wie »Combat 18« oder »Blood and Honour« gewesen, er habe keiner rechtsradikalen Kameradschaft angehört. »Also behauptet die Bundesanwaltschaft, er habe sich eben selbst radikalisiert.« Doch maßgeblich für strafrechtlich relevante Beihilfehandlungen sei nicht die Einstellung, sondern der Nachweis von Unterstützungshandlungen.

E. soll Wohnmobile angemietet haben. »Im Mietvertrag steht zwar sein Name. Aber schon die Unterschrift passt nicht zu der von Herrn E.!« Hat eine andere Person gemietet? Der Bruder? Es lasse sich nicht beweisen, dass André E. mit der Stollendose nach Köln gefahren sei, trägt die Verteidigung vor. Es könnte ja auch sein, dass diese vor Ort präpariert worden sei.

Verteidiger Hedrich fragt: »Sind Zschäpes Angaben zu Köln vielleicht nur eine Schutzbehauptung, um den eigentlichen Überbringer zu schützen? Das wird hier überhaupt nicht erörtert!« Alternative Geschehensabläufe seien nicht diskutiert worden. E. habe Kameraden geholfen. »Das hat aber nichts mit Terror zu tun! Woraus ergibt sich denn, dass er von Waffen- und Sprengstoffbesitz der drei wusste?« Dazu komme der Zeitfaktor: E. habe drei Ausbildungen absolviert, eine Familie gegründet, Kinder bekommen, er habe ein eigenes Leben geführt »ohne klammheimliche Freude über jeden Mord«. Die Bundesanwaltschaft könne keine Ergebnisse zu einem besonderen Näheverhältnis vorweisen. Und außerdem: die drei hätten damit rechnen müssen, dass er sich seinem Zwillingsbruder oder seiner Ehefrau offenbart. Welch ein Risiko! Also Freispruch.

Holger G.s Verteidiger Stefan Hachmeister beginnt verhaltener. Er zählt die auf den ersten Blick banalen Unterstützungshandlungen seines Mandanten auf: 2004 habe er den Führerschein als verloren gemeldet, sich einen neuen ausstellen lassen und diesen Böhnhardt gegeben, ebenso eine Mitgliedskarte des ADAC. Er habe für Zschäpe eine Krankenkassenkarte gekauft, damit sie zum Arzt gehen konnte. Und er habe auf Wunsch der drei sein Äußeres so verändert, dass Böhnhardt einen Reisepass mit seinem Foto hatte. Aber wusste er auch von einer terroristischen Vereinigung? »Das Motiv seiner Handlungen war«, beteuert Hachmeister, »dass seine Hilfe benötigt wurde«. G. habe Hilfe leisten wollen, damit die drei nicht so leicht auffliegen. Er habe sie in der Öffentlichkeit als »normal« erlebt, außerdem hätten sie ihn beschwichtigt: Wir machen mit deinen Ausweisen doch keinen Scheiß … G. habe niemals damit gerechnet, dass sie Migranten Angst und Schrecken einjagen wollten. »Wir als Verteidiger«, sagt Hachmeister, »haben mit der Beweiswürdigung des Generalbundesanwalts große Probleme, vor allem bei der subjektiven Tatseite.« Woraus hätte G. schließen müssen, dass die Böhnhardt, Mundlos und Zschäpe Taten ganz anderer Dimension vorhatten? Als die Mordserie begann, war G. bereits aus Jena weggezogen und lebte in Hannover. Als Mitwisser wäre er, der labile Freund, überdies ein erhebliches Risiko gewesen.

Mitverteidiger Pajam Rokni-Yazdi nimmt die Zuhörer in die neuen Bundesländer Anfang der neunziger Jahre mit. G. war zu der Zeit 20 Jahre alt. Die Schule hatte er ohne Abschluss verlassen. 1997 schon zog er von Jena weg. »Damals sah man im Fernsehen Bilder von Mölln und fragte: Wer macht denn so etwas? Keiner redete von Terroristen. Dieser Begriff kam erst nach dem 11. September auf. Es gab noch keine rechten

Terroristen, die sich zusammenschlossen, um Ausländer zu töten. In der DDR hatte unser Mandant gelernt, dass man für Freunde einzustehen habe«, sagt Rokni-Yazdi.

Rechtlich könne man G. nur die Unterstützung einer kriminellen Vereinigung vorwerfen, nicht einer terroristischen. Auch deutet die Anmietung eines Wohnmobils nicht gerade darauf hin, dass damit zu Tatorten gefahren wird, an denen Morde verübt werden. »Unser Mandant saß als Terrorverdächtiger ein halbes Jahr in U-Haft, er verlor seine Arbeit, er hat sich mit den Vorwürfen der Bundesanwaltschaft auseinandergesetzt. Eine Freiheitsstrafe von fünf Jahren wird ihm nicht gerecht.« Rokni-Yazdi plädiert für eine zur Bewährung auszusetzende Strafe von unter zwei Jahren, da G.s Sozialprognose günstig sei.

Als Letzte sind nun Zschäpes erste Verteidiger an der Reihe. Ihnen fällt der undankbarste Part zu. Denn Heer, Stahl und Sturm hatten sich bis zuletzt ins Zeug gelegt für eine Mandantin, die das mindestens seit 2015 nicht mehr wollte. Sie hätten sich von da an zurücklehnen können. Was hatten sie noch zu verlieren? Im Gegensatz zur Angeklagten Zschäpe nichts.

Doch sie haben sich nicht zurückgelehnt. Sie haben die Angeklagte trotz ihres unhöflichen, provokanten, ja ehrabschneidenden Verhaltens weiter mit großem Einsatz verteidigt, seitdem sie sich entschlossen hatte, ihr Schicksal willfährigeren Verteidigern wie Borchert und dem jungen Grasel anzuvertrauen. Wolfgang Heer führt als erster der drei Altverteidiger vor, was es heißt, selbst in aussichtsloser Lage noch den Kampf um das Recht der Angeklagten aufzunehmen. Er beginnt furios mit der Feststellung: »Sie ist keine Mörderin! Sie ist keine Attentäterin und keine Terroristin! Sie ist unschuldig und unverzüglich freizulassen!« Er plädiert mit einem Engagement, als wäre noch immer er der erste ihrer Verteidiger.

Zschäpe habe keinen der neun Morde an Migranten und auch nicht den an der Polizistin Kiesewetter geplant, sagt Heer. Sie habe keine Waffe beschafft. Sie habe auch nicht »vom Küchentisch aus« die Verbrechen von Böhnhardt und Mundlos »gesteuert«, wie es Oberstaatsanwältin Greger in ihrem Schlussvortrag behauptet hatte. Sondern Zschäpe habe nur eine »geregelte Existenz« vorgespiegelt, habe ein »normales« Leben führen und die beiden Uwes nicht verlassen wollen. Hat sie den Mördern dadurch einen sicheren Rückzugsort gesichert, wie die Anklage meint? »Durch ihre Anwesenheit in der Wohnung wird sie in der Anklage zur ›Statthalterin‹ der Täter. Und für so etwas will der Generalbundesanwalt sie lebenslang einsperren!«, höhnt er.

Zu verurteilen sei Zschäpe nur, so Heer weiter, »wegen einfacher Brandstiftung«, weil sie nach dem Selbstmord der Männer in der letzten gemeinsamen Wohnung Feuer gelegt habe. »Das ist alles, was von der Anklage übrigbleibt.« Er stellt keinen Strafantrag gegen Zschäpe, beantragt aber, von Sicherungsverwahrung abzusehen und den Haftbefehl aufzuheben. Das Gericht könne auf eine Strafe erkennen, die »maximal« der schon verbüßten Haft entspreche. Sollte sie gleichwohl höher ausfallen, könne der Strafrest zur Bewährung ausgesetzt werden.

Wolfgang Stahl, der im Anschluss plädiert, bewegt den Senat zu intensivem Mitschreiben bei seinen Ausführungen zur Mittäterschaft, wie sie vor allem der 3. Strafsenat des Bundesgerichtshofs in letzter Zeit auslegt. Er hat die ganze Aufmerksamkeit der Richter. Zunächst billigt Stahl im Gegensatz zu Borchert den Vertretern des Generalbundesanwalts zu, ihre

Tathypothese und deren rechtliche Würdigung liege »jedenfalls prinzipiell im Rahmen des Möglichen«. Aber: Zschäpe habe nicht eigenhändig an den Taten mitgewirkt und sei auch an keinem der Tatorte gewesen. Nach jüngerer Rechtsprechung ist Täter vor allem derjenige, der die Tat beherrsche, das Tatgeschehen also nach seinem Willen gestalten könne. Für Mittäterschaft bedürfe es eines eigenen Interesses am Taterfolg. Es komme auf den Umfang der Tatbeteiligung an und zumindest auf den Willen zur Tatherrschaft, sodass »die Durchführung und der Ausgang der Tat maßgeblich auch vom Willen des Betroffenen abhängen«. Die bloße Förderung fremden Tuns reiche demnach nicht aus. Der Mittäter, so Stahl, müsse so mitwirken, dass sein Beitrag als Teil der Tätigkeit aller zu bewerten sei. Der Ausgang der Tat müsse vom Mittäter abhängen.

Der Verteidiger zitiert den Strafrechtslehrer Claus Roxin: »Mit zwei Mördern zusammenzuleben, macht einen Menschen noch lange nicht selbst zum Mörder.«

Anja Sturm plädiert als Letzte. Es ist ein sehr persönlicher Schlussvortrag, der darin gipfelt, dass sie die Richter bittet, ihre »Denkgewohnheiten« zu hinterfragen, die Möglichkeit alternativer Sachverhalte nicht von vornherein auszuschließen und Zweifel in ihren Überlegungen zuzulassen. Sie wünsche sich im Senat eine Diskussion, sagt die Verteidigerin, nach dem Motto: »So habe ich das noch nicht gesehen!«

Dann geht sie auf Zschäpes Jugend ein. »Welcher Peergroup ein Jugendlicher in der damaligen DDR zugeordnet wurde, einer linken oder einer rechten, hing vom Zufall ab. Was ›rechts‹ bedeutet, wussten viele überhaupt nicht!« Dann führt Sturm die unzulängliche oder falsche anwaltliche Beratung an, etwa über Verjährungsfristen, die zum Entschluss der drei, weiter in der Illegalität zu leben, geführt habe. Es war wohl eine spontane Entscheidung, weder geplant noch organisiert, aufgrund falscher Informationen, welche Strafen sie zu erwarten hätten. Böhnhardt und Mundlos hätten den Eindruck gehabt, es gebe kein Zurück mehr.

Selbst bei der Staatsanwaltschaft und größtenteils auch den Nebenklagevertretern, unter denen sich auch ausgewiesene Strafverteidiger befanden, stießen die Schlussvorträge von Heer, Stahl und Sturm auf Anerkennung. Denn es gelang ihnen das Kunststück, sich so für ihre Mandantin einzusetzen, als habe es keine Verteidigungskrise und keine Bestrebungen Zschäpes gegeben, sie loszuwerden. Auch Stahls streng rechtliche Argumentation zur Mittäterschaft stieß auf große Zustimmung. So unangenehm sich der Prozess gerade für diese drei Verteidiger über weite Strecken gestaltete: Am Ende haben alle drei an Reputation gewonnen.

Dies war nicht selbstverständlich. Denn anfangs schlug ihnen durchaus Misstrauen entgegen, zumal von Kollegen, die nach eigenem Bekenntnis niemals Rechtsterroristen verteidigen würden. Von dümmlichen Spekulationen über ihre Namen ganz abgesehen: Heer, Stahl und Sturm, das klang für manchen wie ein militantes Programm rechter Gesinnungsgenossen. Man verdächtigte sie geheimer Neigungen zur NS-Ideologie oder fürchtete, den eigenen Ruf durch kollegiale Nähe zu beschädigen.

Am heftigsten bekam dies Anja Sturm zu spüren, die jene Berliner Kanzlei verlassen musste, in der sie bis zur Übernahme des Zschäpe-Mandats gearbeitet hatte. Man rechnete dort mit dem Ausbleiben einträglicher Mandate, sollte sich herumsprechen, dass eine Mitarbeiterin im NSU-Prozess verteidigt. Auch andere Berliner Kanzleien lehnten ein Engagement Anja Sturms ab, obwohl ihr wie Heer und Stahl nicht der Hauch einer rechtsradikalen Gesinnung nachgesagt werden kann. Schließlich kam sie bei Heer in dessen Kölner Kanzlei unter, was eine enorme finanzielle Belastung bedeutete, da beide Anwälte fünf Jahre lang so gut wie keine anderen Mandate annehmen konnten. Die Erfahrung, in einem so komplizierten, emotional aufgeladenen und außergewöhnlich zeitaufwendigen Prozess unter der Ägide eines Manfred Götzl bestanden zu haben, hat ihren Preis gekostet.

Das letzte Wort
Wieder kühl und glatt

Am 313. Verhandlungstag des Prozesses hatte sie sich erstmals aufgerafft, ein paar Sätze selbst zu sprechen. Bis dahin benützte Beate Zschäpe ihre Anwälte als Sprachrohr. Eindreiviertel Jahre ist das jetzt her. Seither schwieg sie wieder. Ihre verschlossene Miene, ihr fassadenhaftes Unbeteiligtsein behielt sie bei. Nun hat sie das letzte Wort vor dem Urteil. Fünf Minuten, teilen ihre Anwälte mit, werde sie dafür benötigen.

In fünf Minuten kann man vieles sagen. Aber für die Beantwortung jener Fragen, die für die Angehörigen der NSU-Opfer von existentieller Bedeutung sind, reichen fünf Minuten nicht. Es gibt zu viele blinde Flecken, die die Opfer und Hinterbliebenen beunruhigen.

Sie holt einen Zettel aus der Tasche und beginnt mit einer Rechtfertigung ihres viel kritisierten Verhaltens vor Gericht. Sie liest viel zu schnell ab. Es klingt schon wieder geschäftsmäßig kühl und glatt.

Doch wie soll sich ein Mensch verhalten, auf den alle starren und von dem erwartet wird, dass er sein Innerstes nach außen kehrt, bis alle Zuhörer zufrieden sind? Zschäpe hat geredet. Aber hat sie auch etwas gesagt? Ihre Beteuerung, sich von der rechtsradikalen Szene abgewandt zu haben, stieß von Anfang an auf Unglauben, da sie sich weigerte, Namen eventueller weiterer Unterstützer oder Mitwisser zu nennen. Der Eindruck, sie schütze nach wie vor einstige Kameraden, bleibt bestehen.

Sie klagt über die Belastungen, denen sie fünfeinhalb Jahre ausgesetzt gewesen sei durch die mediale Beobachtung. Sie spricht von Konzentrationsschwäche und ihrer Unfähigkeit, frei zu reden, kritisiert die »völlig falsche« Interpretation ihres Verhaltens. Der 4. November 2011, als sich die beiden Uwes das Leben nahmen und damit das Ende des NSU herbeiführten, sei für sie »eine Art Befreiung« gewesen. Sie wolle sich entschuldigen, Verantwortung übernehmen und »aufrichtiges Mitgefühl« bekunden.

Die Hauptverhandlung habe bei ihr einen »Entwicklungsprozess« in Gang gesetzt. Erst jetzt habe sie das Ausmaß dessen erfasst, was Böhnhardt und Mundlos angerichtet hätten. Sie habe die Bilder von den Tatorten mit den Toten erstmals im Gerichtssaal gesehen, auch die Fotos von ihrer verwüsteten Wohnung. Jetzt habe sie begriffen, was die Zerstörung des Hauses für die gebrechliche Frau Erber bedeuten musste. »Ich kann den Hinterbliebenen ihre Angehörigen nicht mehr zurückgeben«, liest sie ab. Sie habe nicht gewusst, welche Personen von Böhnhardt und Mundlos als Opfer ausgewählt worden seien. Es gebe keinen Grund für sie, dies weiter zu verschweigen. Sie wolle nun »einen Abschluss« finden.

Die, denen diese Worte gelten – die Nebenkläger und deren Anwälte –, sind wenig beeindruckt. Zschäpes Appell: »Bitte verurteilen Sie mich nicht für etwas, was ich weder gewollt noch getan habe«, erreicht sie nicht.

André E. bleibt seiner Linie treu und sagt noch immer nichts. Ralf Wohlleben bezieht sich auf seine Erklärung vom Dezember 2015, Holger G. entschuldigt sich für den »Beitrag«, den er zu den Taten des NSU geleistet habe. Carsten Sch. bricht die Stimme, als er von der Schuld spricht, die sich nie werde abtragen lasse. Keine Überraschung also. Die Angeklagten bleiben ihrer Linie treu.

Was bleibt

Am Ende ist festzustellen, dass der NSU-Prozess wie kaum ein zweites Verfahren für politische Propaganda benutzt worden ist. Türkischstämmige Anwälte wie der in Deutschland geborene und aufgewachsene Mehmet Daimagüler und andere prangerten einen angeblichen »institutionellen Rassismus« in Deutschland an, weil die staatlichen Organe Jahre gebraucht hatten, bis sie hinter das perfide Tötungsmuster von Böhnhardt und Mundlos kamen und stattdessen lange die Angehörigen der Opfer verdächtigten. Die Verteidiger des Ex-NPD-Funktionärs Ralf Wohlleben sandten mit ihren Erklärungen und Beweisanträgen immer auch Signale an die rechte Szene draußen und empfahlen sich damit ihrer potentiellen Mandantschaft. Linke Berliner Anwälte wiederum attackierten den Staat und seine Institutionen, die dem V-Mann-Unwesen nicht Einhalt böten und bei Rechtsterrorismus beide Augen verschlössen.

Was bleibt? Ein »düsteres Fazit«, wie es vereinzelt hieß, weil sich das Gericht zu wenig um das Umfeld der Angeklagten gekümmert habe? Dem ist entgegenzuhalten, dass dieses unbestimmte Umfeld aus gutem Grund nicht angeklagt war und sich das Gericht nur dann damit befasste, wenn sich erkennbar ein Bezug zur Anklage herstellen ließ. Wie lange der Prozess gedauert hätte, wären noch mehr Verdächtige aufgrund einer noch dünneren Beweislage angeklagt worden – man mag es sich nicht vorstellen. Der Senat hätte solche Anklagen kaum zur Hauptverhandlung zugelassen. Ganz abgesehen vom Generalbundesanwalt, der sie gar nicht erhoben hätte.

Eine spürbare Wirkung hinein in die Gesellschaft erzielte das Mammutverfahren nicht. Es hätte Anlass zur Selbstreinigung, zur Selbsterkenntnis, zur Selbstfindung sein können, da inzwischen niemand mehr behaupten kann, ein rechter Sumpf mit seinen braunen Netzwerken und Kameradschaften sei in Deutschland »nicht vorstellbar«. Doch die Aktualität ließ diese Botschaft in den Hintergrund treten. Die Warnung vor nazistischem Gedankengut und rechtsradikaler Verblendung wurde bisweilen überlagert vom Entsetzen über furchtbare Straftaten Zugewanderter. Es bedurfte, bedingt durch die politische Entwicklung, nicht mehr des NSU-Prozesses, um sichtbar werden zu lassen, wie das Versagen staatlicher Institutionen das Vertrauen der Gesellschaft in den Rechtsstaat erschüttert.

Dabei hat der Prozess all jene Lügen gestraft, die, aus Unkenntnis oder böser Absicht, versuchten, ihn zu diskreditieren. Der Rechtsstaat hat dank der exorbitanten Leistung des Senats und seines Vorsitzenden die Nagelprobe bestanden, ein differenziertes, um Wahrheit und Gerechtigkeit bemühtes Urteil zu fällen, das der Bedeutung des Falles entspricht. Mundlos, Böhnhardt und Zschäpe waren gleichsam die Vorboten einer erstarkten rechtsextremen Bewegung, die sich anheischig macht, an den Grundfesten der europäischen Demokratien zu rütteln. Ihr Einhalt geboten zu haben unter Wahrung des Rechts der Angeklagten auf ein faires Verfahren, unter Einhaltung der strengen Regeln eines institutionalisierten

Prozedere, in dem sich mehrere »Parteien« im Kampf um die Wahrheit gegenüberstehen und so lange miteinander streiten, bis sich am Ende eine tragfähige richterliche Überzeugung bildet, ist das große Verdienst des NSU-Prozesses.

Das Urteil

Der letzte Sitzungstag. Allein auf der Zuschauertribüne befinden sich rund zwanzig Wachleute in Uniform. Im Saal unten ein Großaufgebot Uniformierter. Alle Angeklagten bis auf Holger G. tragen Schwarz, auch Frau Wohlleben und Frau E., die neben ihren Männern sitzen dürfen. E. winkt lachend seinen Kameraden auf dem Balkon zu, die dort breitbeinig und mit verschränkten Armen auf das Urteil warten. Sie setzen sich nicht, um nicht aufstehen zu müssen, wenn die Richter den Saal betreten.

Der Senat. Götzl bittet, noch einmal Platz zu nehmen. Eine letzte Formalie, dann ist es so weit.

»Beate Zschäpe, geboren am 2. Januar 1975, ist schuldig des Mordes in zehn Fällen in Tateinheit mit versuchtem Mord …« Also doch Mittäterschaft und nicht, wie von manchen befürchtet oder vorhergesagt, nur Beihilfe. Es folgt eine schier endlose Aufzählung sämtlicher Tatbestände, die sie nach Auffassung des Gerichts verwirklicht hat: versuchter Mord, Körperverletzung in Tateinheit mit Mitgliedschaft in einer terroristischen Vereinigung, Raub und besonders schwerer Raub in Tatmehrheit mit Mitgliedschaft in einer terroristischen Vereinigung und so fort.

»Zweitens André E., schuldig der Unterstützung einer terroristischen Vereinigung.« E. strahlt. Keine Beihilfe zum versuchten Mord also.

Drittens Holger G., ebenfalls Unterstützung.

Viertens Wohlleben, Beihilfe in neun Fällen des Mordes.

Ebenso Beihilfe beim fünften Angeklagten, bei Carsten Sch.

»Die Angeklagte Zschäpe wird zu einer lebenslangen Freiheitsstrafe verurteilt. Die besondere Schwere der Schuld wird festgestellt.« Ein Raunen geht durch den Saal.

Zweieinhalb Jahre für E. Auf der Tribüne bricht brüllender Beifall los, die Gesinnungsgenossen können sich kaum zurückhalten. E. waren nur drei Unterstützungshandlungen sicher nachzuweisen. Für seine nationalsozialistische Gesinnung, seine Dreistigkeit und Verschlagenheit war er nicht zu bestrafen, auch nicht für Taten, die ihm nur wahrscheinlich anzulasten sind. Das muss der Rechtsstaat ertragen.

Drei Jahre für G., zehn für Wohlleben und für Sch. drei Jahre Jugendstrafe. Sch. hätte auch mit einer Bewährungsstrafe davonkommen können, meinen sogar viele Nebenklageanwälte.

Das bedeutet: Keine Sicherungsverwahrung für Zschäpe, wie sie der Generalbundesanwalt gefordert hatte, dafür eine Haftdauer von voraussichtlich zwanzig und mehr Jahren, falls das Urteil rechtskräftig wird. Sie wird dann um die siebzig Jahre alt sein.

Eine etwas geringere Strafe für Wohlleben, als von der Staatsanwaltschaft beantragt. Er sitzt inzwischen schon bald sieben Jahre. Wenige Tage später wird er entlassen. Seine familiäre Situation gebiete eine weitere Vollstreckung nicht, Fluchtgefahr bestehe nicht, trägt Götzl vor.

G. und Sch. bleiben vorerst auf freiem Fuß.

»Die Sitzung ist geschlossen.« Götzl schaut auf. Ein winziges Lächeln erhellt sein Gesicht. Er bedankt sich bei den Prozessbeteiligten und all jenen, die von Beginn an über das

Verfahren berichtet haben. Dann steht er auf und verlässt mit seinem Senat den Saal. In der gleichen Reihenfolge wie schon am ersten Verhandlungstag am 6. Mai 2013.

Zschäpe nestelt an ihrer Tasche und verabschiedet sich von Borchert und Grasel mit Handschlag. Auch sie lächelt, die beiden Anwälte sind ihr zu Diensten gewesen. Von Sturm, Heer und Stahl wendet sie sich grußlos ab. Die Tapetentür öffnet sich. Justizwachtmeister führen sie ab. Es ist vorbei.

Zehn Menschen könnten noch am Leben sein, hätte sie sich widersetzt.

Nachwort
In eigener Sache

Das NSU-Verfahren war für die journalistischen Berichterstatter einer der aufwendigsten und arbeitsintensivsten Gerichtsprozesse der vergangenen Jahrzehnte. Das lag nicht nur an seiner ungewöhnlich langen Dauer von mehr als fünf Jahren. Wenn auch im späteren Stadium des Verfahrens hin und wieder Verhandlungstage ausfielen, so wurde doch phasenweise, vor allem zu Beginn, dreimal pro Woche konzentriert verhandelt – Dienstag, Mittwoch, Donnerstag – von 9.30 Uhr an bis manchmal 18, 19 Uhr. Wer nicht in München wohnte, reiste außerdem meist schon am Montag an. Denn die Kontrollen im Justizzentrum waren langwierig und streng und die Plätze in den ersten zwei Reihen der Zuschauertribüne begehrt. War man nicht rechtzeitig zur Stelle, hatte man gegenüber Schulklassen, Studentengruppen und sonstigen Besuchern das Nachsehen. Sie nahmen dann jene Plätze in Beschlag, die eine halbwegs gute Sicht auf das Geschehen unten im Saal gewährleisteten. Weiter hinten sah man nichts mehr. So erging es jenen Journalisten, die den Prozess regelmäßig besuchen und möglichst viel mitbekommen wollten, nicht anders als den Verteidigern: Es blieb kaum Zeit zur Wahrnehmung anderer Gerichtsfälle.

Von den 438 Sitzungstagen dieser riesigen Prozessmaschinerie habe ich rund 400 selbst miterlebt. War ich einmal verhindert, versorgte mich ein Informant mit dem nötigen Wissen. Ich habe in mehr als 80 DIN-A4-Schreibheften notiert, was zu hören und zu sehen war, und in zahllosen mal mehr, mal weniger offiziellen Gesprächen mit Verteidigern, Nebenklagevertretern, Staatsanwälten und Gutachtern über ihre Einschätzung und die Probleme diskutiert, die in diesem Mammutprozess sichtbar wurden. Vieles davon ist als Hintergrundwissen in dieses Buch eingeflossen, manches blieb unerwähnt oder findet sich höchstens zwischen den Zeilen, weil Vertraulichkeit vereinbart worden war.

Henning Saß, der psychiatrische Sachverständige, begründete seine Erkenntnisse über die Hauptangeklagte Zschäpe gegenüber Verteidiger Wolfgang Stahl, als der ihn darüber befragte, unter anderem mit seinem »professionellen Blick«. Auch der Gerichtsreporter eignet sich irgendwann einen solchen Blick an, schon aus dem Bedürfnis heraus, stets Distanz zu wahren und eigene Emotionen hintanzustellen gegenüber Personen, mit denen er zu tun hat, sei es, dass er über sie schreibt oder sich mit ihnen austauscht. Der NSU-Prozess bot dazu jeweils Gelegenheit in Fülle. Auch was sonst in einem einzelnen Strafprozess vielleicht mal kurz aufscheint als Problem, als Besonderheit oder auch als Skurrilität, alles was der Strafprozess an Kalamitäten und Überraschungen zu bieten hat, war in dem einen Fall NSU zu erleben.

Welche Spuren hat der Prozess in der Rückschau hinterlassen? Die Erkenntnis, einem historischen Ereignis beigewohnt zu haben? Einen Blick geworfen zu haben auf die abgründigen Irrwege menschlicher Existenz? Dies lässt sich auch von anderen Strafprozessen sagen. Die Einsicht, dass der Weg der justiziellen Wahrheitsfindung in einem kontradiktorischen Verfahren vor einem unabhängigen Gericht eine der größten zivilisatorischen Leistungen in der Menschheitsgeschichte darstellt? Auch dies kann sich in jedem kleinen, unbeachteten Fall vor dem Amtsgericht ereignen. Der NSU-Prozess war ein ganz normaler, wenn auch herausragend geführter Strafprozess von ungewöhnlicher Dimension. Denn es ist Recht gesprochen worden über jene, die es nicht nur auf eigene Faust brechen zu dürfen meinten, sondern die, einige Jahrzehnte nach dem Holocaust, wieder mittels einer mörderischen Ideologie die Grundprinzipien des Rechtsstaats auszuhebeln sich anschickten. Sie unmissverständlich in ihre Schranken zu weisen und dies auch einer breiten Öffentlichkeit zu vermitteln, war die Pflicht des Senats. Sein Verdienst ist es, dass dies glückte.

Manche Prozessbeteiligte, heißt es, seien nach dem Urteil in ein tiefes Loch gefallen, fehlte ihnen doch plötzlich dieses Eingebundensein in eine Aufgabe mit hohem Ziel. Es ist schon richtig: Das Niveau des NSU-Prozesses hatte nichts mit den Niederungen der gewöhnlichen Strafjustiz zu tun, an denen man bisweilen verzweifeln kann. Bei mir führte die langjährige Beobachtung des souveränen Vorsitzenden dazu, dass ich mich dabei ertappe, seitdem jeden anderen Richter an ihm zu messen.

Verlagsgruppe Random House FSC® N001967

PENGUIN und das Penguin Logo sind Markenzeichen von
Penguin Books Limited und werden hier unter Lizenz
benutzt.

1. Auflage
Copyright © 2019 Penguin Verlag
in der Verlagsgruppe Random House GmbH,
Neumarkter Str. 28, 81673 München
Umschlaggestaltung: Büro Jorge Schmidt, München
Umschlagabbildung: picture alliance / Matthias Schrader/AP
Pool; shutterstock/Victoria Viper B
Satz: Vornehm Mediengestaltung GmbH, München
Gesetzt aus der Minion
Druck und Bindung: GGP Media GmbH, Pößneck
Printed in Germany
ISBN 978-3-328-60018-3
www.penguin-verlag.de

Dieses Buch ist auch als E-Book erhältlich.

10